JN218887

コーポレートファイナンス入門

〔原書6版〕

Fundamentals of Corporate Finance, 6th edition

Jonathan Berk, Peter DeMarzo, Jarrad Harford

ジョナサン・バーク／ピーター・ディマーゾ／
ジャラード・ハーフォード 著

徳永 俊史 訳

丸善出版

FUNDAMENTALS OF CORPORATE FINANCE, 6th edition

by

Jonathan B. Berk, Peter M. DeMarzo, Jarrad V.T. Harford

訳者はしがき

本書は，Jonathan Berk，Peter DeMarzo，Jarrad Harford 著による *Fundamentals of Corporate Finance*，6th Edition，2024 年刊の抄訳である．全体で 23 章から構成され，本書はそのうち第 1 部第 1 章〜第 4 部第 13 章の中から米国の事情に大きく依存する部分を除いた訳書になっている．

本書の姉妹版ともいえる Jonathan Berk と Peter DeMarzo による教科書 *Corporate Finance*，2nd Edition，既刊の訳書『コーポレートファイナンス入門編（第 2 版）』は，主に MBA コースなどの大学院生を対象に，ファイナンスの知識を必要とする業界の専門家を目指す人に対して実用的な内容を提供している．これに対して本書は，著者によるはしがきでも述べられているが，学部学生にも親しみやすい内容となっている．特徴としては，両書とも一貫して，コーポレートファイナンスの教科書に一物一価の法則に基づく統一的な評価方法を用いている点にある．

"コーポレート"ということで，本書は企業経営者や第 1 章で取り上げる企業の財務管理者向けのファイナンス教科書というイメージをもつ人もいるかもしれない．しかし，本書第 I 部冒頭でも述べられているように，基本的にはビジネスにおける最適なファイナンス意思決定の実行に焦点を当てながらも，実はその過程がわたしたち個人（"パーソナル"）の意思決定の実行にそのまま適用できることを強調しておく．ファイナンスは，経済主体や国（通貨）を超えて共通の理論を提供してくれるツールである．したがって，世界の多くの人々が手にする教科書に触れることは大切であり，Berk と DeMarzo による教科書もそのうちの 1 冊であることは間違いない．

今回，姉妹版がともに日本語訳として提供されることになるが，本書は抄訳ということで，原書にある豊富なコラムや多くの例題を省略している．もしアメリカを中心としたファイナンスに関わる歴史的な出来事や具体的な計算例を参照したいということであれば，ぜひ既刊の訳書『コーポレートファイナンス入門編（第 2 版）』を手に取っていただきたい．また，ファイナンスに関するより実践的なテーマを学びたいときには既刊の訳書『コーポレートファイナンス応用編（第 2 版）』も手に取っていただきたい．

訳者がファイナンスの授業を初めて受けたのは経営学部の学生であった 1987 年である．当時は先生の板書を必死にノートへ書き写し，毎週の課題をこなすことで理解を深め，ファイナンスのゼミナールでより実践的な課題に取り組むことでファイナン

スの知識をしっかりと身につけることができた．今回の翻訳にあたりもっとも意識したのは，この一冊の教科書を読むだけで読者が当時の訳者の体験を実感できるようにすることであった．そこで，抄訳では，原書で著者がもっとも重要視していた知識の体系化，すなわち第一にすべての根底にある評価原理の紹介，第二にそれを問題解決の方法論への展開，最後に実際の財務管理の実践や将来のキャリアに応用できる評価方法の提供，このような流れを崩さないように翻訳に取り組んだ．

　丸善出版株式会社の企画・編集部の小畑敦嗣氏をはじめ編集部の方々には大変お世話になった．多くの助言をいただいたことに感謝する．本書が，学部でファイナンスを学ぶ多くの学生，またこれから初めてファイナンスを学ぼうと決意した多くの読者にとって役に立つことを願っている．

　令和6年12月

徳永俊史

目次

第 I 部

はじめに

評価原理のつながり

コーポレートファイナンスとは何か？　あなたの会社での役割が何であれ，財務上の意思決定がなぜ，そしてどのように実行されるのかについて理解することはとても重要である．たとえどんなに優れた革新的なビジネスアイデアであっても，資源への投資は必要である．ファイナンスのツールを使えば，その投資は価値があるものなのか，どのように改善すればよいのか，そしてどのように資金を調達すればよいのかを評価することができる．本書は主に，ビジネスにおける最適な財務上の意思決定をどのように実行するのかに焦点を当てるが，その過程において，個人に関する財務上の意思決定にも役立つスキルを学ぶことができる．

第 I 部では，コーポレートファイナンスを学ぶための基礎を固める．第 1 章では，まず企業の意思決定における財務管理者と外部投資家の役割について検討する．

コーポレートファイナンスと財務管理者

1.1　なぜファイナンスを学ぶのか？

　ファイナンスやファイナンス的思考というのは，わたしたちの日常生活のいたるところに存在している．大学進学を決めたときのことを考えてみよう．おそらくあなたは，すぐにフルタイムで働くといったいくつかの選択肢を検討した上で，大学進学があなたに最大の正味の便益をもたらすと判断したのであろう．個人が自分の資金を管理し，次のような意思決定を行うケースはどんどん増えている．

- ・いつ貯蓄を始め，老後のためにいくら貯めるか．
- ・自動車を購入する際，ローンとリースのどちらが有利か．
- ・ある株式が投資に適しているか．
- ・住宅ローンの条件をどう評価するか．

　わたしたちのキャリアパスは予測しにくくなり，よりダイナミックになっている．前の世代では，1つの雇用主のもとで生涯働き続けるのが一般的であった．今日では，それは非常に珍しいことである．その代わり，ほとんどの人は何度も転職し，場合によってはキャリアさえも変えるであろう．新しい機会をえるたびに，わたしたちは資金管理やその他すべての費用と便益を検討しなければならない．

　朝のコーヒー1杯に3ドル払うかどうかといった，簡単な財務上の意思決定もあるが，たいていはもっと複雑である．ビジネスキャリアの中で，あなたは次のような問題に直面するかもしれない．

- ・あなたの企業は新製品を発売すべきか？
- ・あなたの企業はどのサプライヤーを選ぶべきか？
- ・あなたの企業は製品の一部を生産すべきか，それとも外注すべきか？
- ・あなたの企業は新株を発行すべきか，それとも借金すべきか？
- ・あなたの立ち上げたスタートアップ企業はどのように資金調達すればよいのか？

　本書では，私生活やビジネスにおけるこうした意思決定が，「評価原理」という1つの強力な概念によってどのように結びつけられているのかを学ぶことができる．評

価原理は，意思決定の費用と便益を適切に比較検討できるようにする方法を示している．評価原理の応用を学ぶことで，ローンオプション，投資，プロジェクトなどを比較するスキルが身につき，知識が豊富で自信に満ちた金融消費者や財務管理者になることができる．

2007 年から 2009 年にかけての金融危機の間，わたしたちは信用凍結，株価の大暴落，有名金融機関の破綻を目の当たりにした．金融危機のこれらの要素，その原因，そしてそれらがわたしたちのビジネスや個人の資金管理にどのような影響を与えるかを理解しようとする試みは，核となるファイナンスの原理と概念を学ぶ必要性を浮き彫りにした．

あなたがこれからファイナンスを専攻するにしても，あるいは単に 1 つの講座として受講するだけであっても，ここでえられる基礎的なファイナンスの知識は，私生活やビジネスにおいて不可欠なものとなるであろう．

1.2　財務管理者

2021 年 12 月現在，米国アップル社（Apple）の株式は 23,000 人によって 163 億株以上が保有されている[1]．会社には多数の所有者がおり，それぞれが自由に株式を売買できるため，会社の所有者が会社を直接支配することはたいていの場合現実的ではない．株主のために事業における財務上の意思決定を行うのは，財務管理者の役割である．財務管理者には会社内で主に 3 つの任務がある．

1. 投資の意思決定を行う．
2. 資金調達の意思決定を行う．
3. 短期的な資金需要を管理する．

以下，財務管理者の包括的な目標とともに，これら各項目について順番に説明する．

投資の意思決定

財務管理者の最も重要な仕事は，企業の投資についての意思決定を行うことである．財務管理者は，各投資やプロジェクトの費用と便益を比較検討し，そのうちのどれが株主による会社への投資資金の有効な使い道として適格であるかを判断しなければならない．これらの投資決定は，会社が何を実行するのか，そしてそれが所有者のために付加価値を生むのかどうかを根本的に形づくる．たとえば，今では想像しにく

1　アップル社「年次株主総会招集通知」（2022 年 1 月 6 日）より．投資信託（株式の登録所有者）が個人投資家に代わって保有するすべての株式を考慮すれば，実際のところアップル社には数百万人の株主がいたことになる．

いかもしれないが，アップル社の財務管理者が初代 iPhone の開発に投資するかどう
かを評価していた時期があった．彼らは，多額の開発・製造費用と将来の不確実な売
上を比較検討しなければならなかった．彼らの分析は，これが良い投資であることを
示した．あとは歴史のとおりである．本書では，こうした投資についての意思決定に
必要なすべてのツールを学ぶことができる．

資金調達の意思決定

　財務管理者は，ひとたびどの投資を行うかを決めたら，その支払い方法も決めなけ
ればならない．多額の投資を行う場合には，会社は追加の資金を調達する必要がある
かもしれない．財務管理者は，株式（自己資本）をより多く売却することで新規の株
主や既存の株主からより多くの資金を調達するか，あるいは代わりに資金を借り入れ
る（社債やその他の負債）かを決定しなければならない．債券とは，政府や会社が将
来の支払いを約束する代わりに，現在において投資家から資金を調達するために売り
出されたる証券である．債券は，投資家から発行体への融資とみなすこともできる．
本書では，それぞれの資金源の特徴，そして会社の負債と資本の組み合わせ中でどれ
を使うべきかを決定する方法について説明する．

短期資金需要管理

　財務管理者は，会社が日々の義務を果たすのに十分な現金を手元に確保しておかな
ければならない．一般的に「運転資本の管理[2]」としても一般的に知られているこの
仕事は，一見簡単なように思えるかもしれないが，創業間もない会社や成長中の会社
では，成功と失敗のわかれ目になることもある．

　優れた製品をもつ企業であっても，その製品を開発し，市場に投入するには多額の
資金が必要である．アルファベット社（Alphabet），メタ社（Meta），マイクロソフト
社（Microsoft）などが，人工知能にそれぞれ数百億ドルを投資して，いつか商業的
に応用されるであろう機能を開発するためにそれぞれ数百億ドルを人工知能に投資し
た費用を考えてみよう．あるいは，ボーイング社（Boeing）が787を製造するために
要した費用を考えてみよう．2009年12月に最初の787型機が離陸するまでに数十億
ドルが費やされた．企業は通常，製品の販売によって収益があがるまで，多額の現金
を使い果たす．財務管理者の仕事は，現金を利用する限られた機会が企業の成功を妨
げないようにすることである．

2　「運転資本」とは，手元現金，棚卸資産，原材料，仕入先への貸付金，顧客からの支払いなど，生
　産の歯車を動かし続けるための潤滑油のようなものである．

財務管理者の目標

　財務管理者によるこれらの決定はすべて，財務管理の最優先目標，すなわち「所有者である株主の富を最大化する」範囲内で行われる．株主は，会社の所有者となるために自らの資金をリスクにさらして会社に投資している．したがって，財務管理者は株主の資金の管理人であり，株主の利益のために意思決定を行う．多くの企業には何千人もの所有者（株主）がいる．これらの株主には，大規模な機関投資家から小規模な投資初心者，投資で生活している退職者から退職後の貯蓄を始めたばかりの若手従業員までさまざまである．それぞれの所有者は，異なる利害と優先順位をもっている可能性が高い．誰の利害と優先順位が会社の目標を決定するのだろうか？　あなたは，ほとんどの重要な意思決定において，株主の利害が一致していることに驚くかもしれない．個人の経済的地位や人生の段階に関係なく，すべての株主は，会社への投資価値が最大化された方が良いということに同意するであろう．たとえば，会社にとって有益な投資となることが予想される新製品を開発するかどうかを決定する場面を想定する．すべての株主は，この製品の開発が良いアイデアであることに同意する可能性が非常に高い．前述の iPhone の例に戻ると，2022 年 4 月までにアップル社の株式価値は，初代 iPhone が発表された 2007 年 1 月の 68 倍以上になった．初代 iPhone が発表された当時のアップル社の株主は，退職金のためにアップル株を売却したにせよ，退職金積立口座でまだ株を保有しているにせよ，皆が iPhone のおかげでかなりの経済的利益をえたことになる．

　たとえ企業のすべての所有者が企業の目標に同意したとしても，これらの目標は実行されなければ意味がない．次節では，財務管理者の会社内での立場と，所有者が会社に対してどのように支配権を行使するかについて説明する．

1.3　会社における財務管理者の地位

　会社を所有しているのは株主であるが，会社の能動的な管理は財務管理者に依存していることをこれまで述べてきた．「取締役会」と「最高経営責任者」が率いる経営陣は，会社を直接的に支配している．本節では，会社に対する責任がこれら 2 つの組織の間でどのように分担されているかを説明し，株主と経営陣の間で生じる対立について述べる．

会社経営陣

　会社の株主は，社内において最終的な意思決定権をもつ人々のグループである**取締役会**（boad of directors）を選出することによって，その支配権を行使する．ほとんどの会社では，1 株につき 1 票の議決権が与えられるため，より多くの株式を保有する

投資家はより大きな影響力をもつことになる．1人または2人の株主が発行済株式の非常に大きな割合を保有している場合，これらの株主は取締役会のメンバーになるか，あるいは数名の取締役を任命する権利をもつことができる．

取締役会は，会社の運営方法（会社のトップマネジャーへの報酬方法を含む）に関する規則を制定し，経営方針を設定し，会社の業績を監視する．取締役会は，会社の日々の運営に関わるほとんどの決定を経営陣に委任する．**最高経営責任者**（CEO；chief executive officer）は，取締役会が定めた規則や方針を実施することにより，会社を運営する責任を負っている．その他の経営陣の規模は，会社によって異なる．一部の会社では，取締役会とCEOの間の権限の分離は必ずしも明確ではない．実際，CEOが取締役会の議長を兼任することもできる（ただし，その場合はCEOの権限のバランスをとるため，筆頭独立取締役も存在する）．最上位の財務管理者は最高財務責任者（CFO）と呼ばれており，多くの場合CEOに直接指示を仰ぐ．図1.1は，財務管理者が担当する可能性のある役職を強調した会社の典型的な組織図の一部を示している．

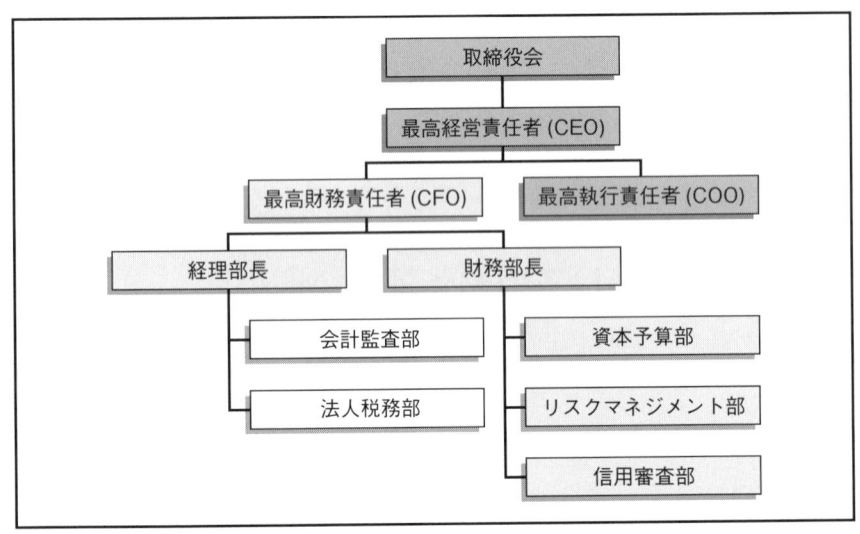

株主を代表する取締役会が会社を統制し，経営陣を雇用する．財務管理者は，最高財務責任者（CFO）の役割を含め，濃いグレーの網掛けで示した役職のいずれかを担当する．経理部長は，会計監査部と法人税務部を監督する．財務部長は，資本予算部（投資の意思決定），リスクマネジメント部（金融市場の動きに対する会社のエクスポージャーの管理），信用審査部（会社が顧客に提供する信用の条件と方針の管理）など，より伝統的な財務機能を監督する．

図1.1　会社内の財務機能

会社内の倫理とインセンティブ

　企業は，所有者とは別の経営陣によって運営されている．会社の所有者は，経営陣が目標を実行することをどのように保証できるのだろうか？

エージェンシー問題　企業では所有と経営が分離しているため，経営者は株主の利益のために働こうとする動機付けがほとんどなく，それが自らの利益に反した行動をすることになると主張する人は多い．経済学者はこれを**エージェンシー問題**（agency problem）と呼んでいる．これは，経営者が株主の代理人として雇われているにもかかわらず，株主の利益よりも自分自身の利益を優先してしまったときに起きる．経営者は，株主の利益を最優先するという責任を遵守するか，もしくは個人の利益を優先するかという倫理的ジレンマに直面する．この問題は，実際のところ，経営者が株主の利益に反して自己の利益を優先させる意思決定の数を最小限に抑えることによって通常対処される．たとえば，経営者の報酬契約は，株主の利益になる意思決定のほとんどが経営者の利益にもなるように設計されている．株主はしばしば，経営幹部の報酬を企業の利益，あるいは株価に連動させる．しかし，この戦略には限界がある．報酬を業績に連動させすぎると，株主は経営者に対して，彼らが許容できる以上のリスクを負うよう求めることになるかもしれない．その結果，経営者は，株主が望むような決断を下せなくなるかもしれないし，すすんで仕事を引き受けてくれる有能な経営者をみつけるのが難しくなるかもしれない．たとえば，バイオテクノロジー企業は，がん，エイズ，その他広く蔓延する病気と闘う医薬品の開発に大きなリスクを取っている．開発に成功した医薬品の市場は巨大ではあるが，失敗するリスクは高い．バイオテクノロジーに資金の一部しか投じていない投資家は，このリスクを許容できるかもしれないが，そのような医薬品の成功に報酬のすべてが結びついている経営者は，より小さな市場でよりリスクの低い医薬品の開発を選択するかもしれない．

　意思決定の結果，会社を取り巻く一部の利害関係者が利益をえる一方で，他の利害関係者が損失を被る場合，利益相反や倫理的配慮の可能性がさらに生じる．株主と経営者は会社の利害関係者であるが，その他の利害関係者にたとえば正社員や会社が操業している地域社会が含まれる．経営者は，自分の会社が小さな町の主たる雇用提供者であることから赤字を生み出す工場を営業し続けたり，発展途上国の工場労働者に現地の平均以上の賃金を支払ったり，あるいは，現地の法律で義務付けられているよりも高い環境基準で工場を操業したりするなど，他の利害関係者の利益のためになる意思決定を行うかもしれない．

　場合によっては，他の利害関係者に利益をもたらすこれらの行動は，より献身的な労働力を創出したり，顧客から好意的な評判をえたり，あるいはその他の間接的な効果を生んだりすることによって，株主にも利益をもたらすかもしれない．あるいは，

これらの意思決定が，株主の犠牲のもとで他の利害関係者に利益をもたらすとき，それらは会社の慈善事業の一形態となる．実際，多くの会社は，明示的に（株主に代わって）地元や世界中の慈善活動に寄付を行っている．株主は，たとえ費用がかかり，その結果として彼らの富を減少させるとしても，このような行動を承認することがよくある．株主価値を最大化する意思決定を行うことが経営者の仕事であるが，一方，会社を所有する株主は，会社の行動に彼らの道徳的，倫理的価値観が反映されることを望んでいる．もちろん，株主はこれらの問題に関して同一の選好をもつとは限らず，そのことが潜在的な対立の原因となることがある．

CEO の業績　株主が経営者に株主の利益のために働くよう促すもう１つの方法は，そうしない経営者を懲戒することである．株主が CEO の業績に不満を抱いている場合，原則として株主は取締役会に圧力をかけて CEO を解任することができる．ディズニー社（Disney）のマイケル・アイズナー氏，ヒューレット・パッカード社（Hewlett-Packard）のカーリー・フィオリーナ氏，ホーム・デポ社（Home Depot）のロバート・ナルデッリ氏，GE 社のジェフ・イメルト氏，J. クルー社（J. Crew）のミッキー・ドレクスラー氏，ウィー・ワーク社（We Work）のアダム・ニューマン氏は，いずれも取締役会によって辞任に追い込まれたと報じられている．こうした有名な経営者の事例にもかかわらず，株主の草の根運動によって取締役や経営トップが交代することはめったにない．その代わり，不満をもつ投資家は株式の売却を選択することが多い．もちろん，不満をもつ株主から株式を喜んで買い取る人がいなければならない．不満をもつ株主が十分に多い場合，投資家に株式を購入（または保有）するよう促す唯一の方法は，低い株価を提示することである．同様に，経営が行き届いている会社をみた投資家は株式を購入したいと考え，株価が上昇する．このように，会社の株価は会社のリーダーにとって，業績に対する株主の評価を継続的にフィードバックする指標なのである．

　株価が低迷すると，取締役会は CEO を交代させるという対応をとるかもしれない．しかし，会社によっては，取締役会が独立性をもたず，上級役員を交代させる動機もないため，上級役員が居座っている場合がある．取締役会が CEO の親友で構成され，客観性に欠けている場合，解雇に消極的になることがよくある．CEO が地位に固執し，仕事がうまくいっていない会社では，業績不振が続くという予想が株価の低迷を招く．株価が下がるということは，利益を上げる機会が生まれる．アクティビスト投資家は，取締役会が彼らの変革要求を真剣に受け止めざるをえなくなるのに十分な株式（議決権）を獲得する機会を狙っている．

　アクティビストは，具体的な改革を主張することもあれば，経営陣の交代や会社の売却を主張することもある．こうしたアクティビストは，他の株主に重要なサービス

を提供している．アクティビスト運動で異議を申し立てられるという脅しだけでも，多くの場合，業績不振の経営陣を懲らしめ，困難な意思決定をさせるよう取締役会に動機付けるには十分である．よって，会社の株式が市場で取引されるということは，経営者や取締役会が株主の利益のために行動することを促す"会社経営を支配するための市場"を創造する．

第II部

利子率とキャッシュフローの評価

評価原理のつながり

　第II部では，財務上の意思決定を行うための基本的なツールを紹介する．まず第2章では，本書で最も重要な考え方である「評価原理」について説明する．評価原理とは，市場価格を用いて企業にとっての投資機会の価値を決定することができるというものである．コーポレートファイナンスについて学んでいく中で，この評価原理がすべてのファイナンスの根底にあり，本書全体をとおしてすべての考え方を結びつける唯一の統一的な原理であることを明らかにしていく．

　毎日，世界中の会社経営者は財務上の意思決定を行っている．これらの意思決定は，地元にある金物店の店主が在庫の補充時期を決めるといった比較的些細なものから アップル社の 2010 年の iPad 発売，ディズニー社の 2019 年の独自ビデオストリーミングサービス開始，マイクロソフト社の 2021 年のソフトウェア全面見直しによる Windows 11 発売などのような大きなものまでさまざまである．これらの多様な意思決定に共通するものは何か？　これらはすべて，実行する際に生じる費用と企業にとっての便益の価値を比較することによってなされている．具体的には，会社経営者は，プロジェクトの将来のキャッシュインフローを受け取る一方で，キャッシュアウトフローを支払うことが，現時点において会社にとってどの程度の価値があるのかを判断しなければならない．

　第2章では，金融経済学の中心的な概念である「お

金の時間価値」を用いた分析ツールを構築する．第3
章では，将来発生するキャッシュフロー流列の評価方
法を説明し，キャッシュフローのさまざまな発生パター
ンを評価するための便利な方法をいくつか紹介する．
第4章では，利子率が市場でどのように表示されるの
か，そして1年に複数回複利計算される利子率の扱い
方について説明する．第5章では，利子率とキャッシュ
フローの現在価値について学んだことを，債券の評価
に応用する．第II部の最終章である第6章では，普通
株式の特徴について説明し，その推定価値の推定方法
を学ぶ．

お金の時間価値：はじめに

2.1 費用と便益の分析

　意思決定の実行は，その費用と便益を特定することから始まる．本節では，費用と便益の評価における財務管理者の役割と，彼らがそれらを定量化するために使用するツールについて説明する．

財務管理者の役割

　財務管理者の仕事は，その企業の投資家に代わって意思決定を行うことである．本書の目的は，投資家に対して企業価値を高める意思決定をどのように実行するのかを説明することである．原理的に，良い意思決定とは，便益が費用を上回ることであるという単純で直観的な考え方である．もちろん，現実のビジネスチャンスは大抵複雑で，費用と便益を定量化することは難しい．それらを定量化するには，多くの場合，以下の例のように他の経営分野のスキルを活用する必要がある．

- 「マーケティング」：広告キャンペーンによる収益の増加を測定する．
- 「経済学」：製品価格の引き下げによる需要の増加を測定する．
- 「組織行動論」：経営体制の変化が生産性に与える影響を測定する．
- 「戦略論」：価格引き上げに対する競合他社の反応を測定する．
- 「オペレーションマネジメント」：製造工場の近代化後の生産費用を測定する．

　本書の以下の説明では，これら分野の専門家から情報提供を受け，意思決定に必要な費用と便益はすでに特定されているものと仮定する．そうであるならば，財務管理者に残された仕事は，費用と便益を比較し，企業価値に対する最良の意思決定を行うことである．

費用と便益を定量化する

便益の価値が費用の価値を上回るという意思決定は，企業価値を高めることになる．意思決定において費用と便益を評価するには，選択肢を同じ条件，つまり今日の現金価値で評価しなければならない．ここでは簡単な例を用いて具体的に説明する．

ある宝飾品会社が，今日 400 オンスの銀を 10 オンスの金と交換する機会をえたとする．1 オンスの銀と 1 オンスの金では価値が異なる．したがって，400 オンスと 10 オンスを比較して，量が多い方が良いと結論づけるのは間違いである．その代わりに，銀の費用と金の利益を比較するのであるが，まず，その価値を等価なもの，つまり今日のお金で定量化する必要がある．

そこで，銀を考えてみる．今日の現金価値はいくらであろうか．銀が現在の市場価格 1 オンスあたり 25 ドルで売買できるとする．そうすると，わたしたちが手放すことになる 400 オンスの銀の現金価値は，以下のようになる[3]．

$$（銀 400 オンス）×（銀 1 オンスあたり 25 ドル）= 10{,}000 ドル$$

一方，現在の金の市場価格が 1 オンスあたり 1,900 ドルだとすると，わたしたちが受け取る 10 オンスの金の現金価値は次のようになる．

$$（金 10 オンス）×（金 1 オンスあたり 1{,}900 ドル）= 19{,}000 ドル$$

以上で意思決定を定量化することができた．すなわち，宝飾品会社のもつ機会とは，19,000 ドルの利益と 10,000 ドルの費用である．意思決定からえられる正味の便益は 19,000 ドル − 10,000 ドル＝今日の 9,000 ドルである．意思決定の正味価値は正であるので，宝飾品会社はこの取引を受け入れることで 9,000 ドル分だけ裕福になれる．

競争的市場の価格の役割　宝飾品会社が銀の宝飾品しか扱っていない，あるいは銀の価格はもっと高くなるはずであると考えていると仮定する．宝飾品会社の意思決定は変わるべきか？　宝飾品会社はいつでも取引を行い，現在の市場価格で銀を買うことができるので，答えはノーである．宝飾品会社が金を必要としていないなら，すぐに金を 19,000 ドルで売却し，400 オンスの銀を現在の市場価格 10,000 ドルで買い戻し，残りの 9,000 ドルを懐に入れることができる．このように，宝飾品会社にとっての銀の価値は，宝飾品会社の考えや好みとは関係なく，10,000 ドルなのである．

宝飾品会社は，現在の市場価格で銀を売ったり買ったりすることができるため，銀

3　読者は，この計算に，手数料やその他の取引費用を含める必要があるのではないかと思われるかもしれない．取引費用はこの先も無視するが，その影響については後の章で説明する．

に対する個人的な嗜好や用途，そして適正価格に対する見解はこの機会の価値を評価する上で無関係である．このことは，**競争市場**（competitive market），すなわち同じ価格で財を売買できる市場での財の取引に関する重要な一般原理を強調する．競争市場で財が取引されるときはいつでも，その価格が財の価値を決定する．これは，ファイナンスにおける中心的かつ最も強力な考え方の 1 つであり，本書をとおして展開されるほとんどすべての概念の基礎となる．

2.2　市場価格と評価原理

　これまでの例では，費用と便益の評価と比較が容易であったため，企業にとっての正しい意思決定が明確であった．評価が容易であったのは，現在の市場価格を用いて，費用と便益を等価な現金価値に換算できたからである．いったん費用と便益を現在の現金価値で表すことができれば，それらを比較し，その意思決定が企業価値を高めるかどうかを判断するのは簡単である．

評価原理

　ここまでの議論で，今日の現金価値という点からある意思決定の費用と便益を評価する方法と競争市場価格を直接関係づけた．これさえできれば，企業にとって最良の意思決定を行うのは簡単なことである．最良の意思決定では，便益の価値が費用の価値を上回るため，企業とその投資家をより裕福にする．この考え方を評価原理と呼ぶ．

> **評価原理**（The Valuation Principle）
> 「企業や投資家にとっての商品や資産の価値は，競争市場価格によって決まる．意思決定の便益と費用は，それらの市場価格を用いて評価されるべきである．便益の価値が費用の価値を上回るとき，その意思決定は企業の市場価値を高める」．

　評価原理は，本書をとおして意思決定の基礎となる．以下，本章では，費用と便益が異なる時点で発生する意思決定に評価原理を適用する．

なぜ財の競争価格は 1 つしかないのか？

　評価原理とファイナンスは一般に，競争市場価格を用いて費用や便益を評価することを拠り所としている．同じ財に対して 2 つの異なる競争市場価格を設定することはできない．そうしないと，2 つの異なる価値が生まれてしまう．幸いにも，強力な市場原理が競争価格を同じに保っている．たとえば，もし金が同時に 2 つの異なる価格

で取引されているのをみたらあなたはどうするか，想像してみよう．あなただけでなく，その違いに気づいた誰もが，できるだけ多くの金を安値で買い，高値で売り，即座にリスクのない利益をえるであろう．売買注文の殺到は，利益がなくなるまで2つの価格を近づける．このような力は，**一物一価の法則**（Law of One Price）を確立する．の法則は，競争市場では，同一の財や証券は同じ価格でなければならないというものである．より一般的には，まったく同じキャッシュフローを生み出す証券は同じ価格でなければならない．

一般に，価格差を利用して異なる市場で同等の商品を売買することを**裁定取引**（arbitrage）という．リスクを負わず，あるいは投資を行わずに利益を上げることが可能な状況を**裁定機会**（arbitrage opportunity）と呼ぶ．裁定機会の便益はその費用よりも価値が高いため，金融市場に裁定機会が現れるたびに，投資家は競ってその機会を利用しようとし，彼らの取引によってその機会は消滅する．

小売店では，同じ商品でも国によって価格が異なることがよくある．『エコノミスト』誌は長年，マクドナルド社のビッグマックの価格を世界各国で比較してきた．ここでは，2022年1月のビッグマックの価格を比較する．表には現地通貨での価格と米ドルに換算した価格が記載されている．もちろん，この価格でしかビッグマックは買えないので，これらの価格は競争市場価格の例ではない．したがって，裁定機会はない．仮に送料が無料であったとしても，トルコで手に入るだけのビッグマックを買うことはできるが，腐ってしまったビッグマックをスイスで売って利益をえることはできないであろう！

国	トルコ	スイス	日本
現地通貨	24.99 リラ	6.5 スイスフラン	390 円
米ドル換算	1.65 ドル	6.63 ドル	2.55 ドル

出所：『エコノミスト』誌.　　※ 原書から一部抜粋

2.3　お金の時間価値と利子率

これまで紹介した例とは異なり，ほとんどの財務上の意思決定では，費用と便益が異なる時点で発生する．たとえば，典型的な投資プロジェクトは，最初に費用が発生し，将来に便益をもたらす．本節では，評価原理を使って意思決定を行う際に，この時間差をどのように考慮するかを示す．

お金の時間価値

あなたの会社には，次のようなキャッシュフローをもつ投資機会がある．

費用：100,000 ドル（今日）

便益：105,000 ドル（1 年後）

　どちらもドル建てで表されているが，費用と便益を直接比較することはできるか？答えはノーである．プロジェクトの正味価値を 105,000 ドル−100,000 ドル＝5,000 ドルとして計算するのは，費用と便益の「発生時点」を無視しているので誤りである．つまり，この計算では，今日のお金を 1 年後のお金と同等に扱っている．一般に，今日受け取る 1 ドルは 1 年後に受け取る 1 ドルよりも価値がある．今日 1 ドルもっていれば，今それを投資して将来もっと多くのお金を手にすることができるからである．たとえば，10 パーセントの利息がつく銀行口座に預金すれば，1 年後には 1.10 ドルになっている．このような今日のお金と将来のお金との価値の差を，**お金の時間価値**（time value of money）と呼ぶ．

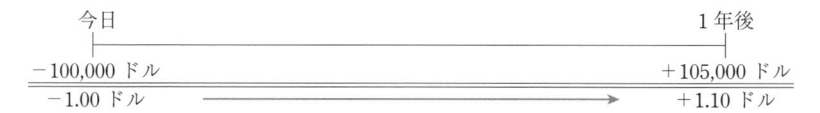

　図 2.1 は，競争市場価格と利子率を使って，今日のドルと他の財，あるいは将来のドルをどのように交換するかを示している．銀や金と同じように，今日のお金と明日のお金は同じものではない．前述の銀と金の例と同じように，競争市場価格を使って比較する．しかし，お金の場合の価格とは何か？　それは利子率であり，今日のお金を 1 年後のお金に交換する価格である．競争市場価格を使ったのと同じように，利子率を使って価値を決めることができる．いったん投資のすべての費用と便益を今日の

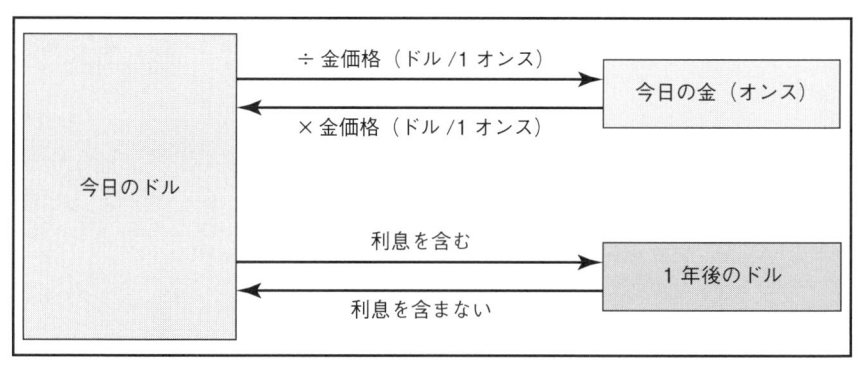

競争市場価格や利子率を使って，今日のドルを異なる財や時点に換算することができる．価値が等価になれば，評価原理を使って意思決定を行うことができる．

図 2.1　今日のドルと将来の金やドルとの交換

ドル換算で定量化すれば，評価原理を用いてその投資が企業価値を高めるかどうかを判断することができる．

利子率：時間を超えたお金の計算

　ここで，100,000 ドルの投資機会を正しく評価するために必要なツールをつくる．預金口座にお金を預けることで，わたしたちは無リスクで今日のお金を将来のお金に交換することができる．同様に，銀行からお金を借りることで，将来のお金を今日のお金に交換することができる．現在の利子率が年 10 パーセントだとする．今日 1 ドルを投資することで，この 1 ドルを 1 年後に 1.10 ドルに交換することができる．同様に，この利子率でお金を借りることで，1 年後の 1.10 ドルを今日の 1 ドルに交換することができる．より一般的に，ある期間の**利子率**（interest rate）r を，その期間にお金を借りたり貸したりすることのできる利子率と定義する．この例では，利子率は 10 パーセントであり，今日の 1 ドルを 1 年後に（1＋0.10）ドルと交換することができる．よって一般的に，今日の 1 ドルを 1 年後に（1＋r）ドルと交換することができ，その逆も同様である．ここで，（1＋r）をキャッシュフローの**利子率係数**（interest rate factor）と呼ぶ．これは，キャッシュフローを時間軸でどのように変換するかを定義するもので，単位は"1 年後のドル / 今日のドル"である．

　他の市場価格と同様，利子率も最終的には需要と供給によって決まる．特に，利子率は貯蓄の供給と借入の需要を一致させる．しかし，利子率がどのように決定されるかにかかわらず，利子率がわかれば，評価原理を適用して，費用と便益が異なる時点で発生するような意思決定問題を評価するのに使うことができる．

100,000 ドルの投資の 1 年後の価値　先ほど検討した投資を，今度はお金の時間価値を考慮して再評価してみる．利子率が 10 パーセントの場合，あなたの会社は 1 ドルを今日使うか，預金して 1 年後に 1.10 ドルを手にするかという選択に直面するであろう．つまり，1.10 ドルは，今日使う 1 ドルあたりの費用と考えることができる．これより，投資の費用は次のように表すことができる．

$$費用＝（今日の 100,000 ドル）\times \left(\frac{1 年後の 1.10 ドル}{今日の 1 ドル} \right)$$
$$＝一年後の 110,000 ドル$$

この金額は，今日 100,000 ドルを使ってしまうことの機会費用と考えることができる．すなわち，銀行にお金を預けておけば，1 年後に手にすることができたはずの 110,000 ドルをあきらめるということである．あるいは，同じ銀行から 100,000 ドルを借り入れると，1 年後に 110,000 ドルの負債を負うことになる．

```
         今日                                                    1 年後
          ├──────────────────────────────────────────────────────┤
投資  －100,000 ドル                                        ＋105,000 ドル
銀行  －100,000 ドル                                        ＋110,000 ドル
```

　市場価格である利子率を使って，費用と便益の両方を「1 年後のドル」という単位に置き換えたので，今度は評価原理を使って両者を比較し，1 年後の便益から投資費用を差し引いて投資の正味価値を計算することができる．すなわち，

$$105,000 \text{ ドル} － 110,000 \text{ ドル} ＝ 1 \text{ 年後の} － 5,000 \text{ ドル}$$

言い換えれば，会社はこの投資を行うよりも 100,000 ドルを銀行に預けておく方が，1 年間で 5,000 ドル多く稼ぐことができるということである．正味価値が負なので，この投資は棄却すべきである．なぜなら，投資を実行した場合，投資を実行しなかった場合よりも 1 年後に 5,000 ドルも損することになるからである．

100,000 ドルの投資の今日の価値　前の計算では，費用と便益の価値を 1 年後のドルで表した．別の方法として，利子率係数を用いて今日のドルに換算することもできる．1 年後に 105,000 ドルの便益をえるとする．今日のドルに換算するといくらになるか？　つまり，1 年後に 105,000 ドル貯めるには，今日いくら銀行に預けておく必要があるか？　この金額は，105,000 ドルを利子率係数で割って求める．すなわち，

$$便益 ＝ (1 \text{ 年後の } 105,000 \text{ ドル}) ÷ \left(\frac{1 \text{ 年後の } 1.10 \text{ ドル}}{今日の 1 \text{ ドル}} \right)$$
$$= 今日の 95,454.55 \text{ ドル}$$

これは，1 年後に 105,000 ドルを返済すると約束した場合，銀行が今日わたしたちに貸し出す金額でもある[4]．したがって，1 年後の 105,000 ドルを今日「買う」または「売る」ことができる競争市場価格である．

```
              今日                                               1 年後
               ├─────────────────────────────────────────────────┤
今日の費用の価値  －100,000 ドル                              ＋105,000 ドル

今日の便益の価値  ＋95,454.55 ドル ◄──────  105,000 ドル  ◄──────
                                            ─────────
                                              1.10
```

　これで，便益から費用を差し引くことで，（1 年後の正味価値ではなく）今日の投

4　ここでは，キャッシュフローに関連するリスクがない場合を考え，銀行が同じ 10 パーセントの利子率で貸し付けてくれると仮定している．

資の正味価値を計算する準備が整った.

$$95,454.55 \text{ ドル} - 100,000 \text{ ドル} = 今日の -4,545.45 \text{ ドル}$$

この正味価値は,今日(現在)のドルで計算されるため,通常は「正味現在価値」と呼ばれる.この概念は,第7章で正式に紹介する.繰り返しになるが,負の金額は,投資を棄却すべきことを示している.なぜなら,95,454.55 ドルの価値しかないもののために 100,000 ドルを放棄したからである.

現在価値と将来価値　この計算は,投資の価値を1年後のドルで表しても,今日のドルで表しても,わたしたちの意思決定は同じであることを示している.すなわち,わたしたちは,その投資を棄却すべきなのである.実際,今日のドルから1年後のドルに換算すると,次のようになる.

$$今日の -4,545.45 \text{ ドル} \times (1 \text{ 年後の } 1.10 \text{ ドル} / 今日の1ドル)$$
$$= 1 \text{ 年後の } -5,000 \text{ ドル}$$

これら2つの結果は,異なる時点の価値として表現されているが,等価であることがわかる.現在の価値をドルで表すとき,それを投資の**現在価値**(PV;present value)と呼び,将来のドルで表すとき,それを投資の**将来価値**(FV;future value)と呼ぶ.

割引係数と割引率　前の計算は,次のように,1年後の1ドルを今日の価格として解釈することができる.

$$\frac{1}{1+r} = \frac{1}{1.10} = 0.90909$$

言い換えれば,91 セント弱で,1年後に支払われる1ドルを「買う」ことができる.この価値は1ドル未満であることに注意すべきである.すなわち,将来のお金は今日の価値よりも低いので,その価格は割り引かれている.これは,将来のお金を買うことができる割り引きを示しているため,$1/(1+r)$ の金額は,1年**割引係数**(discount factor)と呼ばれる.利子率は,投資の**割引率**(discount rate)とも呼ばれる.

時間軸

　本節では,100,000 ドルの投資の費用と便益を視覚的に表現しているが,これは**時間軸**(timeline)の一例であり,予想されるキャッシュフローの発生時点を直線上に表現したものである.時間軸は,財務上の問題を整理し,解決するための重要な第一歩である.時間軸は,本書全体をとおして使用される.

時間軸をつくる　時間軸の作成方法を理解するために，友人があなたにお金を借りていると仮定する．友人は，このローンを返済するため，今後 2 年間の各年末にそれぞれ 10,000 ドルを 2 回支払うことに同意した．この情報を時間軸で表すと次のようになる．

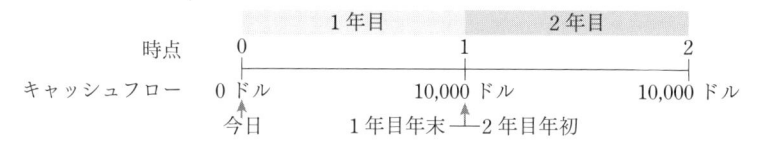

時間軸上の日付を特定する　キャッシュフローを追跡するために，時間軸上の各点を特定の日付として解釈する．時点 0 と時点 1 の間はローンの 1 年目を表す．時点 0 は今日，つまり 1 年目の年初で，時点 1 は 1 年目の年末である．時点 1 の下にある 10,000 ドルのキャッシュフローは，あなたが 1 年目の年末に受け取ることになっているローンの返済額である．同様に，時点 1 は 2 年目の年初でもあり，時点 2 は 2 年目の年末で，時点 2 の下にある 10,000 ドルのキャッシュフローは，あなたが 2 年目の年末に受け取ることになっているローンの返済額である．時点 1 は 1 年目の年末と 2 年目の年初の両方を意味することに注意が必要であり，これらは実質的に同じ時点であるため理にかなっている[5]．

キャッシュインフローとキャッシュアウトフローを区別する　この例では，どちらのキャッシュフローもインフロー（流入）である．しかし，多くの場合，財務上の意思決定にはインフローとアウトフロー（流出）が含まれるであろう．2 種類のキャッシュフローを区別するために，それぞれに異なる符号を付ける．具体的に，キャッシュインフローは正，キャッシュアウトフローは負とする．

　たとえば，あなたがきょうだいに今日 10,000 ドルを貸すことに同意したとする．そして，あなたのきょうだいは，このローンを利息つきで返済するため，今後 2 年間の各年末にそれぞれ 6,000 ドルを支払うことでも同意した．時間軸は次のとおりである．

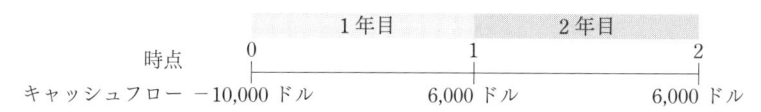

5　すなわち，12 月 31 日午後 11 時 59 分に支払われるキャッシュフローと，1 月 1 日午前 0 時 1 分に支払われるキャッシュフローとの間には，実質的な時間差はない．ただし，課税など他の違いはあるかもしれないが，今のところは無視する．

時点 0（今日）での最初のキャッシュフローは流出であるため－10,000 ドルと表されることに注意が必要である．その後の時点で発生する 6,000 ドルのキャッシュフローは流入なので正である．

さまざまな期間を表す　ここまでは，時間軸を使って，毎年末に発生するキャッシュフローを表してきた．実際には，時間軸は任意の時点で発生するキャッシュフローも表すことができる．たとえば，家賃を毎月支払う場合，最初の例のような時間軸を使って，"年" を "月" に置き換えるだけで，2 回の家賃支払いを表すことができる．

本章で取り上げる時間軸の多くは単純なものである．そのため，時間軸を作成する時間や手間をかける価値はないと感じるかもしれない．しかし，より難しい問題に進むにつれて，時間軸が見落としがちな取引や投資に関するイベントを特定してくれることに気づくであろう．これらのキャッシュフローを認識できなければ，誤った財務上の意思決定を行うことになりかねない．したがって，本章と次章で行うように，時間軸を描きながらすべての問題に取り組むことを勧める．

2.4　異なる時点のキャッシュフローを評価する

前節で取り上げた 100,000 ドルの投資の例では，異なる時点で発生するキャッシュフローを比較する方法の基礎を築いた．本節では，この例を一般化し，財務上の意思決定において重要な 3 つのルールを紹介する．これらルールは，時間の経過に伴う価値の比較や組み合わせを可能にしてくれる．

ルール 1：価値を比較したり，組み合わせたりする

第 1 のルールは，「同じ時点の価値だけを比較したり組み合わせたりすることができる」というものである．このルールは，比較や組み合わせ可能なのは，同じ交換単位のキャッシュフローだけである，という前節の結論を言い換えたものである．今日の 1 ドルと 1 年後の 1 ドルは等価ではない．今日お金をもっているということは，将来お金をもっているということよりも価値がある．今日お金をもっていれば，それを投資して利息をえることができるのである．

異なる時点で発生するキャッシュフローを比較したり組み合わせたりするには，まず，キャッシュフローを同じ時点に移動させて同じ交換単位に変換する必要がある．次の 2 つのルールは，キャッシュフローを時間軸上で移動させる方法を示している．

> 【陥りやすい誤解】　時間を超えてキャッシュフローを合計する
>
> 　いったんお金の時間価値を理解すれば，第 1 のルールは簡単に思えるかもしれない．しかし，特にファイナンスを学んだことのない人にとっては，このルールに反し，すべてのキャッシュフローを，いつ受け取るかに関係なく単純に同等なものとして扱ってしまうことがとても多い．その一例がスポーツ契約である．2019 年，マイク・トラウト選手はロサンゼルス・エンゼルスとの契約延長にサインしたが，この契約は"4 億 3,000 万ドル"と繰り返し言われた．この 4 億 3,000 万ドルというのは，トラウト選手が契約期間 12 年間に受け取るすべての支払いを単純に合計したものであり，12 年間で受け取る金額を今日受け取る金額と同じように扱っている．同じことが，リオネル・メッシ選手が 2017 年に FC バルセロナと契約延長し，2021 年まで"6 億 7,000 万ドル"の契約を結んだときにも，そして 2021 年にパトリック・マホームズ選手がカンザスシティ・チーフスと"5 億ドル"の 10 年契約に合意したときにも起こった．

ルール 2：複利計算する

　今日 1,000 ドルをもっていて，1 年後に等価となる金額を計算したいと思っているとする．現在の市場利子率が 10 パーセントだとすると，前節で考察したように，その利子率を今日のお金と 1 年後のお金を交換するレートとして使うことで，キャッシュフローを将来に移動させることができる．すなわち，

　　（今日の 1,000 ドル）×（1 年後の 1.10 ドル / 今日の 1 ドル）
　　＝1 年後の 1,100 ドル

　一般に，その年の市場利子率を r とすると，キャッシュフローを年初から年末まで移動させるために，利子率係数である $(1+r)$ を掛ける．$(1+r)$ を掛けるのは，年末には（1×元の投資額）に（r×元の投資額）分の利息を加えた金額を手にするからである．このように，時間軸を進めて将来のキャッシュフローの価値（将来価値）を計算するプロセスは，**複利計算**（compounding）として知られている．第 2 のルールは，「キャッシュフローの将来価値を計算するためには，複利計算をしなければならない」というものである．

　この法則は繰り返し適用することができる．たとえば，1,000 ドルが 2 年後にいくらになるかを知りたいとする．2 年目の利子率も 10 パーセントだとすると，先ほどと同じように計算する．

（1 年後の 1,100 ドル）×（2 年後の 1.10 ドル /1 年後の 1 ドル）

　＝2 年後の 1,210 ドル

この計算を時間軸で表す.

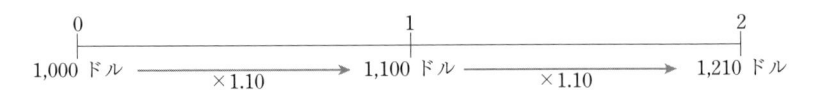

利子率が 10 パーセントだとすると，すべてのキャッシュフロー（時点 0 の 1,000 ドル，時点 1 の 1,100 ドル，時点 2 の 1,210 ドル）は等価である．これらは同じ価値をもっているが，異なる交換単位（異なる時点の金額）で表現されている．右向きの矢印は，価値が将来に移動していること，つまり複利計算されていることを示している.

　前の例で計算した 1,210 ドルは今日から 2 年後の 1,000 ドルの将来価値である．キャッシュフローが将来へ進むにつれて，価値が大きくなっていることがわかる．前節では，お金の時間価値を，今日のお金と将来のお金の価値の差として定義した．ここでは，2 年後の 1,210 ドルは今日の 1,000 ドルに相当するといえる．今日のお金の価値が高いのは，あなたがそれを投資する機会をもっているからである．この例のように，早くお金を手に入れることで，それを投資（ここでは 10 パーセントのリターン）することによって，将来，より大きな金額に成長させることができる．等価のお金は，1 年目に 100 ドル増えるが，2 年目に 110 ドル増えることにも注意が必要である．2 年目には，元の 1,000 ドルに対する利息に加えて，1 年目に受け取った 100 ドルの利息に対する利息もえられる．このように，元本と積み立てた利息の両方に対する利息をえる効果は，"利息に対する利息"をえるということで，**複利**（compound interest）として知られている．図 2.2 は，利息に対する利息からえられる金額が時間の経過とともに増加し，最終的に元の預金に対する利息としてえられる金額を上回ることを示している.

　3 年目の将来価値はどう変化するか？　引き続き同じ方法で，キャッシュフローを 3 回複利計算する．競争市場利子率が 10 パーセントで固定されていると仮定すると，次のようになる.

$$1,000 \text{ ドル} \times (1.10) \times (1.10) \times (1.10) = 1,000 \text{ ドル} \times (1.10)^3 = 1,331 \text{ ドル}$$

　一般に，キャッシュフロー C の n 期先の価値を計算するには，利子率係数を n 回使った複利計算をしなければならない．利子率 r が一定である場合，この計算は次のようになる.

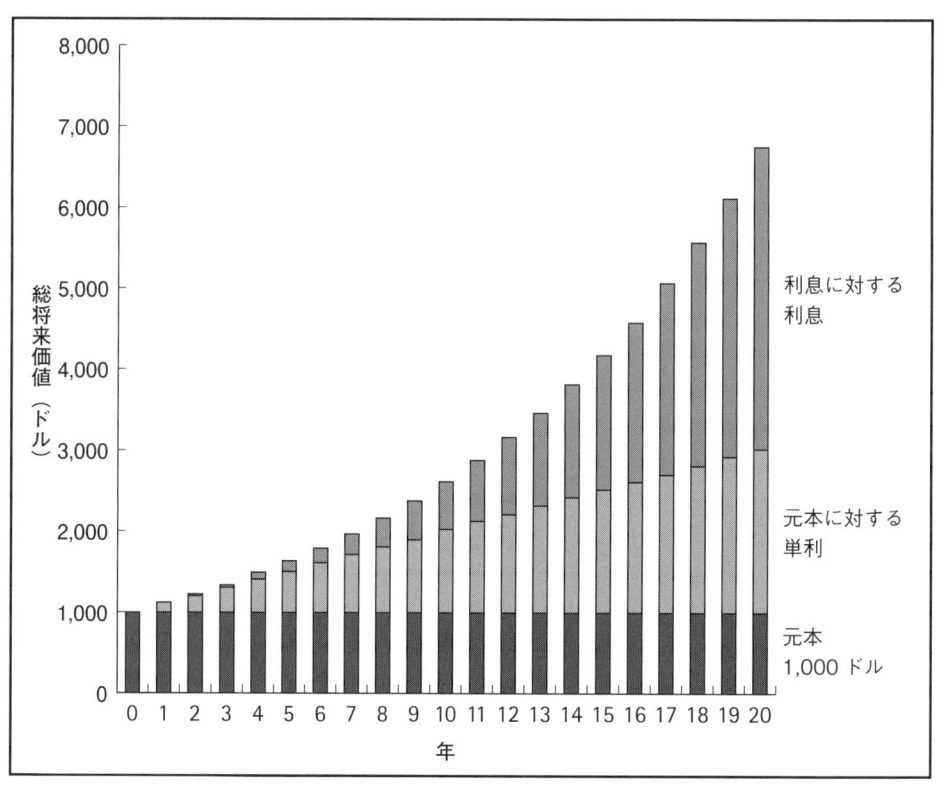

この棒グラフは，ある投資家が元本 1,000 ドル（■）を 20 年間にわたって 10 パーセントの利息を受け取る口座に預けた場合，口座残高と利息の構成が時間の経過とともにどのように変化するかを示している．中央部分の■の棒グラフは単利の効果を示しており，これは最初の預金に対してのみえられる利息である．上部分の■の棒グラフは複利の効果を示しており，過去の利息支払いに対しても利息がえられる．時間が経つにつれて，複利の効果はより顕著になり，20 年目には単利はわずか 2,000 ドルであるのに対し，利息に対する利息は 3,727.50 ドルになる．

図 2.2　時間の経過に伴う利息の構成

キャッシュフローの将来価値

$$FV_n = C \times \underbrace{(1+r) \times (1+r) \times \cdots \times (1+r)}_{n\text{回}} = C \times (1+r)^n \tag{2.1}$$

【72 の法則】

　複利効果について別の視点で考察する．具体的に，さまざまな利子率のもと，あなたのお金が 2 倍になるまでにどのくらいの時間がかかるのか考える．たとえば，1 ドルが将来 2 ドルになるまで何年かかるかを知りたいとするなら，次の式

でその年数 n を求めればよい.

$$FV_n = 1 \text{ ドル} \times (1+r)^n = 2 \text{ ドル}$$

この式をさまざまな利子率で解くと,次の近似式がえられる.

$$2 \text{ 倍になるまでの年数} \approx 72 \div (\text{パーセント表示の利子率})$$

この単純な "72 の法則" は,2 パーセントより高い利子率ではかなり正確である(つまり,正確に 2 倍になる期間の 1 年以内になる).たとえば,利子率が 9 パーセントの場合,2 倍になる時間は約 $72 \div 9 = 8$ 年となる.確かに $1.09^8 = 1.99$ である!　つまり,利子率が 9 パーセントであれば,お金はおおよそ 8 年ごとに 2 倍になる.

ルール 3：割引計算する

　第 3 のルールは,将来発生するキャッシュフローの今日の価値を計算する方法を説明するものである.たとえば,1 年後に受け取る予定の 1,000 ドルの今日の価値を計算したいとする.今日の市場利子率が 10 パーセントであるすると,前節で行ったように交換単位を変換することでこの価値を計算することができる.

　(1 年後の 1,000 ドル) $\div$ (1 年後の 1.10 ドル / 今日の 1 ドル)
　= 今日の 909.09 ドル

　つまり,キャッシュフローを時間軸に沿って過去に移動させるには,それを利子率係数 $(1+r)$ で割る.ここで,r は利子率である.このように,将来のキャッシュフローの今日における等価の金額を求めるプロセスは,**割引**(discounting)として知られている.第 3 のルールは,「将来のキャッシュフローのより今日に近い時点での価値を計算するには,それを割り引かなければならない」というものである.

　1,000 ドルを 1 年後ではなく,今日から 2 年後に受け取る予定であると仮定する.1 年目と 2 年目の両年の利子率が 10 パーセントだとすると,以下のような時間軸を作成することができる.

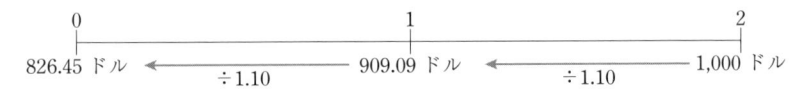

利子率が 10 パーセントの場合,すべてのキャッシュフロー(時点 0 の 826.45 ドル,時点 1 の 909.09 ドル,時点 2 の 1,000 ドル)は等価である.これらは同じ価値を異なる交換単位(異なる時点の金額)で表している.矢印が左を向いているのは,価値

が時間的に過去に移動していること，つまり割引計算されていることを示している．元のキャッシュフローが遠い将来であるほど，今日の価値が減少することに注意する必要がる．

　将来のキャッシュフローの時間軸上でより今日に近い時点における価値は，その時点における現在価値である．すなわち，826.45 ドルは，2 年後の 1,000 ドルの時点 0 における現在価値である．現在価値とは，将来のキャッシュフローを生み出すための「自分でできる（DIY）」価格であることを思い出してほしい．したがって，今日の 826.45 ドルを 10 パーセントの利子率で 2 年間投資した場合，キャッシュフローを評価する第 2 のルールを使えば，将来価値は 1,000 ドルになる．

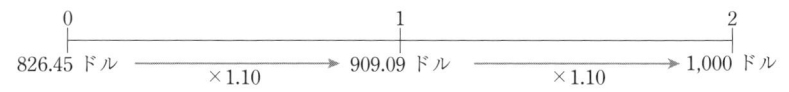

　1,000 ドルを 3 年後に受け取るとして，その現在価値を計算したいとする．繰り返しとなるが，利子率が 10 パーセントであるなら，次のようになる．

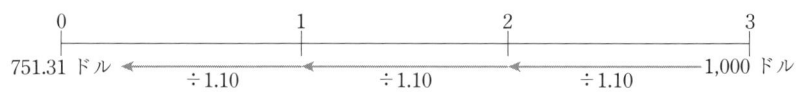

　つまり，3 年後に 1,000 ドルのキャッシュフローが発生する場合の現在価値は，次の式で表される．

$$1{,}000 \text{ ドル} \div (1.10) \div (1.10) \div (1.10) = 1{,}000 \text{ ドル} \div (1.10)^3 = 751.31 \text{ ドル}$$

　一般に，n 期先のキャッシュフロー C の現在価値を計算するには，利子率係数を n 回使った割引計算をしなければならない．利子率 r が一定である場合，この計算は次のようになる．

キャッシュフローの現在価値

$$PV = C \div (1+r)^n = \frac{C}{(1+r)^n} \tag{2.2}$$

　本節で考察してきたように，表 2.1 にまとめた「キャッシュフローを評価する 3 つのルール」にしたがう限り，異なる時点のキャッシュフローを比較することができる．財務管理者は，さまざまな時点で発生する投資の費用と便益をこれら 3 つのルールを使って比較し，評価原理を適用することで正しい意思決定を行うことができる．第 3 章では，異なる時点で複数のキャッシュフロー発生する状況にこれらのルールを適用する方法を説明する．

表 2.1　キャッシュフローを評価する 3 つのルール

ルール	公式
1.　比較したり，組み合わせたりすることができるのは，同じ時点の価値だけである．	なし
2.　キャッシュフローの将来価値を計算するには，複利計算をしなければならない．	キャッシュフローの将来価値 $FV_n = C \times (1+r)^n$
3.　将来のキャッシュフローの現在価値を計算するには，割引計算をしなければならない．	キャッシュフローの現在価値 $PV = C \div (1+r)^n = \dfrac{C}{(1+r)^n}$

お金の時間価値：キャッシュフロー流列を評価する

3.1 キャッシュフロー流列を評価する

　数期間にわたって発生する一連のキャッシュフローを**キャッシュフロー流列**（stream of cashflows）と呼ぶ．第 2 章で取り上げた単一のキャッシュフローと同様に，キャッシュフロー流列を時間軸で表すことができる．本章では，第 2 章で紹介した時間軸とキャッシュフロー評価のルールを使って，財務上の問題を整理し，解決していく．

キャッシュフロー評価ルールをキャッシュフロー流列の評価に適用する

　ほとんどの投資機会は，異なる時点で発生する複数のキャッシュフローをもつ．第 2 章では，このようなキャッシュフローを評価するためのルールを手に入れた．

　ルール 1： 比較したり，組み合わせたりすることができるのは，同じ時点の価値だけである．

　ルール 2： キャッシュフローの将来価値を計算するには，第 2 章の（2.1）式を使って複利計算しなければならない．

　　　　　[再掲] 　$FV_n = C \times (1+r)^n$ 　　　　　　　　　　　　　　　　(3.1)

　ルール 3： 将来のキャッシュフローの現在価値を計算するには，第 2 章の（2.2）式使って割引計算しなければならない．

　　　　　[再掲] 　$PV = C \div (1+r)^n = \dfrac{C}{(1+r)^n}$ 　　　　　　　　　　　(3.2)

　キャッシュフロー評価のルールにより，異なる時点で発生するキャッシュフローを比較し，組み合わせることが可能となる．わたしたちは，今日 1,000 ドルを預金し，今後 2 年にわたり年末にそれぞれ 1,000 ドルを預金する計画を立てたとする．この預金に 10 パーセントの固定利子率が適用されると，3 年後の預金額はいくらになるであろうか？

これまでどおり時間軸を描くことから始める.

時間軸には,わたしたちが計画している3つの預金が示されており,わたしたちは3年後の価値を計算する必要がある.

　この問題を解決するために,キャッシュフロー評価ルールをいくつかの方法で使用することができる.まず,時点0の預金を時点1に移動する.これは時点1での預金と同じ時点に移動したため,2つの金額を合算して時点1の総預金額を求めることができる.

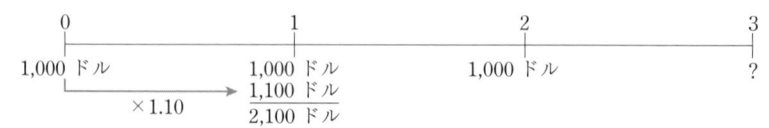

最初の2つのルールを使うと,時点1の総預金額は2,100ドルになる.この方法をさらに続けると,以下のようにこの問題を解くことができる.

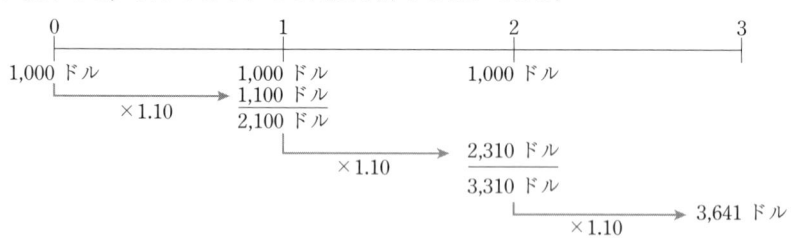

3年後の年末に銀行で保有している総預金額は3,641ドルである.この金額は,今日を含め毎年1,000ドルを3回預金する口座の将来価値である.

　これとは別に,それぞれのキャッシュフローの3年後の将来価値を別々に計算するという方法もある.いったん3つの金額がすべて3年目のドルで表されれば,それらを組み合わせることができる.

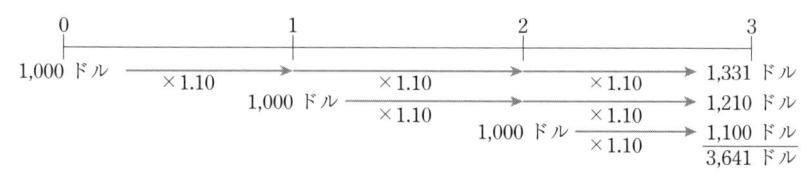

どちらの方法で計算しても,将来価値は同じ3,641ドルになる.ルールにしたがう限

りは，同じ結果をえる．ルールを適用する順番は問題ではない．どちらの計算を選ぶかは，目の前にした問題にとってどちらが便利であるかによって決まる．

　ここで，このアプローチを定式化するため，キャッシュフロー流列を評価するための一般的な公式を導出する．

　キャッシュフロー流列（時点 0 は C_0，時点 1 は C_1，以下省略し，最後の時点 N は C_N）を考える．このキャッシュフロー流列を時間軸で表すと次のようになる．

キャッシュフロー評価のルールを使って，このキャッシュフロー流列の現在価値を 2 段階で計算する．まず，個々のキャッシュフローの現在価値を計算する．そして，キャッシュフローを今日のドルという共通の交換単位にしたら，それらを組み合わせることができる．

　利子率 r が与えられると，このプロセスは次のような時間軸で表される．

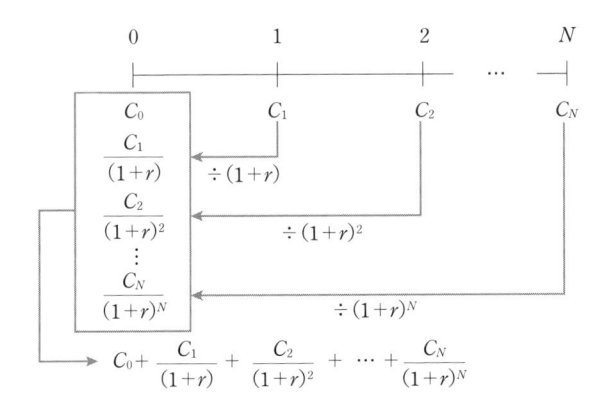

　この時間軸は，キャッシュフロー流列の現在価値の一般的な公式を示している．

$$PV = C_0 + \frac{C_1}{(1+r)} + \frac{C_2}{(1+r)^2} + \cdots + \frac{C_N}{(1+r)^N} \tag{3.3}$$

つまり，キャッシュフロー流列の現在価値は，各キャッシュフローの現在価値の和である．第 2 章で，現在価値を，将来ある 1 時点のキャッシュフローを生み出すために今日投資する必要がある金額として定義したことを思い出してほしい．キャッシュフロー流列にも同じ考え方が当てはまる．現在価値は，キャッシュフロー流列（C_0, C_1, $\cdots C_N$）を生み出すために今日投資する必要がある金額である．つまり，これらのキャッシュフローを受け取るということは，それらの現在価値を今日銀行に預金する

ことと同じである.

3.2 永久債

これまで整理した公式を使えば,あらゆるキャッシュフロー流列の現在価値や将来価値を計算することができる.本節と次節では,「永久債」と「年金」の2種類のキャッシュフロー流列を考察し,それらを評価する手短な方法を学ぶ.簡単な方法で評価できる理由は,これらのキャッシュフローが規則的なパターンにしたがっているからである.

永久債

永久債（perpetuity）のキャッシュフロー流列は,一定の間隔で永遠に発生する.一例として,コンソル債と呼ばれる英国国債がある.**コンソル債**（consol）は,所有者に毎年一定のキャッシュフローを永遠に約束する.

永久債の時間軸は次のとおりである.

この時間軸からわかるように,最初のキャッシュフローはすぐに発生するのではなく,「最初の期間の終わり」に発生することに注意が必要である.このタイミングは「後払い」と呼ばれることもあり,ローンの支払い計算などでは標準的な慣例であるため,本書全体でこれを採用する.

現在価値の公式を用いると,支払額 C,利子率 r の永久債の現在価値は次の式で与えられる.

$$PV = \frac{C}{(1+r)} + \frac{C}{(1+r)^2} + \frac{C}{(1+r)^3} + \cdots$$

永久債のキャッシュフローは一定であるため,すべてのキャッシュフロー（式中の C）が同じであることに注意が必要である.また,最初のキャッシュフローは時点1で発生するため,時点0でキャッシュフローは発生しない（$C_0 = 0$）.

ある時点で発生する1つのキャッシュフローを割り引きながら永久債の価値を求めるというのは,文字通り永遠に時間がかかってしまう! たとえ手短な方法を使ったとしても,あなたは無限にある正の項の合計が有限になることを不思議に思うかもしれない.それに対する答えは,将来のキャッシュフローが,どんどん増えていく期間数で割引かれるので,合計に対するその寄与は最終的に無視できるほど小さくなるか

らである.

　この手短な方法を導き出すために，わたしたちは自家製の永久債をつくることによって，永久債の価値を計算することにする．評価原理によれば，永久債の価値は，自家製の永久債をつくるために要した費用と同じでなければならない．たとえば，毎年 5 パーセントの利息が支払われる銀行口座に 100 ドルを永久に投資できるとする．1 年後，銀行口座は 105 ドル（元本 100 ドルに利息 5 ドルを加えた金額）となる．5 ドルの利息を引き出し，2 年目に 100 ドルを再投資するとしよう．この場合も，そこから 1 年後の銀行口座は 105 ドルになり，ふたたび 5 ドルを引き出して 100 ドルを再投資することができる．これを毎年続けることで，下の図のように銀行口座から毎年 5 ドルを永久に引き出すことができる.

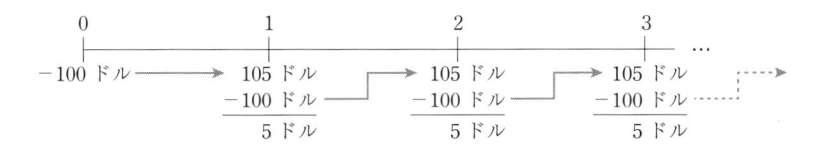

　このように，今日 100 ドルを銀行に預けることで，実質的に，年間 5 ドルを支払う永久債をつくることができる．銀行は 100 ドルで永久債を"売る"（つくることを可能とする）ので，年間 5 ドルの永久債の現在価値は，この"自分でできる（DIY）"費用の 100 ドルとなる.

　そこで，この議論を一般化する．金額 P を利子率 r の銀行口座に預けるとする．わたしたちは毎年，元本 P を銀行に残したまま，手にした利息 $C=r×P$ を引き出すことができる．永久債をつくる費用は，初期投資である元本（P）だけであるため，永久に C を受け取ることに対する価値は，初期投資費用 P ということになる．$C=r×P$ を P について解くと $P=C/r$ となる．したがって,

永久債の現在価値

$$PV（C は永久債のキャッシュフロー）=\frac{C}{r} \tag{3.4}$$

今日 C/r を預ければ，永久に利息 $C/r×r=C$ を毎年受け取ることができる.

　この議論の論理に注目する．キャッシュフロー流列の現在価値を計算するために，わたしたちは，同じキャッシュフローを銀行で生み出す"自分でできる（DIY）"費用を計算した．これは非常に実用的で強力な方法であり，無限の項を合計するよりもはるかに簡単で高速である[6]！

3.3　年金

年金（annuity）は，ある定められた期間において一定の間隔で同金額のキャッシュフローが支払われるというものである．つまり，年金と永久債の違いは，年金は一定回数の支払いの後に終了するのに対し，永久債は支払いが永久に続くという点である．ほとんどの自動車ローン，住宅ローン，一部の債券は年金ということになる．年金のキャッシュフローを時間軸で表すと次のようになる．

永久債と同様に，最初の支払いは今日から1期間後の時点1に行われるという慣例を採用する．支払額 C，利子率 r の N 期間年金の現在価値は次のように表される．

$$PV = \frac{C}{(1+r)} + \frac{C}{(1+r)^2} + \frac{C}{(1+r)^3} + \cdots + \frac{C}{(1+r)^N}$$

年金の現在価値

より単純な公式をみつけるため，永久債の時と同様の方法で，自家製年金をつくる．たとえば，100ドルを利子率5パーセントの銀行口座に預金すると仮定する．1年後には，その口座に元本100ドルに利息5ドルを加えた105ドルが入っている．永久債の価値を計算したときと同じ戦略を使い，5ドルの利息を引き出し，残りの100ドルを2年目に再投資する．そうすると，その1年後，再び口座は105ドルとなる．毎年，5ドルを引き出し，100ドルを再投資するというプロセスを繰り返すことができる．永久債の場合，元本は永久に銀行に預けておくことになるが，20年後に口座を解約して元本を引き出すのであれば，キャッシュフローは次のようになる．

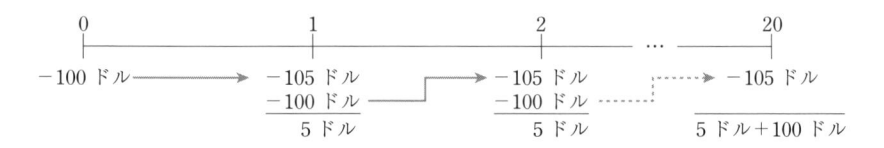

最初に100ドルを預金することで，あなたは20年間にわたって1年あたり5ドルを受け取る年金をつくり，加えて20年後に100ドルを受け取ることになる．評価原理

6　この結果についてはこれとは別に，ここで説明したような直観的な方法ではないが，数学的に導出することでもできる．

の一物一価の法則によれば，まったく同じキャッシュフローを生み出すものは同じ価値でなければならないはずである．時間軸上のキャッシュフローを生み出すために必要な初期投資は 100 ドルだけなので，これらのキャッシュフローの現在価値は次のように 100 ドルとなる．

$$100 \text{ ドル} = PV(20 \text{ 年間毎年 5 ドルを支払う年金}) + PV(20 \text{ 年後の 100 ドル})$$

つまり，今日 100 ドルを投資すれば，20 年間にわたって毎年 5 ドルを受け取ることができ，さらに 20 年目には 100 ドルを受け取ることができる．これらのキャッシュフローは時間軸で以下のように表すことができる．

上の式を再整理すると，20 年間毎年 5 ドルを支払う年金の費用は，100 ドルから 20 年後の 100 ドルの現在価値を差し引いたものであることがわかる．

$$PV(20 \text{ 年間毎年 5 ドルを支払う年金}) = 100 \text{ ドル} - PV(20 \text{ 年後の 100 ドル})$$

$$= 100 - \frac{100}{(1.05)^{20}}$$

$$= 100 \text{ ドル} - 37.69 \text{ ドル} = 62.31 \text{ ドル}$$

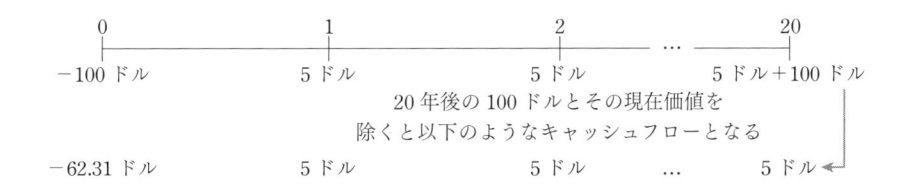

つまり，20 年間にわたって毎年発生する 5 ドルの現在価値は 62.31 ドルということになる．直観的には，年金の価値は，最初に銀行口座へ預けた金額から 20 年後の口座に残っている元本の現在価値を差し引いた金額である．

　毎年受け取る 5 ドルは 100 ドルの利息であり，100 ドル × 0.05 ＝ 5 ドルと表すことができるので，100 ドル ＝ 5 ドル /0.05 と書き直しておく．この左辺を先ほどの式に代入すると，年金の現在価値（PV）をキャッシュフロー（5 ドル），割引率（5 パーセント），年数（20）で表すことができる．

PV（20 年間毎年 5 ドルを支払う年金）

$$= \frac{\$5}{0.05} - \frac{\dfrac{\$5}{0.05}}{(1.05)^{20}} = \overset{C}{\underset{\downarrow}{\frac{\$5}{0.05}}}\left(1 - \frac{1}{(1.05)^{\overset{N}{\downarrow}20}}\right) = \$5 \times \frac{1}{\underset{\underset{r}{\uparrow}}{0.05}}\left(1 - \frac{1}{(1.05)^{\overset{20}{\underset{\underset{r}{\uparrow}}{}}}}\right)$$

ほとんどの場合，キャッシュフロー，割引率，年数が与えられたもとでの年金の現在価値を求めたいので，この方法は非常に便利である．これを次のような 1 期間あたり C を支払う N 期間の年金の現在価値の一般公式として書くことができる．

年金の現在価値

$$PV(\text{利子率 } r \text{ で } N \text{ 年間 } C \text{ を支払う年金}) = C \times \frac{1}{r}\left(1 - \frac{1}{(1+r)^{N}}\right) \tag{3.5}$$

年金の将来価値

年金の現在価値の簡単な公式を導いたので，その将来価値の公式を導くのは簡単である．もし N 年後の価値を知りたいのであれば，現在価値を時間軸上で N 期先に移動すればよい．

$$
\begin{array}{ccccc}
0 & 1 & 2 & \cdots & N \\
| & | & | & & | \\
 & C & C & & C
\end{array}
$$

$$PV = \frac{C}{r}\left(1 - \frac{1}{(1+r)^{N}}\right) \longrightarrow FV = \frac{C}{r}\left(1 - \frac{1}{(1+r)^{N}}\right) \times (1+r)^{N}$$

この時間軸が示すように，現在価値を利子率 r で N 期間複利計算する．

年金の将来価値

$$
\begin{aligned}
FV(\text{年金}) &= PV \times (1+r)^{N} \\
&= \frac{C}{r}\left(1 - \frac{1}{(1+r)^{N}}\right) \times (1+r)^{N} \\
&= C \times \frac{1}{r}\left((1+r)^{N} - 1\right)
\end{aligned}
\tag{3.6}
$$

この公式は，投資家が毎期同じ金額を預金した場合，預金額が時間とともにどのように増えるのかを知りたいときに役立つ．

3.4　成長するキャッシュフロー

ここまでは，毎期同じキャッシュフローが発生するキャッシュフロー流列だけを考えてきた．ここではそうではなく，キャッシュフローが各期一定の割合で成長すると予想される場合でも，将来のキャッシュフロー流列の現在価値を求める公式を導くことができる．

成長する永久債

成長する永久債（growing perpetuity）とは，一定の間隔で発生し，永久に一定率で成長するキャッシュフロー流列である．たとえば，最初の支払いが100ドルで，その後3パーセントで成長する永久債の時間軸は次のようになる．

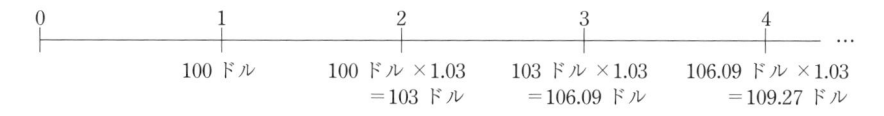

成長する永久債の現在価値の公式を導き出すには，通常の永久債の場合と同じ論理にしたがう．すなわち，自家製の永久債をつくるために，今日預金する必要のある金額を計算する．通常の永久債の場合，毎年えられる利息を引き出し，元本を再投資することで，永久に一定の支払いを続けることができた．毎年引き出せる額を増やすには，毎年再投資する元本を増やさなければならない．したがって，毎期えられる利息よりも少ない金額を引き出して，残りの利息を使って元本を増やす．

具体的なケースを考える．2パーセントで成長する永久債をつくりたいので，5パーセントの利息がつく銀行口座に100ドルを投資したとする．1年後には，元本100ドルに利息5ドルを加えた105ドルが銀行に入っている．仮に3ドルだけ引き出したとすると，再投資に回せるのは102ドルで，これは最初にもっていた金額より2パーセント多い．この金額は翌年には102ドル×1.05＝107.10ドルに成長し，3ドル×1.02＝3.06ドルを引き出すことができ，107.10ドル－3.06ドル＝104.04ドルの元本が残る．ここで，102ドル×1.02＝104.04ドルであることに注意が必要である．つまり，引き出す金額も再投資する元本も，毎年2パーセントずつ増えていく．時間軸でみると，これらのキャッシュフローは次のようになる．

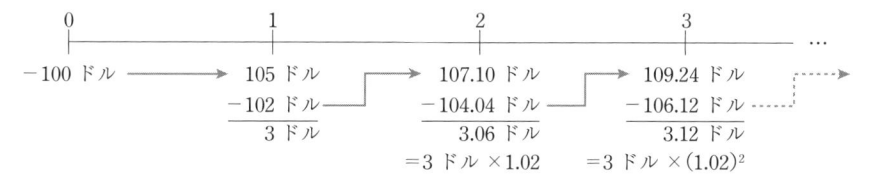

この戦略にしたがえば，あなたは，3ドルから始めて年2パーセント成長する成長債をつくったことになる．この成長する永久債は，現在価値が100ドルの費用に等しくなければならない．

　この議論は一般化することができる．銀行から引き出す金額を毎年gパーセントずつ増やしたいのであれば，銀行の元本も同じgパーセントずつ増やさなければならない．つまり，2年目にPドルを再投資するのではなく，$P(1+g)=P+gP$を再投資する必要がある．gPドルだけ元本を増やすには，gPの利息を口座に残す必要があるので，利息総額rPのうち，$rP-gP=P(r-g)$しか引き出すことができない．このことを，この例の1年目についてまとめると次のようになる．

初回預金額	100ドル	P
利息収入	(0.05) (100ドル)	rP
元本増加に必要な金額	(0.02) (100ドル)	gP
引き出し金額	(0.05) (100ドル)−(0.02) (100ドル)	$rP-gP$
	＝100ドル (0.05−0.02)	$=P(r-g)$

　引き出し金額をCとすると，$C=P(r-g)$となる．この式を銀行口座への初回預金額Pについて解くと，最初のキャッシュフローがCである成長する永久債の現在価値が求められる[7]．

成長する永久債の現在価値

$$PV(\text{成長する永久債})=\frac{C}{r-g} \tag{3.7}$$

　成長する永久債の公式を直観的に理解するために，通常の永久債の公式から始めることにする．通常の永久債の場合，えられる利息が通常の永久債のキャッシュフローと一致するように，十分な金額を銀行に預ける必要があった．成長する永久債の場

7　$g \geq r$と仮定する．その結果，キャッシュフローは割り引かれるよりも速く成長し，割引キャッシュフローの合計の各項は小さくなるのではなく大きくなる．この場合，合計和は無限大となる！現在価値が無限大とはどういうことか？　現在価値とは，キャッシュフローを生み出すための「自分でできる（DIY）」費用であることを思い出して欲しい．現在価値が無限であるということは，どれだけ多くのお金をもっていても，成長率gを永久に維持し，それらキャッシュフローを自力で再生産することは不可能であることを意味する．このような成長する永久債は，実際には存在しえない．なぜなら，有限の価格では誰も喜んで提供しないからである．利子率よりも速く成長する金額を永久に支払うという約束も，守られる可能性は低い（賢明な買い手が信じる可能性も低い）．よって，成長する永久債は，永久成長率が利子率よりも低いときのみ実現可能であるので，$g < r$であると仮定することになる．

合，キャッシュフローの成長分を調達しなければならないので，それ以上の金額を銀行に預ける必要がある．ではいくら増えるか？　銀行が利子率 5 パーセントで利息を支払うとすると，元本を年率 2 パーセント成長するようにしたい場合，引き出せるのはその差額（すなわち，5 パーセント－2 パーセント＝3 パーセント）だけである．つまり，永久債の現在価値は，最初のキャッシュフローを利子率で割ったものではなく，最初のキャッシュフローを利子率と成長率の差で割ったものになる．

成長する年金

　成長する年金（growing annuity）は，一定の間隔で支払われる，N 個の成長するキャッシュフロー流列である．これは，最終的に終了する成長する永久債である．次の時間軸は，最初のキャッシュフロー C をもつ成長する年金を示しており，N 期まで毎期 g パーセントで成長する．

これまで使用してきた慣例がそのまま適用される．つまり，(1) 最初のキャッシュフローは最初の期間の終わりに発生し，(2) 最初のキャッシュフローは成長する前の金額である．したがって，最後のキャッシュフローは，$N-1$ 期間分の成長を反映する．

　最初のキャッシュフロー C，成長率 g，利子率 r をもつ N 期間の成長する年金の現在価値は次式で与えられる．

成長する年金の現在価値

$$PV = C \times \frac{1}{r-g}\left(1 - \left(\frac{1+g}{1+r}\right)^{N}\right) \tag{3.8}$$

年金の項数は有限であるため，(3.8) 式は $g > r$ のときにも成り立つ[8]．成長する年金の現在価値に関するこの単純な表現を導くプロセスは，通常の年金の場合と同じである．

3.5　現在価値や将来価値以外の変数について解く

　ここまでは，キャッシュフロー流列の現在価値や将来価値を計算してきた．しか

---

[8]　(3.8) 式は $g=r$ のときには成立しない．しかし，この場合，成長と割引は相殺され，現在価値は，時点 1 においてすべてのキャッシュフローを受け取ることと等価である，すなわち，$PV = C \times N/(1+r)$ となる．

し，現在価値や将来価値はわかっていても，これまで入力情報として与えられてきた変数のひとつがわからないことがある．たとえば，ローンを組むとき，借りたい金額はわかっていても，返済に必要なローンの支払額はわからないかもしれない．また，銀行口座に預金をする場合，残高が一定水準に達するまでの期間を計算したいことがあるかもしれない．このような状況では，現在価値と将来価値の両方，あるいは片方を入力情報として使用し，関心のある変数について解く．本節では，いくつかの特殊なケースを検討する．

キャッシュフローについて解く

　投資の現在価値はわかっているが，キャッシュフローがわからない例を考えてみよう．もっとも典型的な例はローンである．すなわち，借りたい金額（現在価値）と利子率はわかっているが，毎年いくら返済しなければならないのかはわからない．たとえば，あなたは 100,000 ドルの初期投資を必要とする事業を始めると仮定する．銀行の支店長はこの資金をあなたに貸すことに同意した．融資の条件は，今後 10 年間，毎年同じ金額を返済し，利子率 8 パーセント，最初の返済期日は今日から 1 年後となっている．あなたの年間支払額はいくらか？

　ローンの時間軸は次のように表される．

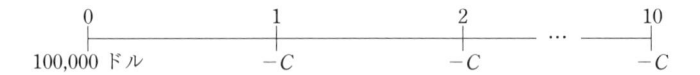

銀行は，今後 10 年間にわたる 10 回の均等払いと引き換えに，今日あなたに 100,000 ドルを貸し出す．銀行が要求する支払い額 C を決定する必要がある．銀行があなたに 100,000 ドルを貸すためには，銀行の利子率 8 パーセントで評価した場合，ローンのキャッシュフローの現在価値が 100,000 ドルとなる必要がある．つまり次のようになる．

$$100,000 = PV(\text{ローンの利子率で評価された 10 年間毎年 } C \text{ を支払う年金})$$

年金の現在価値の公式（3.5）式を使うと，

$$100,000 = C \times \frac{1}{0.08}\left(1 - \frac{1}{1.08^{10}}\right) = C \times 6.71$$

となり，この式を C について解くと，

$$C = \frac{100,000}{6.71} = 14,903$$

となる．よって，あなたは，今日 100,000 ドルを受け取る代わりに，10 年間にわたり毎年 14,903 ドルを支払う必要がある．

この問題は，次のように金融電卓や Excel でも解くことができる（あなたの立場からみると，100,000 ドルは正で支払いは負となる）．

金融電卓の ボタン	N	I / Y	PV	PMT	FV
所与の値	10	8	100,000		0
求める解				− 14,903	
Excel 入力式：＝PMT（RATE, NPER, PV, FV）＝PMT（0.08, 10, 1000000, 0）					

一般に，ローンの支払額を求めるときは，借入額（ローン元本）を支払い額の現在価値と考える．ローンの支払いを年金として考えれば，年金の公式から逆算してローンの支払い額を解くことができる．元本 P，N 回の定期的な支払い額 C，利子率 r としたときのローンの支払い額の公式は次のようになる．

年金のキャッシュフロー（ローンの支払金額）

$$C = \frac{P}{\frac{1}{r}\left(1 - \frac{1}{(1+r)^N}\right)} \tag{3.9}$$

現在価値ではなく将来価値がわかっている場合，これと同じ考え方を使ってキャッシュフローを解くことができる．たとえば，あなたが大学を卒業したばかりで，住宅を購入する際の頭金を貯め始めることにしたと仮定する．そして，10 年間で 60,000 ドルを貯蓄したいと考えている．貯蓄から年 7 パーセントの利回りがえられるとすると，目標を達成するためには毎年いくら貯める必要があるか？

この例の時間軸は次のように表される．

つまり，年間ある金額 C を貯蓄し，10 年後に銀行から 60,000 ドルを引き出す計画である．したがって，10 年後に 60,000 ドルの将来価値をもつ年金支払額を求める必要がある．（3.6）式の年金の将来価値の公式を使用する．

$$60,000 = FV(\text{年金}) = C \times \frac{1}{0.07}(1.07^{10} - 1) = C \times 13.816$$

これより，$C=60{,}000/13.816=4{,}343$ ドルとなる．このように，あなたは，年間 4,343 ドルを貯蓄する必要がある．そうすれば，7 パーセントの利子率で，あなたの貯蓄額は，住宅を購入する 10 年後には 60,000 ドルに増えていることになる．

この問題を金融電卓や Excel を使って解いてみる．

金融電卓の ボタン	N	I / Y	PV	PMT	FV
所与の値	10	7	0		−60,000
求める解				4,343	
Excel 入力式：=PMT（RATE，NPER，PV，FV） =PMT（0.07，10，0，−60000）					

繰り返しになるが，60,000 ドルを貯めるには，毎年 4,343 ドルを 10 年間貯める必要があることがわかる．

収益率

状況によっては，投資機会の費用とそこから予想されるキャッシュフローはわかっていても，収益率がわからないことがある．投資機会の収益率とは，便益の現在価値が費用をちょうど相殺する率のことである．

たとえば，今日 1,000 ドル投資すると，6 年後に 2,000 ドル回収できる投資機会があると仮定する．この場合，時間軸には次のように表される．

この投資を分析する 1 つの方法は，あなたがえられるものの現在価値と放棄するものの現在価値がちょうど等しくなる利子率 r はどうなるか考えることである．

$$1{,}000 = \frac{2{,}000}{(1+r)^6}$$

この計算を整理すると，次のようになる．

$$1{,}000 \times (1+r)^6 = 20{,}000$$

すなわち，r は，今日の 1,000 ドルから 6 年後の将来価値 2,000 ドルを手に入れるために必要とされる利子率である．r は次のように解くことができる．

$$1+r = \left(\frac{2{,}000}{1{,}000}\right)^{\frac{1}{6}} = 1.1225$$

すなわち，$r = 0.1225$．これは，この投資機会の収益率である．この投資を行うと，6 年間で年 12.25 パーセントの収益をえられる．

　前の例のように，キャッシュフローが 2 つしかない場合は，簡単に収益率を計算することができる．今日，金額 P を投資し，N 年後に FV を受け取る一般的なケースを考えてみる．

$$P \times (1+r)^N = FV$$
$$1 + r = (FV/P)^{1/N}$$

つまり，N 年間の総投資収益 FV/P を $1/N$ 乗して，1 年間の等価収益率に換算する．

　では，もう少し複雑な例を考えてみよう．あなたの会社は新しいフォークリフトを購入する必要があると仮定する．ディーラーはあなたに 2 つの選択肢を提示している．1 つは，現金で支払う場合のフォークリフトの価格であり，もう 1 つは，ディーラーからローンを組む場合の年間支払額である．ディーラーが提示するローンを評価するには，ローンの利子率と銀行が提示する利子率を比較する必要がある．ディーラーが提示するローンの支払額から，ディーラーが課す利子率をどのように計算するか？

　この場合，ディーラーのローンの収益率を計算する必要がある．フォークリフトの現金価格が 40,000 ドルで，ディーラーが頭金なしで年間 15,000 ドルの 4 回払いで融資を提供していると仮定する．このローンの時間軸は次のとおりである．

0	1	2	3	4
40,000 ドル	$-15,000$ ドル	$-15,000$ ドル	$-15,000$ ドル	$-15,000$ ドル

時間軸から，ローンは期間 4 年の年金で，支払い額は年 15,000 ドル，現在価値は 40,000 ドルであることがわかる．キャッシュフローの現在価値をゼロとすることで，支払いの現在価値は購入価格と等しくなる．

$$40{,}000 = 15{,}000 \times \frac{1}{r}\left(1 - \frac{1}{(1+r)^4}\right)$$

この方程式を解く r の値が，ローンに課される利子率であるが，残念ながら，この場合，利子率 r を解く簡単な方法はない[9]．この方程式を解く唯一の方法は，正しい値がみつかるまで r の値を推測することである．

　最初に，$r = 10$ パーセントと仮定する．この場合，年金の価値は次のようになる．

$$15{,}000 \times \frac{1}{0.10}\left(1 - \frac{1}{(1.10)^4}\right) = 47{,}548$$

これでは支払いの現在価値が高すぎるので，これを下げるには，もっと高い利子率を使う必要がある．次に，20 パーセントと仮定して再計算する．

$$15{,}000 \times \frac{1}{0.20}\left(1 - \frac{1}{(1.20)^4}\right) = 38{,}831$$

今度は支払額の現在価値が低すぎるので，10 パーセントから 20 パーセントの間の利子率を選ぶ必要がある．これを適切な利子率が見つかるまで推測を続ける．では，18.45 パーセントで計算してみることにする．

$$15{,}000 \times \frac{1}{0.1845}\left(1 - \frac{1}{(1.1845)^4}\right) = 40{,}000$$

このように，ディーラーによって課される利子率は 18.45 パーセントである．

　収益率を推測しながら手動で値を計算するよりも簡単な解決策としては，スプレッドシートや電卓を使って推測プロセスを自動化することである．この例のように，キャッシュフローが年金である場合，金融電卓や Excel を使って収益率を計算することができる．どちらも，次の式を解いている（すでに説明したとおり，表記は若干異なるが，*I/Y* は割引率，*PMT* はキャッシュフローまたは支払い額である）．

$$0 = PV + PMT \times \frac{1}{I/Y}\left(1 - \frac{1}{(1+I/Y)^N}\right) + \frac{FV}{(1+I/Y)^N}$$

この式は，費用と便益の現在価値が正確に相殺されるので，年金への投資価値がゼロであることを保証する．未知の変数が利子率である場合，式をゼロにする利子率を求める．この場合，金融電卓や Excel を使って次のように計算する．

金融電卓のボタン	N	I/Y	PV	PMT	FV
所与の値	4		40,000	−15,000	0
求める解		18.45			
Excel 入力式：＝RATE（NPER, PMT, PV, FV）					
＝RATE（4，−15000，40000，0）					

金融電卓と Excel は，どちらも，収益率 18.45 パーセントを正しく計算する．金融電卓は *I/Y* を 18.45 と返すが，これは 18.45 パーセントと読み替える必要があり，Excel が返す数値は 0.1845 である．

9　5 期以上の一般的なキャッシュフローの場合，*r* を解く一般的な公式はなく，試行錯誤による（手作業またはコンピューターによる）計算方法しかない．

期間の長さについて解く

キャッシュフローや利子率を解くことに加えて，ある金額が事前に設定された金額まで成長するのにかかる時間を解くこともできる．この場合，利子率，現在価値，将来価値はすべて既知である．わたしたちは，現在価値が将来価値まで成長するのにかかる時間を計算する必要がある．

利子率 10 パーセントの預金口座に 10,000 ドルを預け，それが 20,000 ドルに成長するのにかかる時間を知りたいとする．すなわち，N を求めたいということである．

公式より，投資の将来価値が 20,000 ドルになるように次の式の N を求める必要がある．

$$FV = 10,000 \text{ ドル} \times 1.10^N = 20,000 \text{ ドル} \tag{3.10}$$

1 つの方法は，先ほど計算した収益率と同じように，試行錯誤で N を求めることである．たとえば，$N=7$ 年の場合，FV $=19,487$ ドルなので，7 年以上かかることがわかる．次に，$N=8$ 年の場合，FV $=21,436$ ドルなので，7 年から 8 年の間に答えがあることがわかる．

あるいは，この問題は金融電卓や Excel で解くこともできる．この場合，初期投資額を正，預金口座から引き出す将来の価値を負として，N を解く．

金融電卓の ボタン	N	I / Y	PV	PMT	FV
所与の値		10	10,000	0	−20,000
求める解	7.27				
Excel 入力式：＝NPER（RATE, PMT, PV, FV）					
＝NPER（0.10, 0, 10000, −20000）					

結果として，貯金が 20,000 ドルに増えるには約 7.3 年かかる．期間を求める問題は，対数を使って数学的に解くこともできる．

3.6 年次以外のキャッシュフロー

これまでは，年単位で発生するキャッシュフロー流列だけを考えてきた．キャッシュフローが別の間隔，たとえば毎月発生する場合でも，同じツールが適用されるのだろうか？ 答えはイエスである．年単位のキャッシュフロー流列について学んだことはすべて，以下の条件を満たすかぎり，月単位のキャッシュフロー流列にも適用で

きる.

1. 利子率が月次で表示されている.
2. 期間数が月次で表示されている.

たとえば,あなたは月次の利子率2パーセントのクレジットカードをもっているとする.今日,カードに 1,000 ドルの残高があり,6か月間支払いをしなかった場合の残高は以下の式になる.

$$FV = C \times (1+r)^N = 1{,}000 \text{ ドル} \times (1.02)^6 = 1{,}126.16 \text{ ドル}$$

先ほどとまったく同じように将来価値の公式を適用するが,r は月次利子率,n は月数に等しい.

例 3.1 に示すように,同じ論理が年金にも適用される.

例 3.1　キャッシュフローが月次で発生する年金を評価する

問題

あなたは新車を購入しようとしており,その支払い方法は2つある.20,000 ドルを現金ですぐに支払うか,もしくは今後 48 か月間(4年間)にわたり毎月 500 ドルを支払うローンを組むかである.現金からえられる月次利子率が 0.5 パーセントであるなら,どちらの支払い方法を選ぶべきか.

解答

まず,ローンの支払いの時間軸を作成する.

この時間軸から,ローンが 48 期間の年金であることがわかる.年金の公式を使うと,現在価値は,

$$PV(48 \text{ か月間毎月 } 500 \text{ ドルを支払う年金})$$

$$= 500 \text{ ドル} \times \frac{1}{0.05}\left(1 - \frac{1}{1.005^{48}}\right) = 21{,}290 \text{ ドル}$$

あるいは,Excel や金融電卓を使って問題を解くこともできる.この場合,支払額を負に設定する.つまり,現在価値はプラスになる.

金融電卓の ボタン	NPER	RATE	PV	PMT	FV
所与の値	48	0.50 %		−500	0
求める解			21,290		
Excel 入力式：=PV（0.005, 48, −500, 0）					

> **評価**：したがって，ローンを利用することは，今日 21,290 ドルを支払うことと同じであ
> り，現金で支払うよりも費用がかかる．車は現金で購入すべきである．

月次利子率が提示されていない場合，どうすればよいのか？　第 4 章では，利子率が
どのように表示されるかについて説明し，年率と月率（あるいはは四半期）の変換方
法を学ぶ．

全体像

　本章は，まず初めに，意思決定の費用と便益を評価することにより，財務管理者が
評価原理を適用するために必要となるツールをさらに発展させることを目的とした．
第 3 章の「お金の時間的価値」の基本概念（今日の 1 ドルは明日の 1 ドルよりも価値
がある）から出発して，本章では，今日における将来キャッシュフロー流列と将来に
おける今日キャッシュフローの等価価値を計算する方法を学んだ．次に，永久債や
ローンなどにみられるような，定期的に発生するキャッシュフローを扱う簡単な方法
を学んだ．これまでみてきたように，割引率は，現在価値や将来価値の計算において
重要な入力情報であり，本章では，割引率を所与のものとして扱ってきた．

　割引率は何によって決まるのか？　評価原理は，時間の経過に対するキャッシュフ
ローの価値を評価するためには，市場情報に頼らざるをえないことを示している．第
4 章では，市場利子率の決定要因とその表示方法について学ぶ．また，利子率の表示
方法に関する慣例を理解することで，本章で開発したツールを，利子率が年 1 回より
も頻繁に複利計算される状況にも適用できるようになる．

利子率

4.1 利子率の表示と調整

　金融関連のウェブサイトをしばらく閲覧していると，普通預金利子率から自動車ローン利子率，国債の利子率にいたるまで，文字通り何十もの利子率が論じられたり，宣伝されたりしているのを目にする．利子率が金融システムの機能の中心にあることは明らかである．利子率を理解するには，利子率を価格，すなわち，お金を使うことへの対価として考えることが重要である．車を買うためにお金を借りるとき，今あなたは車を手に入れるために銀行のお金を使い，長期にわたってそのお金を返済する．ローンの利子率は，将来のローン返済額を今日の車に換えるために支払う対価である．同様に，普通預金口座にお金を預けるときは，後で引き出すまであなたのお金を銀行に使わせていることになる．銀行があなたの預金に対して支払う利息は，あなたのお金を（自動車ローンなどに）使用するために支払う対価なのである．

　他の価格と同様に，利子率は市場の力，特に資金の需要と供給によって決まる．需要（借入）が少なく，供給（貯蓄）が多い場合，他の条件が同じであれば利子率は低くなる．さらに，本章の後半で説明するように，利子率は予想インフレ率やリスクにも影響を受ける．

　利子率を観察し，利用するためには，利子率がどのように表示されるのかを理解する必要がある．実際には，利息はさまざまな方法で支払われ，利子率はさまざまな方法で表示される．たとえば，2022 年初め，バスク銀行は利息を日割りで支払う年利子率 0.80 パーセントの普通預金口座を提供していたが，他の銀行は四半期または年単位で利息が支払われる普通預金利子率を提供していた．利子率は投資期間によっても異なる．2022 年 4 月，投資家は無リスクの 1 年物米国財務省短期証券から約 1.8 パーセントの利息をえたが，20 年物国債からは約 3.1 パーセントの利息をえることができた．利子率はリスクや税金の影響によっても変動する．たとえば，米国政府はジョンソン・エンド・ジョンソン社（Johnson & Johnson）より低い利子率でお金を借りることができ，ジョンソン・エンド・ジョンソン社はアメリカン航空社（American

Airlines）より低い利子率でお金を借りることができる．

　利子率は月次，半年，年次など，さまざまな時間間隔で表示されることがあるため，キャッシュフローが発生する期間に合わせて利子率を調整することが必要になることがよくある．本章では，こうした利子率の仕組みについて説明する．

実効年利子率

　利子率は**実効年利子率**（**EAR**；effective annual rate）または**年あたり利回り**（**APY**；annual percentage yield）として報じられることが多く，これは1年末時点にえられる利息の総額を示す[10]．本書ではこれまでこの方法で利子率を表示してきた．そして，第2章と第3章では，EAR をお金の時間価値を計算する際の割引率 r として使用した．たとえば，EAR が5パーセントの場合，100ドルの投資は1年後次のように成長する．

$$100 \text{ ドル} \times (1+r) = 100 \text{ ドル} \times (1.05) = 105 \text{ ドル}$$

2年後は次のように成長する．

$$100 \text{ ドル} \times (1+r)^2 = 100 \text{ ドル} \times (1.05)^2 = 110.25 \text{ ドル}$$

月	0	1	2

キャッシュフロー	100 ドル	× (1.05)=	105 ドル	× (1.05)=	110.25 ドル
	100 ドル	×	$(1.05)^2$	=	110.25 ドル
	100 ドル	×	(1.1025)	=	110.25 ドル

割引率を異なる時間間隔に調整する

　前の例では，2年間で実行年利子率5パーセントをえることは，全期間で10.25パーセントの総利息を受け取ることに相当することを示している．

$$100 \text{ ドル} \times (1.05)^2 = 100 \text{ ドル} \times 1.1025 = 110.25 \text{ ドル}$$

一般に，利子率係数（$1+r$）を適切にべき乗することにより，より長い期間の等価な利子率を計算することができる．

　同じ方法を用いて，1年よりも短い期間の等価な利子率を求めることができる．この場合，利子率係数（$1+r$）を適切に分数乗する．たとえば，1年間に5パーセントの利息をえることは，6か月（0.5年）間投資された1ドルに対して次のような利息を受け取ることと等価である．

10　実効年利子率は「**実効年利回り**」（**EAY**；effective annual yield）とも呼ばれる．

$$(1+r)^{0.5} = (1.05)^{0.5} = 1.0247 \text{ ドル}$$

つまり，5 パーセントの実効年利子率は，6 か月で約 2.47 パーセントの利子率と等価である．この結果は，この利子率で 6 か月間の投資を 2 回行う場合，1 年間にえられる利息を計算することで確かめることができる．

$$(1+r)^2 = (1.0247)^2 = 1.05 \text{ ドル}$$

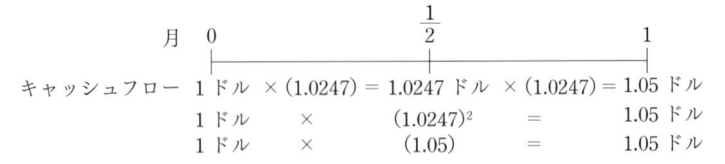

一般に，1 期間の割引率 r を n 期間の割引率に換算するには，以下の公式を使用する．

$$等価な\ n\ 期間割引率 = (1+r)^n - 1 \tag{4.1}$$

この式では，n は 1 期間以上の利子率を計算するとき 1 よりも大きく，1 期間未満の利子率を計算するとき 1 よりも小さくなる．

現在価値や将来価値を計算する場合，割引率をキャッシュフローの発生期間に合わせて調整する必要がある．

この調整は，例 4.1 に示すように，永久債や年金の公式を年次以外のキャッシュフローに適用する場合に必要となる．

例 4.1　月次で発生するキャッシュフローを評価する

問題

　あなたの銀行口座は，実行年利子率 6 パーセントで毎月利息を支払っていると仮定する．あなたは毎月いくらの利息をえることができるか？

　今日銀行に預金がないとして，10 年後に 100,000 ドルを貯めるには毎月いくら預金する必要があるか？

解答

考え方：(4.1) 式を使って EAR を月次利子率に変換すると，最初の質問に答えることができる．次の質問は，年金の将来価値に関する問題である．10 年後に 100,000 ドルをえるには，毎月いくらの年金を預けなければならないかを聞いている．しかし，この問題を解くには，キャッシュフロー（預金）が毎月発生するので，時間軸を月次で作成する必要

がある.

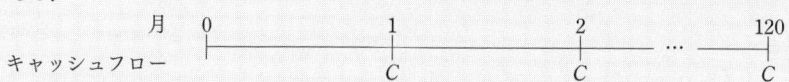

つまり，この貯蓄計画は，支払期間 $10 \times 12 = 120$ か月の月次年金とみなすことができる. 問題より，年金の将来価値（100,000 ドル）と期間（120 か月）が与えられ，そして月次利子率は，最初の質問に対する解答からえられる．そして，年金の将来価値の公式（3.6）式を使って，毎月の預金額を求めることができる.

実行：（4.1）式より，6 パーセントの EAR は 1 か月あたり $(1.06)^{1/12} - 1 = 0.4868$ パーセントの利益をえることに等しい．期間が 1 年の 1/12（1 か月）であるので，この式の指数部分は 1/12 となる.

　120 か月後の 100,000 ドルという目標を達成するために毎月貯蓄する金額を求めるには，月次利子率が 0.4868 パーセントであることを前提として，120 か月後に 100,000 ドルという将来価値をもつ月次での支払い金額 C を求めなければならない．これで，月次単位でのすべての入力情報（月次の支払い金額，月次利子率，月数）がそろったので，第 3 章の年金の将来価値の公式を使ってこの問題を解く.

$$FV(\text{年金}) = C \times \frac{1}{r}\left((1+r)^n - 1\right)$$

この式について，月次利子率 $r = 0.4868$ パーセント，月数 $n = 120$ を代入して，月次の支払い金額 C について解く.

$$C = \frac{FV(\text{年金})}{\frac{1}{r}\left((1+r)^n - 1\right)} = \frac{100{,}000 \text{ドル}}{\frac{1}{0.004868}\left((1.004868)^{120} - 1\right)} = 615.47 \text{ドル/1 か月}$$

あるいは，Excel や金融電卓を使って問題を解くこともできる.

金融電卓のボタン	N	1 / Y	PV	PMT	FV
所与の値	120	0.4868	0		$-100{,}000$
求める解				615.47	
Excel 入力式：＝PMT（0.004868，120，0，-100000）					

評価：毎月 615.47 ドルを貯蓄し，実行年利子率 6 パーセントで毎月利息をえるならば，10 年後に 100,000 ドルになる．年金の公式では，すべての入力情報の時間単位が一致していなければならないことに注意が必要である．この問題では，毎月預金していたので，利子率を月次利子率に変換し，年数の代わりに月数（120）を使用する必要があった.

年あたり利子率

　利子率を表示する最も一般的な方法は，**年あたり利子率**（APR；annual percentage rate）であり，これは 1 年間にえられる単利による利息，つまり複利効果を除いた利息を示す．APR には複利効果が含まれていないため，通常，APR の表示は実際にえられる利息よりも少なくなる．1 年間に実際にえられる金額を計算するには，まず APR を実効年利子率に変換する必要がある．

　たとえば，グラナイト銀行が普通預金口座の利子率を "月次複利の 6 パーセント APR" と宣伝しているとする．グラナイト銀行がこのように利子率を表示した場合，実際には毎月 6 パーセント /12＝0.5 パーセントの利息がえられることを意味する．つまり，月次複利の APR とは，実際には年次利子率ではなく「月次」利子率を表示する 1 つの手段である．この場合，実際に表示される利子率は月あたり 0.5 パーセントであるが，慣例により，銀行はこれに 12 か月をかけた APR で表している．利息は月次複利で計算されるため，実際には 1 ドルの預金から 1 年の終わりにえられる金額は次のように計算される．

$$1 \text{ドル} \times (1.005)^{12} = 1.061678 \text{ドル}$$

これより，実効年利子率は 6.1678 パーセントである．預金からえられる 6.1678 パーセントは，複利計算により，表示された 6 パーセント APR より高くなる．つまり，これまで支払われた利息に対して，それ以降の月に利息がつく．まとめると，実際の利子率である月あたり 0.5 パーセントは，以下のいずれかの方法で表示することができる．

・6 パーセント APR（月次複利）

・6.1678 パーセントの EAR（1 年間で実際にえられる利子率）

　APR は 1 年間で実際にえられる金額を反映していないため，「APR そのものを割引率として使用することはできない」ということを覚えておくことが重要である．その代わり，APR は各複利期間でえられる実際の利息を表示する 1 つの手段である．

$$複利計算の 1 期間あたりの利子率 = \frac{APR}{m} \tag{4.2}$$

（m は 1 年あたりの複利計算の回数）

　いったん（4.2）式から複利計算の期間ごとにえられる利息を計算したら，（4.1）式を使って，その他の任意の期間について等価な利息を計算することができる．したがって，APR に対応する実効年利子率は次の変換式で与えられる．

APR から EAR への変換

$$1+EAR=\left(1+\frac{APR}{m}\right)^{m} \tag{4.3}$$

（m は1年あたりの複利計算の回数）

　表 4.1 は，異なる複利計算の間隔について 6 パーセント APR に対応する実効年利子率を示している．利息の利息をより早くえることができるので，EAR は複利計算の頻度とともに高くなる．投資は，日次よりもさらに高頻度で複利による運用を行うことができる．原理的に，複利計算の間隔は 1 時間ごとでも 1 秒ごとでもよい．実際問題として，日次より頻繁に複利計算を行っても，実効年利子率に与える影響はごくわずかであり，そのような計算をほとんどみることはない．

表 4.1　6 パーセントの APR をさまざまな複利期間で計算した実行年利子率

複利計算の間隔	実行年利子率
年	$\left(1+\dfrac{0.06}{1}\right)^{1}-1=6$パーセント
半年	$\left(1+\dfrac{0.06}{2}\right)^{2}-1=6.09$パーセント
月	$\left(1+\dfrac{0.06}{12}\right)^{12}-1=6.1678$パーセント
日	$\left(1+\dfrac{0.06}{365}\right)^{365}-1=6.1831$パーセント

　APR を扱う場合，一連のキャッシュフローの現在価値や将来価値を評価する前に，まず（4.2）式を使って APR を複利計算の間隔あたりの割引率に変換するか，（キャッシュフローが年次で発生する場合は）（4.3）式を使って EAR に変換しなければならない．

4.2　応用：割引率とローン

　ここまで，ある利子率表示から割引率を計算する方法を説明してきたので，次はこの考え方を応用して，よくある 2 つのファイナンスに関する問題（ローン支払額の計算とローン残高の計算）を解くことにする．

ローン支払額を計算する

　住宅ローンや自動車ローンなど多くのローンは，毎月の支払いがあり，月次複利計

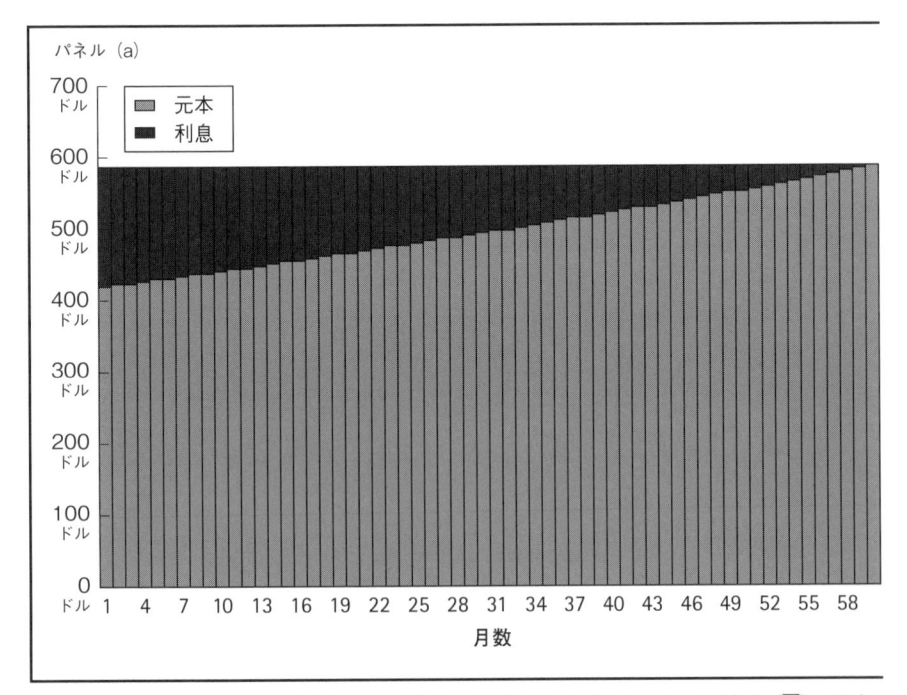

パネル（a）は，30,000 ドルの自動車ローンの毎月の支払額 590.50 ドルのうち，利息部分（■）と元本部分（■）が，ローン期間中にどのように変化するのかを示している．パネル（b）は，ローン残高（元

図 4.1　償却型ローン

算による APR で表示される．この種のローンは，**ローンを償却しており（償却型ローン（amortizing loans））**，毎月ローンの利息とローン残高の一部を支払うことになる．毎月の支払額は同じであり，最終回の支払いでローンは完済となる．新車ローンの場合，"60 か月で 6.75 ％ APR" というのが典型的な表現であろう．APR について複利計算の間隔が明記されていない場合は，支払い間隔と同じ，つまりこの場合は 1 か月となる．したがって，この表示は，月次複利で 6.75 パーセント APR を使用して計算された金額を毎月同額 60 回支払うことでローンが完済されることを意味する．
銀行の立場からローンをみてみると，役に立つことがある．たとえば，銀行は今日，あなたに車を買うための現金を提供し，その見返りとして，あなたは銀行に 1 か月後から 60 か月間にわたり毎月同一金額を支払う．銀行がこの交換に応じるためには，あなたが銀行に支払う金額をローン利子率で割り引いた現在価値と銀行が今あなたに提供する金額が等しくならなければならない．この条件で 30,000 ドルの自動車ローンを組む場合の時間軸を考えてみる．

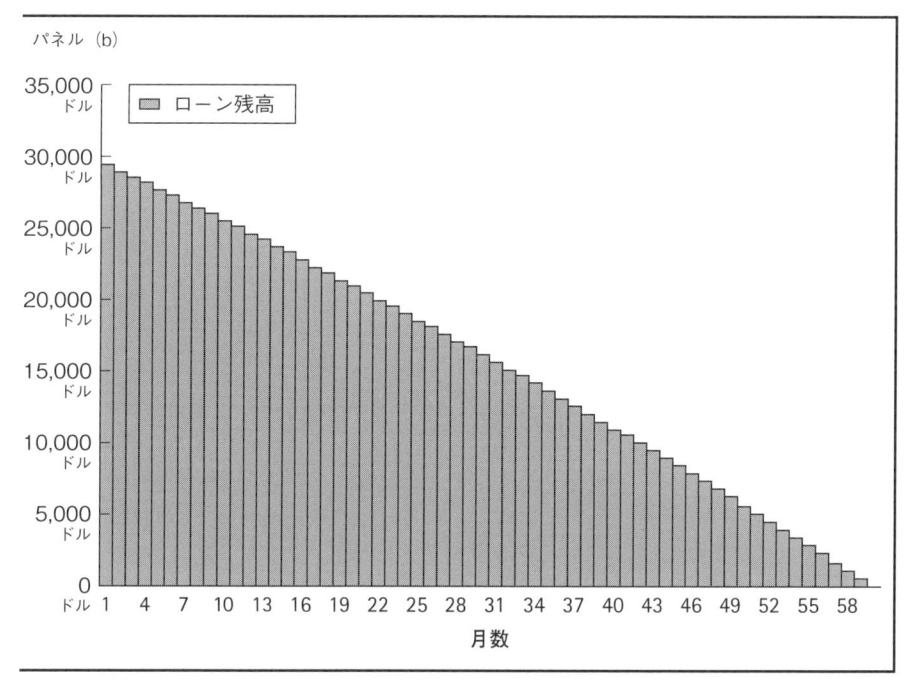

パネル (b)

本) への影響を示している．残高が減少するにつれて，その残高の利息を負担するために必要な支払額が減少し，支払額の多くを元本の減少に充てることができることに注意が必要である．

月 0 　 1 　 2 　… 60

キャッシュフロー 30,000 ドル 　 $-C$ 　 $-C$ 　 $-C$

　支払額 C は，ローン利子率を用いて評価したキャッシュフローの現在価値が，当初の元本 30,000 ドルに等しくなるように設定される．この場合，月次複利で 6.75 パーセント APR は，1 か月の割引率 6.75 パーセント /12＝0.5625 パーセントに相当する．割引率はキャッシュフローの発生頻度と一致させることが重要である．すなわち，ここでは，月次割引率と月次ローン支払いである．ローンの支払いは年金なので，(3.9) 式を使って C を求めることができる．

$$C=\dfrac{P}{\dfrac{1}{r}\left(1-\dfrac{1}{(1+r)^N}\right)}=\dfrac{30,000}{\dfrac{1}{0.005625}\left(1-\dfrac{1}{(1+0.005625)^{60}}\right)}=590.50 \text{ドル}$$

あるいは，金融電卓やスプレッドシートを使って支払額 C を求めることもできる．

金融電卓の ボタン	N	I／Y	PV	PMT	FV
所与の値	60	0.5625	30,000		0
求める解				−590.50	
Excel 入力式：＝PMT（RATE，NPER，PV，FV） ＝PMT（0.005625，60，30000，0）					

　毎月のローン支払いには，利息と元本の一部返済が含まれ，まだ借りている金額は減っていく．ローン残高（まだ借りている金額）は毎月減っていくので，その残高に対して発生する利息も減っていく．その結果，ローン期間の 60 か月中，支払額は変わらないにもかかわらず，毎月の支払額のうち利息を負担するために必要な部分は減り続け，元本を減らすために残される部分は増え続けることになる．この効果は，図4.1 のパネル（a）に示されており，毎月のローン支払額のうち利息を負担するする部分（黒色）と元本を減らすために残される部分（灰色）の割合を示している．見てわかるとおり，最初の 590.50 ドルの支払額のうち最初の月に発生した利息を負担するためだけに必要な金額は 168.75 ドルである（30,000 ドル×0.005625＝168.75 ドル）．しかし，この金額は時間の経過とともに着実に減少し，ローンの終了時には，支払いのほぼ全額が元本の返済に充てられるようになる．

　図4.1 のパネル（b）は，ローン残高に対する支払額の影響を示している．初回590.50 ドルを支払うと，うち 168.75 ドルがローンの利息を負担し，残りの 421.75 ドルで元本を 30,000 ドル−421.75 ドル＝29,578.25 ドルに減らす．翌月は，29,578.25 ドルのローン残高に対する利息 166.38 ドルのみを支払うことになる．このような効果はその先も続き，毎月，元本を減らすために使うことのできる支払額が増えていき，ローン残高からどんどん大きな金額が減っていくため，ローン期間終了に向けて元本は急速に減っていく．

ローン残高を計算する

　図4.1 が示すように，償却型ローンの残高は月ごとに異なる．どの時点の残高も，そこから将来のローン支払額の現在価値として計算することができる．つまり，ローン残高（元本残高とも呼ばれる）は，ローン利子率を用いて評価した将来のローン支払額の現在価値に等しくなる．ローン利子率を割引率として，残りのローン支払額の現在価値を計算することにより，ローン残高を計算する．

4.3　利子率の決定要因

　利子率がどのように表示され，ローンでどのように利用されるのかを理解したところで，次に広範な問題である「利子率はどのようにして決まるのか？」について考えることにする．基本的に，利子率は資金の相対的な需要と供給にもとづく市場原理によって決定される．この需要と供給は，個人，銀行，企業による借入，貯蓄，貸出の意思によって決定される．利子率の変化は，自動車ローンや住宅ローンの借入額など，消費者の意思決定に影響を与える．利子率の変化は将来のキャッシュフローの現在価値を変化させるため，利子率の変化は企業内の資本予算の決定にも広範な影響を与える．本節では，インフレ率，現在の経済活動，将来の成長に対する期待など，利子率に影響を与える可能性のあるいくつかの要因について考察する．

インフレと実質と名目利子率の比較

　インフレとは，物価の上昇によって，一定量の通貨の購買力がどの程度低下するのかを測るものである．"1 ドルでは以前のようには買えない"という言葉を何度聞いたことか？　わたしたちは皆，物価が着実に上昇していくのを目の当たりにしてきた．たとえば，朝のコーヒーは，おそらく 5 年前より今日の方が高くなっているであろう．インフレは，銀行やその他の金融機関が提示する利子率の評価に影響する．これらの利子率は，本書でキャッシュフローを割り引く際に使用した**名目利子率**（nominal interest rates）であり，一定期間投資した場合の資金の成長率を示している．もちろん，インフレによって物価も上昇している場合，名目利子率は投資による購買力の真の上昇を表しているわけではない．

　たとえば，今年の 1 杯のコーヒーが 1 ドルだとする．100 ドルあれば 100 杯のコーヒーを買うことができる．その代わり，その 100 ドルを年利率 5.06 パーセントの銀行に預金すれば，年末には 105.06 ドルになる．しかし，実際にはいくら得になるのか？　それは，同じ年に物価がどれだけ上昇したかによって異なる．インフレ率が年率 3 パーセントだった場合，コーヒー 1 杯の値段は 3 パーセント高くなり，年末には 1.03 ドルになる．したがって，105.06 ドルでコーヒーを 105.06 ドル /1.03＝102 杯買うことができる．つまり，実質的には 2 パーセントしか得にならないのである．

　この 2 パーセントが**実質利子率**（real interest rates）であり，インフレ調整後の購買力の成長率である．この例と同じように，購買力の成長率は次のように計算することができる．

$$購買力の成長＝1＋実質利子率＝\frac{1＋名目利子率}{1＋インフレ率}$$

$$＝\frac{お金の成長}{物価の成長} \tag{4.4}$$

（4.4）式を再整理すると，実質利子率の公式，そしてインフレ率が低い場合の実質
利子率の便利な近似式がえられる．

実質利子率

$$実質利子率 = \frac{名目利子率 - インフレ率}{1 + インフレ率} \approx 名目利子率 - インフレ率 \qquad (4.5)$$

つまり，実質利子率は名目利子率からインフレ率を引いたものにほぼ等しくなる[11].

図 4.2 は 1962 年以降の米国の名目利子率とインフレ率の推移を示している．名目

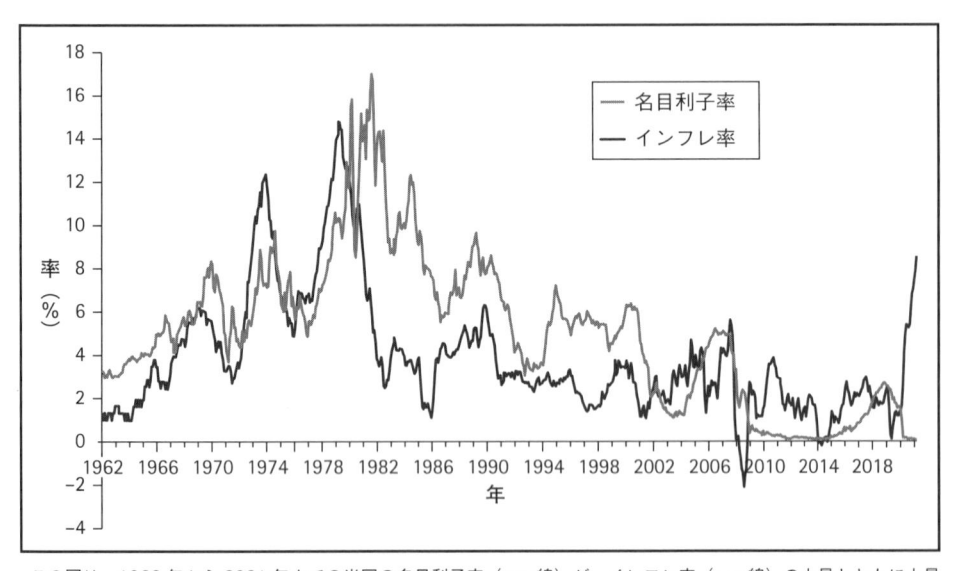

この図は，1962 年から 2021 年までの米国の名目利子率（—— 線）が，インフレ率（—— 線）の上昇とともに上昇することを示している．2021 年に始まったインフレ率の急上昇は，米国が過去 40 年間で経験した最も高いインフレ率である．ここで，図中の利子率は 1 年物国債の利子率であり，インフレ率は米国労働統計局の消費者物価指数の今後 1 年間の上昇率である．したがって，両者の差は，国債を保有することでえられるおおよその実質利子率を反映している．
出所：St Louis Federal Reserve Economic Data (FRED).

図 4.2　米国利子率とインフレ率（1962年-2021 年）

11　実質利子率は，将来のキャッシュフローに対する割引率として使うべきではない．実質利子率を割引率として使えるのは，そのキャッシュフローが将来支払われるであろう予想キャッシュフローではなく，インフレによる成長を調整する前の等価キャッシュフローである場合に限る（この場合，キャッシュフローは実質基準であるという）．しかし，この方法では誤差が生じやすいので，本書では常に，インフレによる成長分も含めてキャッシュフローを予測し，名目利子率で割り引くことにする．

利子率はインフレ率と連動する傾向があることに注意が必要である．直観的にいえば，個人の貯蓄意欲は，（実質利子率によって与えられる）購買力の伸びによって決まる．したがって，インフレ率が高い場合，個人の貯蓄を誘導するためにはより高い名目利子率が必要となる．これは，米国でインフレ率が 2 桁に達した 1970 年代後半から 1980 年代前半にかけて顕著であり，それに応じて名目利子率が上昇した．図 4.2 をみると，最近のインフレ率の急上昇が際立っている．2022 年半ばの時点で，名目利子率は反応し始めており（図には示されていない），インフレ率の上昇を引き起こしている力が長期的なものなのか短期的なものなのかをめぐってかなりの議論があった．

投資と利子率の政策

　利子率は個人の貯蓄性向だけでなく，企業の資本調達や投資意欲にも影響を与える．10,000,000 ドルの先行投資が必要で，4 年間にわたり年間 3,000,000 ドルのキャッシュフローを生み出す機会を考えてみる．利子率が 5 パーセントの場合，この投資の便益の現在価値は次のようになる．

$$PV = \frac{3{,}000{,}000}{1.05} + \frac{3{,}000{,}000}{1.05^2} + \frac{3{,}000{,}000}{1.05^3} + \frac{3{,}000{,}000}{1.05^4} = 10{,}638{,}000 \text{ドル}$$

利子率が 9 パーセントの場合，現在価値は次のようになる．

$$PV = \frac{3{,}000{,}000}{1.09} + \frac{3{,}000{,}000}{1.09^2} + \frac{3{,}000{,}000}{1.09^3} + \frac{3{,}000{,}000}{1.09^4} = 9{,}719{,}000 \text{ドル}$$

この場合，この投資は，10,000,000 ドルの費用を考えると，もはや採算が合わない．その理由はもちろん，正のキャッシュフローを高い利子率で割り引いているため，現在価値が減少するからである．しかし，10,000,000 ドルの費用は今日発生するため，その現在価値は割引率とは無関係である．

　より一般的には，投資の費用が便益に先行して発生する場合，利子率の上昇は投資の魅力を低下させる．したがって，他の条件が同じであれば，利子率の上昇は，企業が利用できる優良な投資対象の範囲を狭める傾向がある．米国連邦準備制度理事会（FRB）や他の国の中央銀行は，経済を誘導しようとする際，利子率と投資インセンティブの間のこの関係を利用しようとする．景気が減速している場合は投資を刺激するために利子率を引き下げ，景気が"過熱"してインフレが進行している場合は投資を抑制するために利子率を引き上げることが多い．

金融政策，デフレ，金融危機　2008 年の金融危機が経済を襲ったとき，FRB は年

内に短期利子率の目標を 0 パーセントまで引き下げることで，経済全体への影響を緩和するために迅速に対応した．しかし，このような金融政策の利用は一般的にとても効果的ではあるが，2008 年後半には消費者物価が下落していたため，インフレ率はマイナスとなり，名目利子率が 0 パーセントであっても実質利子率は当初はプラスのままであった．このデフレの結果，そしてそのデフレが続くかもしれないというリスクは，FRB が景気減速に対する通常の武器に関して"弾薬切れ"となり，これ以上利子率を引き下げることができないことを意味した．この問題は，米国や他の国の政府が，経済を刺激するために政府支出や投資を増やすなど，他の手段を検討し始めた理由の 1 つであった．

なぜ FRB はさらに踏み込んで，名目利子率をマイナスにできなかったのだろうか？個人は常に現金を保有し，少なくともゼロリターンをえることができるため，名目利子率が"大幅に"マイナスになることは考えにくい．しかし，現金を保管するには費用がかかり，投資家は多くの銀行を安全でないとみなしていたため，実際には，この期間中，短期米国債利子率は，わずかながらマイナス（−0.05 パーセント）になったときが何度かあった！　さらに注目すべきは，2016 年以降，欧州中央銀行や日本銀行を含むいくつかの中央銀行が，経済成長を促進する目的で銀行の融資を奨励するためにマイナスの預金利子率を設定したという事実である．日本銀行の発表を受けて，日本の預金者による取り付け騒ぎが発生した！　このように，わたしたちは利子率の適切な下限がゼロであると考えるのは正しい（自分のお金を誰かに使わせるためにお金を払うという選択はしない）が，世界金融危機とその余波は，預金者のリスク回避，費用のかかる代替手段，そして金融当局が加盟銀行にそのような利子率を課すことができることによって，マイナス利子率という特殊な事例をいくつか生み出した（さらなる議論は第 5 章を参照）．

財政政策，インフレ，COVID-19 パンデミック　2019 年までには，世界金融危機が 10 年経過したこともあり，FRB やその他の国の中央銀行は金融支援政策の終了を示唆していた．しかし，FRB は COVID-19 パンデミックの間，利子率を再び 0 パーセント近くまで引き下げた．さらに，活動停止期間中の景気を支えるため，政府は個人や企業への 3.5 兆ドルの直接支払いを含む財政刺激策に取り組んだ．その結果，供給が大幅に制限された時期に商品の需要が増加し，パンデミックから脱却する際にインフレ率が大幅に上昇した．インフレに対抗し景気を減速させるため，FRB は 2022 年を通じて短期利子率を引き上げ，名目利子率がゼロまたはマイナスの時代が終わりを迎えようとしていた．

期間	日付		
(年)	2006年11月	2007年11月	2008年11月
0.5	5.23%	3.32%	0.47%
1	4.99%	3.16%	0.91%
2	4.80%	3.16%	0.98%
3	4.72%	3.12%	1.26%
4	4.63%	3.34%	1.69%
5	4.64%	3.48%	2.01%
6	4.65%	3.63%	2.49%
7	4.66%	3.79%	2.90%
8	4.69%	3.96%	3.21%
9	4.70%	4.00%	3.38%
10	4.73%	4.18%	3.41%
15	4.89%	4.44%	3.86%
20	4.87%	4.45%	3.87%

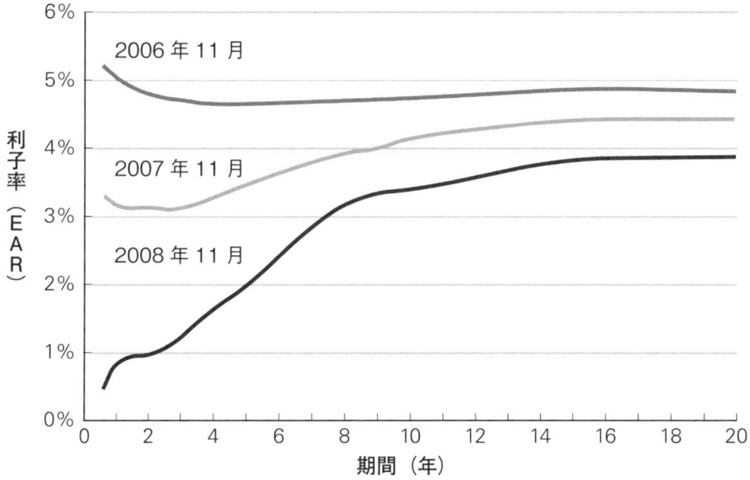

この図は，異なる投資期間で無リスクの米国債に投資した場合の利子率を示したものである．いずれの場合も，利子率は期間によって異なる．たとえば，2008 年の 10 年ローンの利子率（3.41 パーセント）は，1 年ローンの利子率（0.91 パーセント）の 3 倍以上であった．
(注) この図のインタラクション版は，eTextbook や MyLab Finance で入手可能である．

図 4.3　米国無リスク利子率の期間構造（2006 年 11 月，2007 年 11 月，2008 年 11 月）

イールドカーブと割引率

投資や融資に対して銀行が提示する利子率は，その投資や融資の「期間」によって異なる．たとえば，2年後に満期日を迎えるCD（譲渡性預金）[12] にお金を預けるとしよう．銀行は，いつでも資金を引き出せる通知預金に資金を預ける場合よりも，このCDにより高い利子率を提供してくれる．投資期間と利子率の関係は，利子率の**期間構造**（term structure）と呼ばれている．この関係を**イールドカーブ**（yield curve）と呼ばれるグラフで描写することができる．図4.3は，2006年11月，2007年11月，2008年11月に投資家が利用できた米国利子率の期間構造とそれに対応するイールドカーブを示している．いずれの場合も，利子率は期間によって異なり，短期利子率と長期利子率の差は2008年に特に顕著であったことに注意が必要である．プロットされた利子率は米国債の利子率であり，デフォルトリスクがない（米国政府がデフォルトに陥ることはない）と考えられている．したがって，これらの利子率はいずれも無リスク利子率であり，一定期間にわたってリスクなしに資金を貸し借りできる利子率である．

利子率の期間構造を使って，さまざまな投資期間における無リスクのキャッシュフローの現在価値と将来価値を計算することができる．たとえば，2008年11月の1年利子率で100ドルを1年間投資した場合，1年の終わりの将来価値は次のようになる．

$$100 \text{ ドル} \times 1.0091 = 100.91 \text{ ドル}$$

そして，2008年11月の10年利子率で100ドルを10年間投資した場合は，次のように成長する[13]．

$$100 \text{ ドル} \times (1.0341)^{10} = 139.84 \text{ ドル}$$

異なる満期日をもつキャッシュフローの現在価値を計算する際にも，同じ論理を適用できる．2年後に受け取る無リスクのキャッシュフローは2年利子率で割り引かれ，10年後に受け取る無リスクのキャッシュフローは10年利子率で割り引かれる．一般に，n 年後に受け取る無リスクのキャッシュフロー C_n の現在価値は，以下のようになる．

$$PV = \frac{C_n}{(1+r_n)^n} \tag{4.6}$$

---

12 譲渡性預金は，銀行が提供する短期または中期の債務証券である．指定された期間，銀行にお金を預けると，通常は固定利子率がつき，ペナルティを支払うことなく，早期にお金を引き出すことができる．

13 1年利子率で10年連続して投資することで，10年間の投資を行うこともできる．ただし，将来の利子率がどうなるかわからないので，最終的なペイオフは無リスクではない．

ここで，r_n は n 年間の無リスク利子率である．言い換えると，現在価値を計算する際には，キャッシュフローの期間と割引率の期間を一致させなければならない．

　異なる年に発生するキャッシュフローについて（4.6）式を組み合わせると，キャッシュフロー流列の現在価値の一般公式が導かれる．

割引率の期間構造を使ったキャッシュフロー流列の現在価値

$$PV = \frac{C_1}{1+r_1} + \frac{C_2}{(1+r_2)^2} + \cdots + \frac{C_N}{(1+r_N)^N} \tag{4.7}$$

　（4.7）式と（3.3）式の違いに注意する必要がある．ここでは，同じ期間をもつイールドカーブ上の利子率にもとづいて，各キャッシュフローに異なる割引率を使用する．利子率が満期間で非常に類似している場合，イールドカーブは水平線に近いことから，フラットであるという．2006 年 11 月や 2019 年のように，イールドカーブが比較的フラットである場合，各キャッシュフローに異なる利子率を使用することの違いは比較的小さく，単一の"平均"利子率 r を使用して割り引くことで無視されることがよくある．しかし，2008 年 11 月のように短期利子率と長期利子率が大きく変動する場合には，（4.7）式を使用すべきである．

　警告：現在価値を計算するための簡単な方法（年金や永久債の計算式，および金融電卓）は，すべてのキャッシュフローを同じ利子率で割り引くことを前提としている．キャッシュフローを異なる利子率で割り引く必要がある状況では使用できない．

イールドカーブと経済

　図 4.4 が示すように，イールドカーブは時間と共に変化する．短期利子率が長期利子率に近いこともあれば，大きく異なることもある．イールドカーブの形状が変化する理由は何であろうか？

利子率の決定要因　連邦準備制度理事会（FRB）は，銀行が手元資金を翌日物利子率で借り入れるときに適用されるフェデラルファンド利子率（federal funds rate）への影響力をとおして，超短期利子率を決定する．イールドカーブ上のその他の利子率はすべて市場で決定され，各期間において貸出の供給と借入の需要が一致するまで調整される．後述するように，将来の利子率変動に対する期待は，投資家の長期貸出や借入に対する意欲，ひいてはイールドカーブの形状に大きな影響を与える．

　ここで，短期利子率と長期利子率が等しいと仮定する．将来利子率が上昇すると予想される場合，投資家は長期投資を望まないであろう．むしろ，短期で投資し，利子率が上昇した後に再投資した方が得策である．したがって，利子率が上昇すると予想

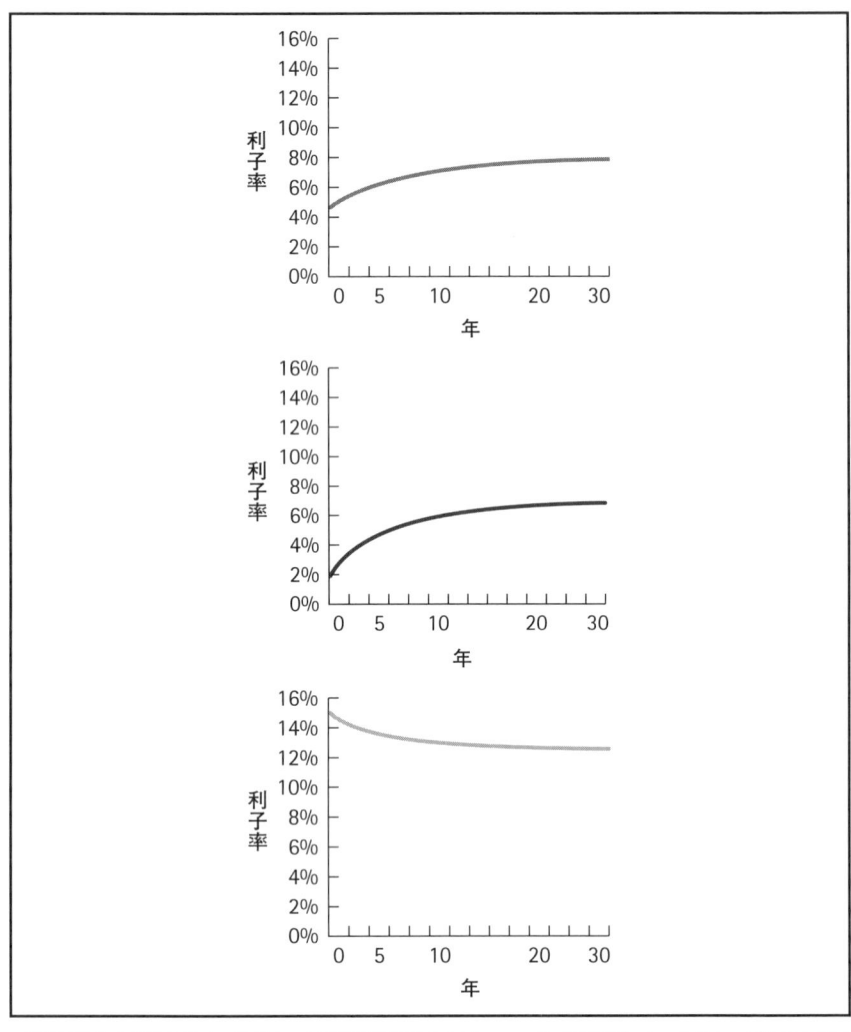

この図は3つの異なるイールドカーブの形状を示している. ━━ は"通常の"イールドカーブを表している. ほとんどの場合, イールドカーブはこのような形状をしており, 緩やかな上向きの傾斜となっている. ━━ は急勾配のイールドカーブを表している. 短期利子率 (2パーセント) と長期利子率 (7パーセント) の差が通常より大きいため, イールドカーブは通常より急勾配にみえる. この急勾配のイールドカーブの例は1991年10月のものである. 最後に, ━━ の線は逆イールドカーブを表している. イールドカーブが上向きではなく下向きに傾斜していることからこのように呼ばれている. これは, 1981年1月のように, 短期利子率が長期利子率よりも高い場合に起こる. イールドカーブの形状が時間の経過とともに変化する理由については, 本節の残りの部分で説明する.

図 4.4　イールドカーブの形状

される場合，投資家を惹きつけるために長期利子率は短期利子率よりも高くなる傾向がある．

　同様に，将来利子率が低下すると予想される場合，借り手は短期利子率と等しい長期利子率での借り入れを望まないであろう．借り手は短期で借り入れを行い，利子率が下がった後に新たな借り入れを行う方が得策である．そのため，利子率が低下すると予想される場合，借り手を引き惹きつけるために，長期利子率は短期利子率よりも低くなる傾向がある．

イールドカーブの形状　これらの議論は，イールドカーブの形状が利子率の予想に大きく影響されることを示している．長期利子率が短期利子率よりもはるかに高い，急激に上昇する"急勾配の"イールドカーブは，一般的に，利子率が将来上昇すると予想されることを示している．長期利子率が短期利子率よりも低い，下降する"逆勾配の"イールドカーブは，一般的に，利子率が将来低下すると予想されることを示している．利子率は景気の減速に対応して低下する傾向があるため，逆勾配のイールドカーブは，経済成長に対する悲観的な予測と解釈されることが多い．実際，図 4.5 が示すように，米国における過去 8 回の景気後退期は，いずれもイールドカーブが反転した時期が先行している（景気後退期を示す■色の棒グラフの前に■色の網掛け部分があることに注目）．逆に，景気後退から脱却し，利子率の上昇が予想されるようになると，イールドカーブは急勾配になる傾向がある（■色の部分）．図によると，2019 年の夏にイールドカーブは再び反転し，景気後退の到来が懸念されたことを示している．

　通常のイールドカーブの形状は緩やかな上向きである．投資家がほとんどいつも，将来の利子率が上昇すると信じていればそのようになる．しかし，そのようなことはありえないので，通常，長期利子率が短期利子率より高くなるには，別の力が働いているはずである．最もよく挙げられる理由は，長期ローンの方が短期ローンよりもリスクが高いということである．今日 30 年ローンを組み，利子率を固定した場合，ローンによって受け取る将来の支払いの現在価値は，市場利子率のわずかな変化に対しても非常に敏感に反応する．この感応度は，30 年間にわたる利子率の変化が複利効果を生むことによるものである．例 4.2 からこの効果を考察する．

例 4.2　長期ローンと短期ローンを比較する

問題

　あなたはある銀行に勤めており，2 件の融資を行った．1 件目の融資は，今日 909.09 ドルを貸して，1 年後に 1,000 ドル受け取るというものであり，2 件目の融資は，今日 909.09 ドル貸して，30 年後に 15,863.08 ドル受け取るというものである．融資額と返済

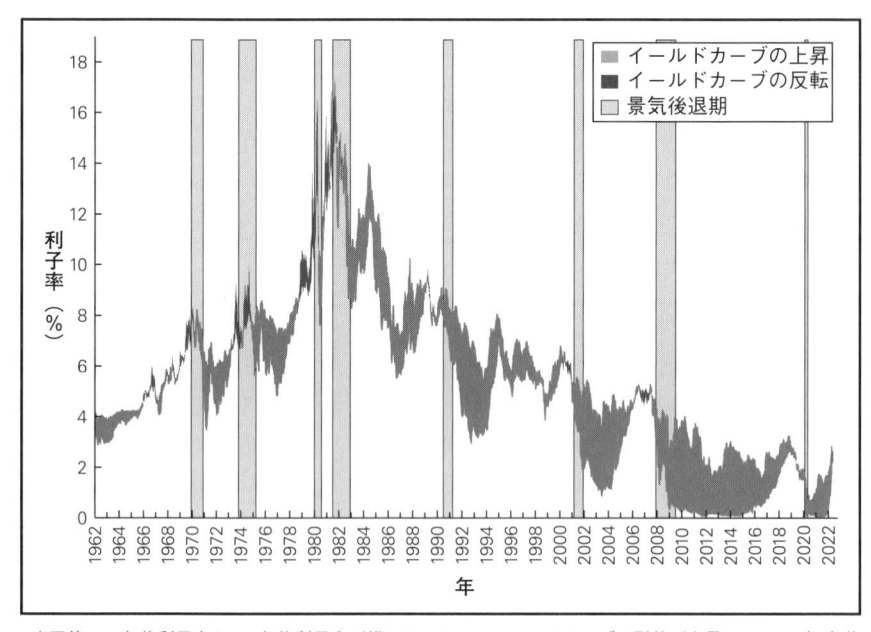

米国債の1年物利子率と10年物利子率が描かれており，イールドカーブの形状が上昇している（1年物利子率が10年物利子率を下回っている）場合は両者のスプレッドを■で表し，イールドカーブが反転している（1年物利子率が10年物利子率を上回っている）場合は■で表している．□の棒グラフは，全米経済研究所が判定した米国の景気後退期を示している．イールドカーブの反転は景気後退期に先行する傾向がある．景気後退期には利子率が低下する傾向があり，短期利子率が最も低下するため，景気後退期から脱却すると急勾配のイールドカーブが形成される．過去のイールドカーブと関連するマクロ経済データを探索できる対話版は，eTextbook や MyLab Finance で入手可能である．

図4.5　米国短期利子率と長期利子率の比較と景気後退期

額の差額は，年利子率10パーセントから生じたものである．銀行が融資を行った直後に，インフレ期待が高まっているという経済成長に関するニュースが発表され，その影響でこのような融資の市場利子率が11パーセントに跳ね上がった状況を考える．融資は銀行の資産の大部分を占めるので，当然，あなたはこれらの融資の価値を心配する．金利の変化が，銀行にとってこれらの融資の約束された返済の価値にどのような影響を与えるか？

解答

考え方：これらのローンはいずれも，ローン終了時に返済のキャッシュフローが1回だけ発生する．異なるのは返済までの期間だけである．

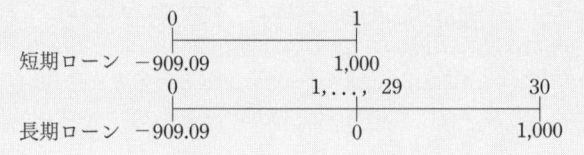

将来の返済額が今日の銀行与える影響は，まさに新しい市場利子率で計算されたローン返済額の現在価値ということになる.

実行：

　1 年ローンの場合，

$$PV = \frac{1{,}000 ドル}{(1.11)^1} = 900{,}90 ドル$$

　10 年ローンの場合，

$$PV = \frac{15{,}863.08 ドル}{(1.11)^{10}} = 692.94 ドル$$

評価： 1 年ローンの価値は 909.09 ドル－900.90 ドル＝8.19 ドル，つまり 0.9 パーセント減少したが，30 年ローンの価値は 909.09 ドル－692.94 ドル＝216.15 ドル，つまり約 24 パーセントも減少した！　市場利子率の小さな変化は，より長い期間にわたって複利計算され，ローン返済の現在価値に非常に大きな変化をもたらした. これが，投資家や銀行が長期ローンを短期ローンよりリスクが高いとみなす理由である.

　イールドカーブは，さまざまな時点で発生する無リスクのキャッシュフローの割引率を定めるだけではなく，将来の経済成長の先行指標でもある. これらの特性によって，イールドカーブは経営者にとても重要な情報を提供する.

4.4　資本の機会費用

　本章でみてきたように，市場で観測される利子率は，表示の慣例，投資期間，リスクによって異なる. 本章では，これらの違いを考慮するためのツールを開発し，利子率がどのように決定されるかについて理解を深めてきた. この知識は，第 5 章で取り上げる債券について検討する際の基礎となる.

　第 2 章では，評価原理が"市場利子率"を使って，現在価値を計算し，投資機会を評価する必要があることを説明した. しかし，選択できる利子率が多数存在するため，"市場利子率"という言葉は本質的に曖昧である. したがって，本書ではこれ以降，キャッシュフローを評価する際に使用する割引率を，投資家の**資本の機会費用**（opportunity cost of capital）（あるいは，より簡単にいえば**資本コスト**（cost of capital））にもとづいて決めることとする. この資本機会費用は，「割引対象となるキャッシュフローと同等のリスクと期間をもつ投資に対して，市場で提供される入手可能な最良の期待リターンである」.

　資本の機会費用の定義を理解するには，あなたが財務管理者として投資家の資金（資本）を集めるために別企業の財務管理者と競っている場面を考えるとよい．あなたの企業に投資してくれる投資家や，あなたの企業に融資してくれる債権者を惹きつけるためには，同じ投資リスクと投資期間に対して他市場からえられるものと少なくとも同程度の期待リターンを投資家や債権者に提供できなければならない．これにより，資本の（機会）費用という用語の由来がわかりやすくなった．つまり，あなたの企業の投資家は，資金を他の場所に投資する機会を放棄しているのである．これは投資家にとって機会費用であり，これを克服するためには，投資家に資本の機会費用と同等かそれ以上のリターンを提供しなければならない．投資する資金がすでに社内にある場合でも，この論理は当てはまる．その資金を株主に還元して別の場所で投資してもらうか，あるいは新しいプロジェクトに再投資することもできるが，再投資するのであれば，株主の他の機会よりもその再投資から良いリターンが得られる場合に限られる．

　資本の機会費用とは，投資家が新たな投資を行う際に放棄するリターンのことである．プロジェクトが無リスクの場合，資本の機会費用は，通常，同じような期間の米国債の利子率に相当する．しかし，資本コストは非常に一般的な概念であり，リスクのある投資にも適用できる．

　第2章では，ファイナンスの統一テーマとして評価原理を紹介した．本章と前章では，財務管理者がさまざまな時点で発生するキャッシュフローを評価するために必要となる基本的なツールを開発した．この最後の節では，評価計算における割引率である資本の機会費用を決定するために市場情報を利用することの重要性を再確認した．第5章では，債券とその価格決定方法について学ぶ．これらについては，これまでに構築してきた知識をそのまま応用できる．

債券

5.1 債券の専門用語

　第1章で説明したように，債券とは，政府や企業が将来の支払いを約束する代わりに，投資家から資金を調達するために販売される証券である．債券の発行条件は，**債券証書**（bond certificate）の一部として記載され，すべての支払額と支払日が示されている．図5.1は**債券証書**を示している．債券からの支払いは，債券の**満期日**（matu-

出所：Courtesy Heritage Auctions, Inc. © 1999–2006.

図5.1　エルマイラ・ウィリアムズポート鉄道会社が500ドルで発行した無記名債券と切り取られていないクーポン

rity date）と呼ばれる最終返済日まで行われる．返済期日までの残り時間を債券の**残存期間**（term）という．

債券は通常，保有者に対して2種類の支払いを行う．債券の元本または**額面金額**（face value，あるいは，par value，principal amount）は，利息支払額を計算する際に使用する名目上の金額である．通常，額面金額は満期時に返済される．額面金額は一般的に1,000ドルといった標準的な単位で表示される．たとえば，額面金額1,000ドルの債券は，しばしば"1,000ドル債"と呼ばれる．

額面金額に加えて，一部の債券は，**クーポン**（coupon）と呼ばれる追加の支払いも約束する．債券証書には通常，債券の満期日までクーポンが定期的（たとえば半年ごと）に支払われることが明記されている．図5.1からわかるように，歴史的には，支払日になると，債券の保有者はクーポンを切り離して，支払いを受けるためにそれを提示する．したがって，債券の利息払いは「クーポン支払い」と呼ばれる．今日，ほとんどの債券は電子登録されているが，この用語は残っている．

各クーポン支払額は，債券の**クーポンレート**（coupon rate）によって決まる．このクーポンレートは発行体が設定するものであり，債券証書に記載されている．慣例により，クーポンレートはAPRとして表されるため，各クーポン支払額（CPN）は次のようになる．

クーポン支払額

$$CPN = \frac{\text{クーポンレート} \times \text{額面金額}}{1\,\text{年あたりクーポン支払回数}} \tag{5.1}$$

たとえば，"クーポンレート10パーセントで半年払いの1,000ドル債"は，半年ごとに（10パーセント×1,000ドル）/2＝50ドルのクーポンを支払うことになる．

表5.1は，これまで紹介してきた債券用語をまとめたものである．

表5.1 債券の専門用語のまとめ

債券証書	債券の発行条件およびすべての支払額と支払日を記載したもの．
クーポン	債券のあらかじめ決められた利息支払額．通常は半年ごとに支払われるが，その頻度は債券証書に記載されている．支払額は債券証書に記載されているクーポンレートによって計算される．支払額は以下のとおりである． $$\frac{\text{クーポンレート} \times \text{額面金額}}{1\,\text{年あたりのクーポン支払回数}}$$
満期日	債券の最終返済日．この日まで支払いが続く．
額面金額	利息支払額を計算する際に使用する名目上の金額．通常，満期日に返済される．
残存期間	最終返済日までの残り時間．

5.2 ゼロクーポン債

すべての債券にクーポンの支払いがあるわけではない．クーポンのない債券は**ゼロ
クーポン債**（zero-coupon bonds）と呼ばれる．ゼロクーポン債は最も単純なタイプの
債券なので，まずはこれを取り上げることにする．投資家がゼロクーポン債から受け
取る現金は，満期日における額面金額だけである．満期日まで最長 1 年の米国国債で
ある**財務省短期証券**（Treasury bill）は，ゼロクーポン債である．無リスクのゼロクー
ポン債の一般的な名称は"**STRIPS**"（Separately Tradable Registered Interest and Prin-
cipal Securities の略称）である．

ゼロクーポン債のキャッシュフロー

ゼロクーポン債を購入して保有する場合，キャッシュフローは 2 時点でのみ発生す
る．まず，債券を購入する際にその時点の市場価格を支払う．次に，満期日に債券の
額面金額を受け取る．たとえば，額面金額 100,000 ドルの 1 年物無リスクゼロクーポ
ン債の購入時の市場価格が 96,618 ドル 36 セントだったとする．この債券を購入し，
満期日まで保有した場合，次のようなキャッシュフローが発生する：

0   1

−96,618.36 ドル   100,000 ドル

債券は直接"利息"を支払わないが，投資家としては，債券を額面金額より割引され
た価格で購入することで，お金の時間的価値に対する対価をえていることに注意が必
要である．第 2 章で説明したように，将来のキャッシュフローの現在価値はキャッ
シュフローそのものの金額よりも低くなる．その結果，満期日前のゼロクーポン債の
価格は，常に額面金額を下回る．つまり，ゼロクーポン債は常に**割引額**（discount，
額面金額より低い価格）で取引されるため，**純割引債**（pure discount bonds）とも呼
ばれる．

ゼロクーポン債の最終利回り

ゼロクーポン債のキャッシュフローを理解したので，債券を購入して満期日まで保
有した場合の収益率を計算することができる．第 3 章で説明したように，投資機会の
収益率は，投資の現在価値とその費用を等しくする割引率として常に求めることがで
きる．ゼロクーポン債の場合，価格は債券の費用である．つまり，ゼロクーポン債の
収益率は，将来受け取るキャッシュフロー（つまり債券の元本）の現在価値が債券の
費用に等しくなる割引率ということになる．この概念をクーポン債に拡張すると，収
益率は，債券からえられるすべての将来キャッシュフローの現在価値が債券の価格に

等しくなる割引率である．特に債券の投資収益率は，**最終利回り**（YTM; yield to maturity）または単に「利回り」と呼ばれる．

> 債券の最終利回りは，あらかじめ決められた支払額の現在価値を現時点における
> 市場価格と等しくする割引率である．

直観的にいえば，ゼロクーポン債の最終利回りは，投資家からみると，債券を現在の市場価格で購入し，満期日まで債券を保有し，あらかじめ決められた額面金額の支払いを受け取ることによってえられるリターンである．

先ほど説明した1年物のゼロクーポン債の最終利回りを求めてみることにする．定義によれば，1年債の最終利回りは以下の式で求められる．

$$96{,}618.36 = \frac{100{,}000}{1 + YTM_1}$$

これより，

$$1 + YTM_1 = \frac{100{,}000}{96{,}618.36} = 1.035$$

つまり，この債券の最終利回りは3.5パーセントである．この債券は無リスクなので，この債券に投資して満期日まで保有すると，初期投資額に対して3.5パーセントの利息をえられることになる．

$$96{,}618.36 \text{ ドル} \times 1.035 = 100{,}000 \text{ ドル}$$

同様の方法を適用すれば，あらゆる満期日をもつゼロクーポン債の最終利回りを求めることができる．

n年ゼロクーポン債の満期利回り

$$1 + YTM_n = \left(\frac{\text{額面}}{\text{価格}}\right)^{1/n} \tag{5.2}$$

(5.2) 式の最終利回り（YTM_n）は，債券を今日から時点 n の満期日まで保有した場合の期間あたり収益率である．

例 5.1　異なる満期に対する利回り

問題

以下に示すゼロクーポン債が額面 100 ドルあたり表中の価格で取引されていると仮定する．各債券の最終利回りを求めよ．

満期	1 年	2 年	3 年	4 年
価格	96.62 ドル	92.45 ドル	87.63 ドル	83.06 ドル

解答

考え方：(5.2) 式を使って債券の最終利回りを求めることができる．表は，債券の価格と満期までの年数を示し，額面は各債券とも 100 ドルである．

実行：(5.2) 式を使って計算する．

$$YTM_1 = (100/96.62)^{1/1} - 1 = 3.50 \text{ パーセント}$$
$$YTM_2 = (100/92.45)^{1/2} - 1 = 4.00 \text{ パーセント}$$
$$YTM_3 = (100/87.63)^{1/3} - 1 = 4.50 \text{ パーセント}$$
$$YTM_4 = (100/83.06)^{1/4} - 1 = 4.75 \text{ パーセント}$$

評価：ゼロクーポン債の最終利回りを求めるのは，第 3 章でリターンを求める際に使用した手順と同じである．実際，最終利回りは債券を購入した場合のリターンである．

無リスク利子率

先ほどの例では，1 年物無リスク債券の最終利回りを計算し，3.5 パーセントという結果をえた．しかし，評価原理の一物一価の法則では，すべての 1 年物無リスク投資からこの 3.5 パーセントと等しいリターンをえる必要があることを意味している．つまり，3.5 パーセントは競争市場の 1 年物無リスク利子率でなければならない．

より一般的には，第 4 章において，無リスクキャッシュフローに対して今日から時点 n まで利用可能な競争市場利子率 r_n について説明した．そこでは，この利子率を時点 n に発生する無リスクキャッシュフローの資本コストとして使用した．時点 n が満期日となるデフォルトのないゼロクーポン債は，その残存期間と同じ期間に対して無リスクのリターンを提供する．つまり，一物一価の法則により，無リスク利子率はそのような債券の最終利回りと等しくなる．したがって，適切な満期のゼロクーポン無リスク債の最終利回りを無リスク利子率と呼ぶことがよくある．一部のファイナンスの専門家は，これらの利子率が“現時点”で提示されることから，このようなデフォルトのないゼロクーポン債の利回りを**スポットレート**（spot interest rate）と呼んでいる．

74

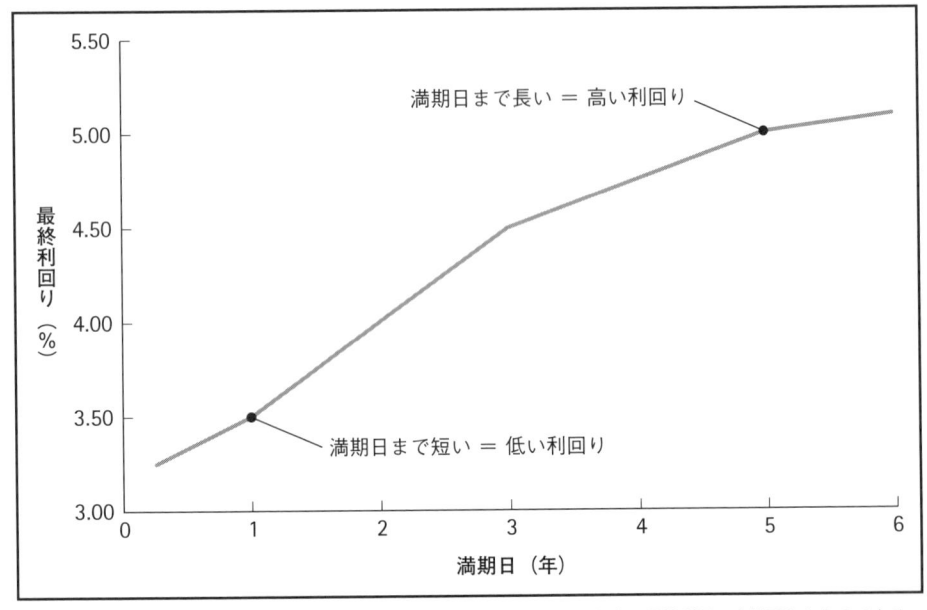

第 5 章で説明したように，イールドカーブは，単に異なる満期日をもつ投資の最終利回りを描写したものである．この図では，例 5.1 の債券価格から計算された最終利回りをプロットして描いたイールドカーブを示している．この図からわかるように，一般的に満期日までの期間が長いほど利回りが高くなることに注意が必要である．

図 5.2　例 5.1 の債券価格に対応するゼロクーポンイールドカーブ

　第 4 章では，さまざまな満期日をもつ無リスク利子率を描写したイールドカーブを紹介した．これらの無リスク利子率は，無リスクのゼロクーポン債の利回りに相当する．したがって，第 4 章で紹介したイールドカーブは，**ゼロクーポンイールドカーブ**（zero-coupon yield curve）とも呼ばれる．図 5.2 は，例 5.1 のゼロクーポン債の価格に対応するイールドカーブを示している．

　例 5.1 では，債券価格を使って最終利回りを計算した．しかし，最終利回りの定義から，債券の利回りを使って価格を計算することもできる．ゼロクーポン債の場合，債券価格は単純に債券の額面金額を債券の最終利回りで割り引いた現在価値に等しい．

5.3　利付債

　クーポン債（coupon bond）は，ゼロクーポン債と同様に，満期日に額面金額を投資家に支払う．加えて，これらの債券は定期的にクーポンを支払う．表 5.2 が示すように，現在，金融市場で取引されている米国財務省が発行するクーポン債は 2 種類あ

る．1つは，当初満期が1年から10年の**財務省中期証券**（Treasury notes）であり，もう1つは，当初満期が10年を超える**財務省長期証券**（Treasury bonds）である．ここで，当初満期とは，債券が最初に発行された時点から満期日までの残存期間である．

表 5.2 実際の米国財務省証券

証券	種類	満期日
財務省短期証券	割引債	4，13，26，52 週
財務省中期証券	クーポン債	2，3，5，10 年
財務省長期証券	クーポン債	20，30 年

利付債のキャッシュフロー

　ゼロクーポン債に対する投資家の収益率は，額面価格より割り引きされた価格で購入することからえられるが，クーポン債の収益率は次の2つの源泉からえられる．(1) 購入価格と額面価格の差額と，(2) 定期的に支払われるクーポンである．クーポン債の最終利回りを計算する前に，クーポンの支払いとその支払い時点を含む，その債券から発生するすべてのキャッシュフローを把握する必要がある．例 5.2 では，具体的な債券を考え，それを債券のキャッシュフローとしてとらえる．

例 5.2 クーポン債のキャッシュフロー

問題

　2023 年 5 月 16 日，米国財務省は，2028 年 5 月満期，額面 1,000 ドル，半年ごとのクーポン支払い，クーポンレート 2.2 パーセントの証券を発行したと仮定する．当初の満期は 5 年なので，これは"長期証券"ではなく"中期証券"と呼ばれる．最初のクーポン支払いは 2023 年 11 月 16 日（発行日から 6 か月後）である．この債券を満期まで保有するなら，どのようなキャッシュフローをえられるか？

解答

考え方：この中期証券を説明するには，その証券のすべてのキャッシュフローを特定する必要がある．"2028 年 5 月満期，額面 1,000 ドル"という表現は，この中期証券が額面 1,000 ドル，満期まで 5 年であることを示している．"半年払いのクーポンレート 2.2 パーセント"という表現は，この中期証券が毎年額面金額の 2.2 パーセントを半年ごと 2 回に分けて支払うことを示している．最後に，最初のクーポンは 2023 年 11 月 16 日に支払われることがわかる．

実行：この中期証券の額面は 1,000 ドルである．この中期証券は半年ごとにクーポンを支払うので，(5.1) 式を使って計算すると，$CPN = (2.2 パーセント \times 1,000 ドル)/2 = 11 ドル$

の利息支払いを半年ごとに受け取ることになる．以下は，6か月間隔の時間軸であり，合計10回のキャッシュフローが発生する．

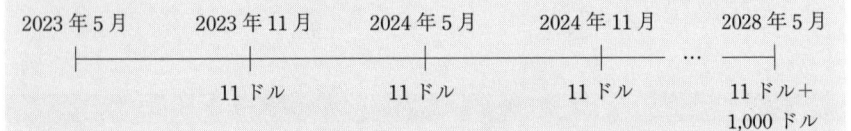

最後の支払いは今日から5年（6か月間隔で10期間）後に行われ，11ドルのクーポン支払いと1,000ドルの額面支払いの両方が発生することに注意が必要である．

評価：債券は単なるキャッシュフローのパッケージであるため，中期証券を評価するにはそれらのキャッシュフローを知る必要がある．そのため，中期証券に関する説明には，キャッシュフローの時間軸を作成するために必要なすべての情報が含まれている．

利付債の最終利回り

　いったんクーポン債のキャッシュフローが決まれば，その市場価格から最終利回りを求めることができる．繰り返すが，債券の最終利回りとは，その債券に投資して満期まで保有した場合の収益率である．この投資によって発生するキャッシュフローは以下の時間軸で表される．

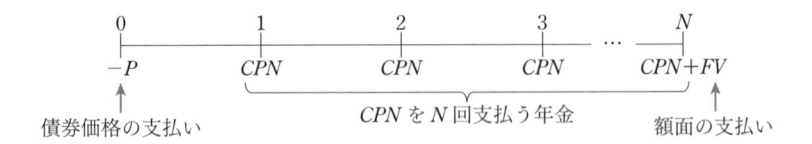

　債券の最終利回りは，債券から発生する残りのキャッシュフローの現在価値を現在の市場価格と等しくするような「単一の」割引率である．ゼロクーポン債の場合，キャッシュフローは2つしかなかったが，クーポン債には多くのキャッシュフローがあり，最終利回りの計算は複雑になる．時間軸をみると，クーポンの支払いは年金を表していることがわかるので，最終利回りは次の方程式を解く利子率 y である．

クーポン債の満期利回り

$$P = CPN \times \underbrace{\frac{1}{y}\left(1 - \frac{1}{(1+y)^N}\right)}_{\substack{\text{定期的に支払われる} \\ \text{クーポンの現在価値}}} + \underbrace{\frac{FV}{(1+y)^N}}_{\substack{YTM(y)\text{を使った} \\ \text{額面の現在価値}}} \tag{5.3}$$

（上の年金ファクター部分に「$YTM(y)$を使った年金ファクター」の注記）

残念ながら，ゼロクーポン債とは異なり，最終利回りを直接求める簡単な公式はない．その代わり，債券の現在価値と市場価格がちょうど等しくなる y の値がみつかるまで，試行錯誤を繰り返しながらさまざまな y の値を推測する必要がある．これは非常に面倒な作業なので，金融電卓やスプレッドシートを使用するのが一般的である（どちらも例 5.3 で説明する）．

例 5.3　クーポン債の最終利回り

問題

例 5.2 で説明したクーポンレート 2.2 パーセント（半年支払い）をもつ額面 1,000 ドルの債券を考える．この債券が現在 963.11 ドルで取引されているなら，この債券の最終利回りはいくらか？

解答

考え方：例 5.2 では債券のキャッシュフローを算出した．キャッシュフローの時間軸から，この債券は，6 か月ごとに 11 ドルを 10 回支払う年金と，5 年（6 か月間隔で 10 期間）後の 1,000 ドル一括支払いで構成されていることがわかる．（5.3）式を使って最終利回りを求めることができる．ただし，この式では 6 か月間隔を使用しなければならない．

実行：この債券は残り 10 回クーポンを支払うので，（5.3）式を解いて利回り y を計算する．

$$963.11 = 11 \times \frac{1}{y}\left(1 - \frac{1}{(1+y)^{10}}\right) + \frac{1,000}{(1+y)^{10}}$$

これは，試行錯誤で計算するか，金融電卓やスプレッドシートを使って解くことができる．金融電卓を使う場合は，支払う価格をマイナスの数字として PV に入力し（つまり現金流出である），クーポン支払い額を PMT に，債券の額面価格を FV に入力する．最後に，残りのクーポン支払い回数（10 回）を N に入力する．

金融電卓の ボタン	N	1 / Y	PV	PMT	FV
所与の値	10		−963.11	11	1,000
求める解		1.50			
Excel 入力式：=RATE（NPER, PMT, PV, FV） =RATE（10, 11, −963.11, 1000）					

この結果, $y=1.5$ パーセントとなる. この債券は半年ごとにクーポンを支払うので, これは 6 か月間の利回りである. 年間のクーポン支払い回数（2回）を掛けることで, この利回りを APR に変換する. したがって, この債券の最終利回りは, 半年複利で 3 パーセントの APR に等しい.

評価：式が示すように, 最終利回りは, 債券のキャッシュフローの現在価値と価格を等しくする割引率である. この例では, YTM はクーポンレートより高く, 価格は額面価格より低いことに注意が必要である. その理由は次節で説明する.

（5.3）式を解いて債券の最終利回りを計算する場合, その単位は, クーポンが発生する「間隔あたりの利回り」となる. しかし, 利回りは通常 APR として表示されるため, 年間あたりのクーポン支払回数をかけることで, 計算された利回りをクーポンレートと同じ複利計算の間隔の APR 表示に変換する.

（5.3）式を使って, 最終利回りから債券価格を計算することもできる. 例 5.4 のように, キャッシュフローを利回りで割り引くだけである.

例 5.4 最終利回りから債券価格を計算する

問題

例 5.3 のクーポンレート 2.2 パーセントをもつ額面 1,000 ドルの 5 年物債券を再考する. 利子率が低下し, 債券の最終利回りが 2 パーセント（半年複利の APR で表示）に低下したとする. この債券の現在の取引価格はいくらか？ また, この債券の実効年利回りはいくらか？（実効年利回りとは, 第 4 章で説明したように, 実効年利子率の別名である）

解答

考え方：利回りが与えられれば,（5.3）式を使って価格を計算することができる. まず, 2 パーセント APR は半年あたり 1 パーセントに相当することに注意が必要である. また, この債券のキャッシュフローは, 6 か月ごとに 11 ドルが 10 回支払われる年金と, 5 年（6 か月間隔で 10 期間）後に 1,000 ドル（額面金額）が一括して支払われるキャッシュフローである. 第 4 章では,（4.3）式を使って APR から実効年利子率を計算する方法を学んだ. ここでも同じように, APR で表される債券の最終利回りから実効年利回りを計算する.

実行:(5.3) 式と 6 か月の利回り 1 パーセントを使用すると，債券価格は次のようになる．

$$P=11\times\frac{1}{0.01}\left(1-\frac{1}{1.01^{10}}\right)+\frac{1,000}{1.01^{10}}=1,009.47 ドル$$

金融電卓やスプレッドシートを使うこともできる．

金融電卓の ボタン	N	1/Y	PV	PMT	FV
所与の値	10	1		11	1,000
求める解			−1,009.47		
Excel 入力式：＝PV（RATE, NPER, PMT, FV） ＝RATE（0.01, 10, 11, 1000）					

6 か月 1 パーセントに相当する実効年利回りは以下のとおりである．

$$(1+0.01)^2-1=0.0201(2.01 パーセント)$$

評価：債券価格は 1,009.47 ドルに上昇し，投資による収益率は 6 か月あたり 1.5 パーセントから 1 パーセントに低下した．利子率が低下したため，債券の利回りは，他の市場において同様のリスクと満期に対して提示されている競争力のある低利子率と同水準になった．

クーポン債の価格の表示

どのような価格も利回りに変換でき，またその逆の計算も可能であるため，価格と利回りはしばしば同じ意味で使われる．たとえば，例 5.4 の債券の利回りは 2 パーセント，価格は額面金額 1,000 ドルあたり 1,009.47 ドルと表示することができる．実際，債券トレーダーは，債券価格ではなく債券利回りを用いるのが一般的である．価格ではなく最終利回りを表示する利点の 1 つは，利回りが債券の額面金額とは無関係であることがあげられる．債券市場で価格を表示する場合，通常は額面金額 100 ドルあたりで表示される．したがって，例 5.4 の債券価格は 100.947 ドル（額面金額 100 ドルあたり）と表示され，債券の額面金額が 1,000 ドルであることを考えれば，実際の価格は 1,009.47 ドルとなる．

5.4　なぜ債券価格は変動するのか？

前述のように，特別な場合を除いて，ゼロクーポン債は常に割引価格で取引される．つまり，満期日前の価格は額面金額よりも低い．しかし，例 5.3 と例 5.4 で示したように，クーポン債はディスカウントで取引されることもあれば，**プレミアム**（premium，額面金額より高い価格）で取引されることもある．本節では，債券がどのような場合にディスカウントやプレミアムで取引されるのか，また，時間の経過や

利子率の変動によって債券価格がどのように変化するのかを明らかにする.

　クーポン債の発行体の多くは，当初，債券が**パー**（par，つまり債券の額面金額）か，またはそれに非常に近い価格で取引されるようにクーポンレートを選択する．たとえば，米国財務省はこの方法で債券のクーポンレートを設定している．発行日以降，債券の市場価格は，一般的に2つの理由で時間の経過とともに変化する．1つは，時間が経つにつれて債券が満期日に近づくことによる．債券の最終利回りを固定すると，満期日までの時間が短くなるにつれて，債券から発生する残りのキャッシュフローの現在価値が変化する．もう1つは，どの時点においても，市場利子率の変化が債券の最終利回りとその価格（残存キャッシュフローの現在価値）に影響することによる．本節の残りの部分では，これら2つの影響について説明する．

利子率の変化と債券価格

　債券がパー（額面金額）で販売されている場合，たとえば，1,000ドルで債券を購入し，満期時に1,000ドルを受け取ることになる．つまり，投資家がえる唯一のリターンは，債券が支払うクーポンだけである．したがって，債券のクーポンレートは最終利回りと完全に一致する．経済状況によって利子率が変動すると，投資家が債券投資に要求する利回りも変化する．市場利子率が8パーセントの最終利回りを暗示するときに，あなたの企業が債券を発行し，クーポンレートを8パーセントに設定したとする．その後利子率が上昇し，新規に発行した債券の最終利回りが9パーセントになるとする．これらの新規発行債券のクーポンレートは9パーセントで，1,000ドルで販売されるなら，投資家は1,000ドルの投資で，その債券が満期日を迎えるまで年間90ドルをえることになる．先に発行したあなたの企業の債券は利子率が低いときに発行され，クーポンレートは8パーセントに固定されているため，満期日まで年間80ドルの支払いとなる．発生するキャッシュフローが少ないので，8パーセントの債券価格は9パーセントの債券価格より低くならざるをえない[14]．したがって，投資家が8パーセントの債券を買うか，9パーセントの債券を買うかに興味をもたなくなるまで，8パーセントの債券価格は下落する．図5.3は，債券価格と最終利回りの関係を示している．

　この例では，利回り8パーセントの債券価格が額面金額（1,000ドル）を下回るまで下落するため，ディスカウントで取引されることになる（パーを下回る取引）．債券がディスカウントで取引される場合，債券を購入した投資家は，クーポンの受け取りと，債券購入のために支払った価格を上回る額面金額を受け取ることの両方からリ

14　もしそうでなければ，つまり8パーセントの債券価格が9パーセントの債券価格と同じかそれより高ければ，裁定取引の機会が生まれる．すなわち，8パーセントの債券を売って9パーセントの債券を買えば，今日現金を受け取り，さらに将来にはより高いクーポンを受け取ることができる．

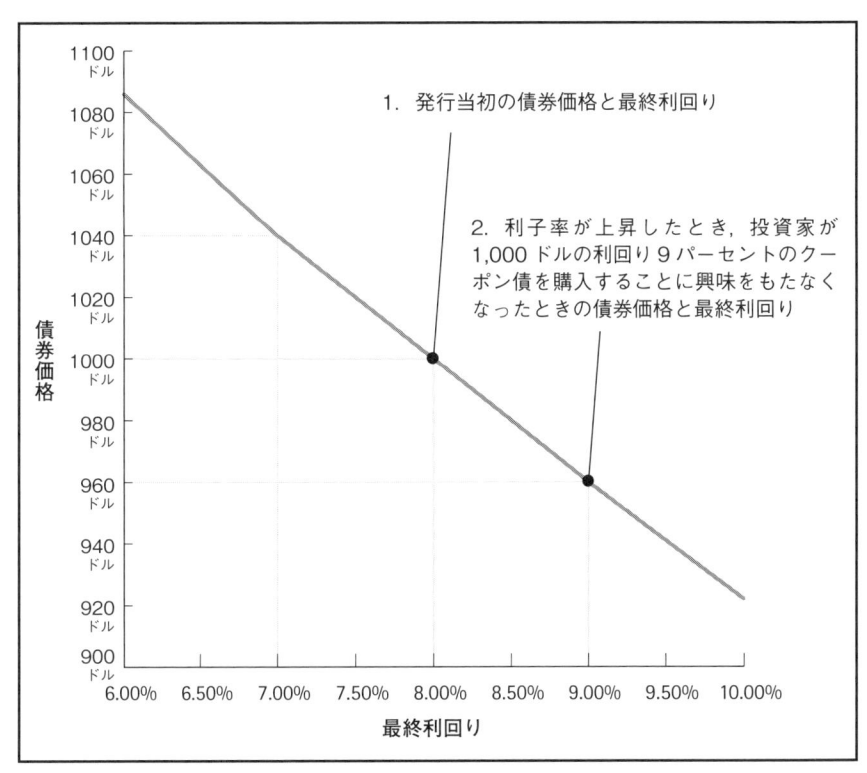

価格が 1,000 ドルの場合，8 パーセントの半年クーポン債の最終利回りは 8 パーセントである．利回り 8
パーセントのクーポン債が競争力のある最終利回りを提供するためには，その価格が下落して，他の類似
債券が提供している利回り 9 パーセントまで最終利回りは上昇しなければならない．ここに描かれた例で
は，満期日まで残り 5 年の債券の場合，投資家がこの債券を買うか，1,000 ドルの利回り 9 パーセントの
クーポン債を買うかに興味をもたなくなるには，この債券の価格は 960.44 ドルまで下落しなければなら
ない．この曲線は，最終利回りが 6 パーセントから 10 パーセントのときのこの債券の価格を描いている．

図 5.3　債券価格と最終利回りの比較

ターンをえることになる．その結果，債券がディスカウントで取引されている場合，
その最終利回りはクーポンレートを上回る．
　クーポンを支払う債券は，額面金額に対してプレミアムで取引されることもある
（パーを上回る取引）．この例で，利子率が 9 パーセントまで上昇するのではなく 7
パーセントまで低下していたらどうなっていたか想像してみよう．そうなると，利回
り 8 パーセント債券をすでに保有していた投資家は，1,000 ドルで手放すことはない
はずである．その代わりに，最終利回りが 7 パーセントになるまで価格は上昇しなけ
ればならないであろう．この場合，債券購入のために支払った価格を下回る額面金額
を受け取ることによって，投資家のクーポンからのリターンは減少する．「したがっ

82

て，最終利回りがクーポンレートを下回る限りにおいて，債券はプレミアムで取引される[15]．

　この例は一般的な現象を示している．最終利回りが高いということは，投資家が投資に対してより高いリターンを要求することを意味する．投資家は債券の残ったキャッシュフローにより高い割引率を適用し，現在価値，すなわち債券価格を低下させる．利子率が低下すると，その逆のことが起こる．投資家はより低い最終利回りを要求し，債券のキャッシュフローに適用される割引率を低下させ，債券価格を上昇させる．したがって，「利子率や債券利回りが上昇すれば債券価格は低下する．その逆も同様である．つまり，利子率と債券価格は常に逆方向に動くことになる」．

　表5.3は利子率と債券価格の関係をまとめたものである．

表5.3　クーポン支払直後の債券価格

債券価格が…	額面金額を上回る	額面金額に等しい	額面金額を下回る
…取引する	"パーを上回って""プレミアムで"	"パーで"	"パーを下回って""ディスカウントで"
…のときに起こる	クーポンレート＞最終利回り	クーポンレート＝最終利回り	クーポンレート＜最終利回り

時間の経過と債券価格

　時間が債券価格に与える影響を考えてみる．債券の次の支払いが近づくにつれて，債券価格はそのキャッシュフローの現在価値の増加を反映して上昇する．半年ごとに50ドルのクーポンを支払う債券を例に考える．直近最後のクーポン支払いが行われた翌日から債券価格がどのように動くのか想像してみる．次の50ドルのクーポン支払いが近づくにつれて，価格はその後6か月にわたって少しずつ上昇し，クーポン支払いが行われる直前にピークに達する．このとき債券を購入すれば50ドルの支払いをすぐに受けることができるが，クーポン支払い直後に債券を購入した場合はその50ドルのクーポンを受け取ることはできない．したがって，債券に支払ってもよいと考える価格は，クーポンが支払われる直前よりも50ドル安くなる．クーポンの支払いが近づくにつれて価格がゆっくりと上昇し，支払いが行われた後に急落するというパターンは，債券が満期日を迎えるまで続く．図5.4はこの現象を示している．

15　"ディスカウント"と"プレミアム"という用語は単に説明的なものであり，債券をディスカウントで購入すべきであるが，プレミアムで購入するのは避けるべきという意味ではない．競争市場では，一物一価の法則により，類似の債券はすべて同じリターンがえられるように価格が決定される．債券を購入する際，価格は債券のキャッシュフローの現在価値に正確に等しくなるので，公正なリターンはえられるが，異常に良い（あるいは悪い）リターンをえることはない．

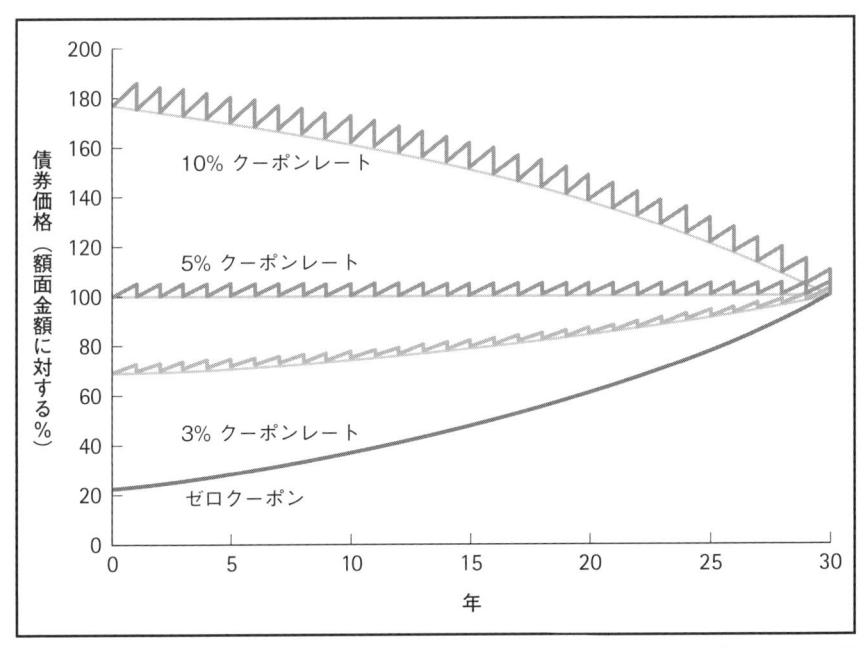

この図は，利回りが一定（この場合は 5 パーセント）としたときに時間の経過が債券価格にどのような影響を与えるのかを示している．ゼロクーポン債の価格は滑らかに上昇している．クーポン債の価格はジグザグの線で示されている．クーポン債の価格は，クーポンの支払日と次の支払日の間で上昇し，クーポンが支払われる日に急落する．各クーポン債について，——灰色の線は，各クーポンが支払われた直後の債券価格の推移を示している．債券が満期日を迎えると額面金額が支払われるため，4 つの債券すべての価格は満期日に額面金額の 100 パーセントに収束しなければならないことに注意が必要である．

図 5.4　時間の経過が債券価格に与える影響

利子率のリスクと債券価格

　債券価格に対する時間の影響は予測可能であるが，予測不可能である利子率の変化も債券価格に影響を与える．さらに，異なる特性をもつ債券は，利子率の変化に対して異なる反応を示す．つまり，ある種の債券は他の債券よりも利子率の変化に強く反応する．第 4 章では，投資家は長期ローンを短期ローンよりもリスクが高いと考えていることを示した．債券はまさにローンであるため，短期債と長期債についても同じことがいえる．

　例 5.5 は，満期日の異なる債券について利子率変化に対する感応度がどのように異なるかを示している．たとえ同じ満期日をもつ債券であっても，クーポンレートが異なれば，利子率感応度は異なる．クーポンレートの高い債券は，前払いのキャッシュフローが多くなるため，クーポンレートが低い同じ満期日をもつ債券よりも利子率変動の影響を受けにくい[16]．表 5.4 はこの結論をまとめたものである．

例 5.5　債券の利子率に対する感度

問題

　10 年クーポン債と 30 年クーポン債を考える．クーポンレートはいずれも年 10 パーセントである．最終利回りが 5 パーセントから 6 パーセントに上昇すると，それぞれの債券の価格はどのくらい変化するか？

解答

考え方：各債券の価格をそれぞれの最終利回りで計算し，価格の変化率を計算する必要がある．どちらの債券についても，キャッシュフローは額面 100 ドルに対して年間 10 ドルであり，その後満期時に額面 100 ドルが返済される．唯一の違いは満期で，それぞれ 10 年と 30 年である．これらのキャッシュフローから，(5.3) 式を使って価格を計算することができる．

実行：

YTM	10 年物債券 （クーポンレート 10 パーセント）	30 年物債券 （クーポンレート 10 パーセント）
5 パーセント	$10 \times \dfrac{1}{0.05}\left(1 - \dfrac{1}{1.05^{10}}\right) + \dfrac{100}{1.05^{10}}$ $= 138.61$ ドル	$10 \times \dfrac{1}{0.05}\left(1 - \dfrac{1}{1.05^{30}}\right) + \dfrac{100}{1.05^{30}}$ $= 176.86$ ドル
6 パーセント	$10 \times \dfrac{1}{0.06}\left(1 - \dfrac{1}{1.06^{10}}\right) + \dfrac{100}{1.06^{10}}$ $= 129.44$ ドル	$10 \times \dfrac{1}{0.06}\left(1 - \dfrac{1}{1.06^{30}}\right) + \dfrac{100}{1.06^{30}}$ $= 155.06$ ドル

　最終利回りが 5 パーセントから 6 パーセントに上昇したなら，10 年物債券の価格は，(129.44−138.61)/138.61＝−6.6 パーセント変化する．30 年物債券の価格は，(155.06−176.86)/176.86＝−12.3 パーセント変化する．

評価：30 年物債券は，10 年物債券に比べ，利回りの変化に対する感度がほぼ 2 倍である．実際，2 つの債券の価格と利回りをグラフにすると，──で示した 30 年物債券の線は 10 年債の──の線よりも全体的に急勾配であり，利子率の変化に対する感度の高さを反映していることがわかる．

16　債券の「デュレーション」は，利子率変化に対する債券の感応度を測るものである．デュレーションの概念についての詳しい説明は，本書の範囲を超えている．

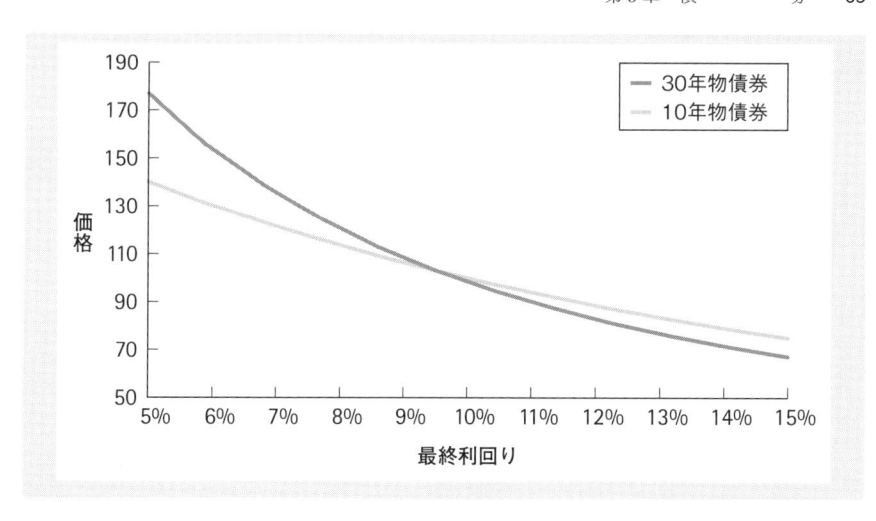

表5.4 債券価格と利子率	
特徴	利子率リスクへの影響
満期日までより長い	増加
クーポン支払がより多い	減少

債券価格の実際

　実際には，債券価格は時間の経過と利子率の変化の両方の影響を受ける．債券価格は，時間効果によって債券の額面金額に収束するが，同時に債券利回りの予測不可能な変化によって上下する．図5.5は，30年物ゼロクーポン債の価格がその存続期間中にどのように変化するかを示すことで，この挙動を描写している．満期日に近づくにつれて債券価格は額面価格に収束する傾向があるが，利回りが低下すると価格は上昇し，利回りが上昇すると価格は下落することに注意が必要である．

　図5.5の価格変動が示すように，債券は満期日より前に利子率リスクにさらされる．投資家が売却を選択し，債券の最終利回りが低下した場合，投資家は高い価格を受け取り，高いリターンをえることになる．最終利回りが上昇した場合，売却時の債券価格は低く，投資家は低いリターンをえることになる．

5.5　社債

　前節までは，デフォルトリスクのない米国債を対象に，債券の価格づけの基本を説明した．本節では，企業が発行する債券である**社債**（corporate bonds）に焦点を当てる．社債の価格と最終利回りにおけるデフォルトリスクの役割を検討する．後述する

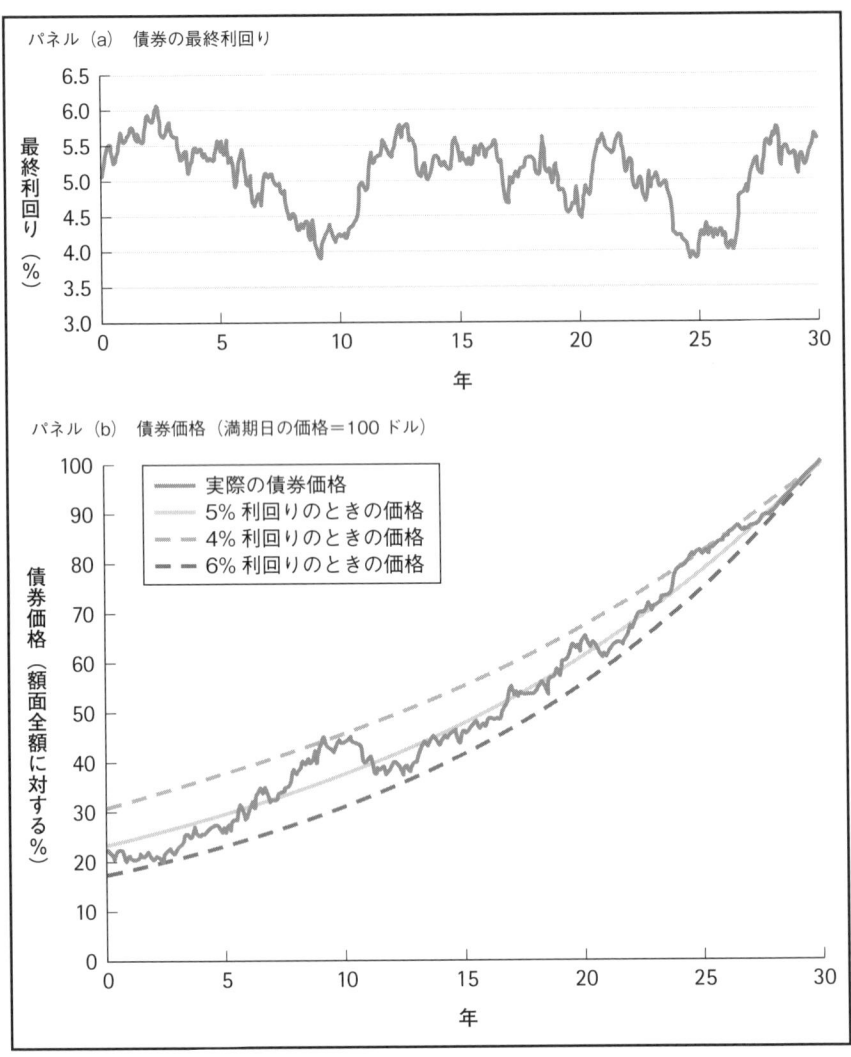

パネル（a）　債券の最終利回り

パネル（b）　債券価格（満期日の価格＝100 ドル）

図は，30 年物ゼロクーポン債の価格と利回りの変化の一例を描写している．パネル（a）は，債券の最終利回り（YTM）の変化の例を示している．パネル（b）では，実際の債券価格が ── で示されている．YTM は債券の存続期間をとおして一定ではないため，債券価格は時間の経過とともに額面金額に収束するように変動する．また，YTM が 4 パーセント，5 パーセント，6 パーセントで固定された場合の価格も示している．パネル（a）は，債券の YTM がほぼ 4 パーセントから 6 パーセントの間で推移したことを示している．パネル（b）の破線は，債券の YTM がこれらの水準に一定であった場合の価格を示している．すべての場合において，債券価格は最終的に満期日に 100 ドルに収束しなければならない．

図 5.5　最終利回りと債券価格の変動

ように，デフォルトリスクの高い企業は，投資家に社債を買ってもらうために高い
クーポンを支払う必要がある．

信用リスク

　表 5.5 は，2022 年初めにさまざまな借り手が 5 年債に対して支払った利子率を示
している．これらの利子率がこれほど大きく異なるのはなぜか？　最も低い利子率は
米国債の 2.79 パーセントである．米国債は，政府が利息を支払うことができずデフォ
ルトに陥る可能性がほぼないため，無リスクであると広く認識されている．したがっ
て，5.2 節で述べたように，"無リスク利子率"という表現は米国債の利子率を意味す
る．

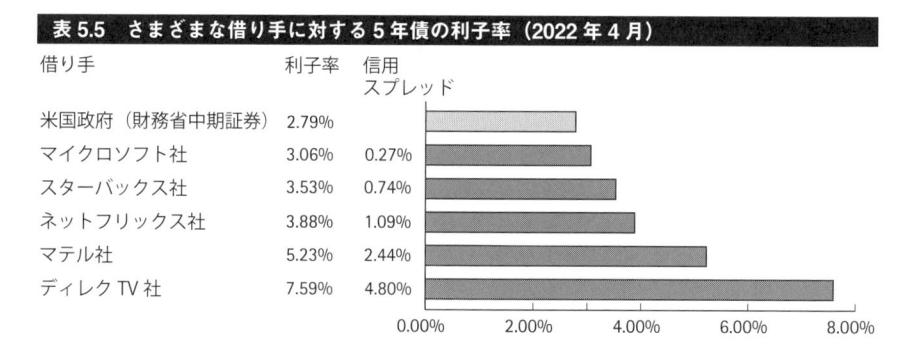

表 5.5　さまざまな借り手に対する 5 年債の利子率（2022 年 4 月）

借り手	利子率	信用スプレッド
米国政府（財務省中期証券）	2.79%	
マイクロソフト社	3.06%	0.27%
スターバックス社	3.53%	0.74%
ネットフリックス社	3.88%	1.09%
マテル社	5.23%	2.44%
ディレク TV 社	7.59%	4.80%

　残りの債券はすべて社債である．社債の場合，社債発行企業がデフォルトに陥る可
能性がある．つまり，債券目論見書において約束された全額を返済できない可能性が
ある．たとえば，財務的危機に陥った企業がローンを最後まで完全に返済できない可
能性がある．このデフォルトリスクは債券の**信用リスク**（credit risk）として知られ
ており，債券のキャッシュフローが確実にはわからないことを意味する．企業がデ
フォルトに陥るリスクを埋め合わせるため，投資家は米国債の利子率よりも高い利子
率を要求する[17]．ローンの利子率と国債の利子率の差は，企業がデフォルトに陥る可
能性に対する投資家の評価に左右される．たとえば，投資家は，マイクロソフト社
（Microsoft）よりもディレク TV 社の方がデフォルトの可能性が高いと判断しており，
ディレク TV（Direc TV）社はより大きな信用スプレッドを支払わざるをえなくな
り，それがより高い利子率に反映される．

17　社債の取引は国債の取引に比べて流動性がはるかに低いため，利子率上昇の一部は，投資家にこ
　の流動性不足を保証するためのものである．

社債利回り

　デフォルトに対する信用リスクは債券価格や利回りにどのような影響を与えるのか？　社債が約束するキャッシュフローは，社債の保有者が受け取ることを期待できる最高額である．信用リスクにより，社債の保有者が実際に受け取る期待キャッシュフローは，その金額よりも少なくなる可能性がある．たとえば，GM社は2006年と2007年に財務的危機に陥り，社債がデフォルトする可能性が大幅に高まり，その後2009年にデフォルトした．このリスクを認識したGM社の社債の投資家は，債券の支払いが約束どおりに行われない可能性が高まったことを織り込み，債券価格は下落した．GM社の社債の最終利回りは，（今日ではより低い）価格と約束したキャッシュフローを比較して計算されるため，約束どおりに支払われる確率が低下するにつれて最終利回りは上昇した．この例は，以下の一般的な事実を強調している．

1. 投資家は信用リスクのある債券に対して，デフォルトのない同等の債券よりも少ない金額を支払う．
2. 債券の最終利回りは，期待キャッシュフローではなく約束したキャッシュフローを使って計算されるため，信用リスクのある債券の利回りは，デフォルトのない同等の債券よりも利回りが高くなる．

これら2点から，重要な結論が導かれる．すなわち，「デフォルトの可能性のある債券の最終利回りは，その債券に投資した場合の期待リターンと等しくならない」．最終利回りを決定するために使用される約束されたキャッシュフローは，投資家が期待リターンを計算するために使用する期待キャッシュフローよりも常に高い．その結果，最終利回りは債券投資の期待リターンよりも常に高くなる．「さらに，最終利回りが高いということは，必ずしも債券の期待リターンが高いことを意味するわけではない」．

債券の格付け

　企業のデフォルトの可能性は，あなたが社債に支払ってもよいと考える価格に影響することは明らかである．その可能性をどのように評価するのか？　社債の信用力を格付けしている会社がいくつかあり，その情報を投資家に提供している．投資家はこれらの格付けを参考にすることで，特定の債券の信用力を評価することができる．そのため，格付けは幅広い投資家の参加を促し，相対的に市場の流動性を高めている．債券格付け会社としては，スタンダード＆プアーズ社（Standard & Poor's）とムーディーズ社（Moody's）が最もよく知られている．表5.6は，各社が採用している格付け階級をまとめたものである．格付けが最も高い（AaaまたはAAA）の債券は，

表 5.6　債券格付けと企業の割合（2022 年 7 月）

ムーディーズ社	スタンダード & プアーズ社	企業の割合	説明（ムーディーズ社）
投資適格債			
Aaa	AAA	1 パーセント未満	最高位と判断．投資リスクが最も低く，一般的に"一流（gilt edged）"と呼ばれる．
Aa	AA	4 パーセント	あらゆる基準で高位と判断．一般に Aaa とともに高格付け債と呼ばれる．
A	A	20 パーセント	多くの好ましい投資特性をもち，上中位と判断．現時点では元本と利息は安全であると考えられるが，今後はわからない．
Baa	BBB	25 パーセント	中位と判断（つまり，保護が十分とも不十分ともいえない）．
投機的格付債（"ハイイールド債"または"ジャンク債"）			
Ba	BB	18 パーセント	投機的要素があると判断．将来の保証が十分とはいえない．
B	B	30 パーセント	一般的に望ましい投資の特性が欠如していると判断．長期の利息と元本の支払いの保証は小さい．
Caa	CCC	3 パーセント	劣位と判断．デフォルトの可能性がある，元本や利息に関して危険要素が存在している可能性がある．
Ca	CC		極めて投機的と判断．デフォルトの可能性が高く，他の著しい欠点が認められる．
C	C, D		最低位と判断．実質的な投資対象となる見込みが極めて低いとみなされる．

[a]　AAA に含まれる米国企業は，マイクロソフト社とジョンソン・エンド・ジョンソン社の 2 社である．
出所：www.moodys.com および S&P Global.

デフォルトの可能性が最も低いと判断される．

　上位 4 つの階級に属する債券は，デフォルトリスクが低いため，しばしば**投資適格債**（investment-grade bonds）と呼ばれる．一方，下位 5 つの階級に属する債券は，デフォルトの可能性が高く，より高い利回りが約束されることから，しばしば**投機的格付債**（speculative bonds），**ジャンク債**（junk bonds），または**ハイイールド債**（high-yield bonds）と呼ばれる（ただし，必ずしも期待リターンが高いとは限らない！）．格付けは，倒産リスクと，倒産した場合に社債権者が会社の資産を請求できる能力によって決まる．したがって，倒産時に請求の優先順位が低い債券は，同じ会社でも倒産時の優先順位が高い債券や，建物や工場などの特定の資産により裏付けられている債券よりも格付けが低くなる．

社債のイールドカーブ

　無リスクの国債からイールドカーブを描くのと同じように，社債についても同様のイールドカーブを描くことができる．図 5.6 は，米国債のイールドカーブと，スタンダード & プアーズ社による 2 つの異なる格付け（AAA と A）をもつ米国社債のイールドカーブを示している．図 5.6 は，米国債（クーポン債）のイールドカーブも示している．社債利回りと国債利回りの差を**デフォルトスプレッド**（default spread）または**信用スプレッド**（credit spread）と呼ぶ．この差は，図 5.6 では，デフォルト確率の上昇順に，一番下の —— （国債）と ——（AAA），そして ——（国債）と ——（A）との距離としてみることができる．デフォルト確率についての認識が変化すると信用スプレッドは変動する．信用スプレッドは，格付けが低く，したがってデフォルトの可能性が高い債券ほど高くなることに注意が必要である．

　本章の冒頭で述べたように，債券市場は株式市場と比べてあまり知られていないが，その規模は大きく重要である．ほとんどの企業の資金調達において負債が大きな部分を占めているため，財務管理者はまず債券について理解し，そして投資家はどの

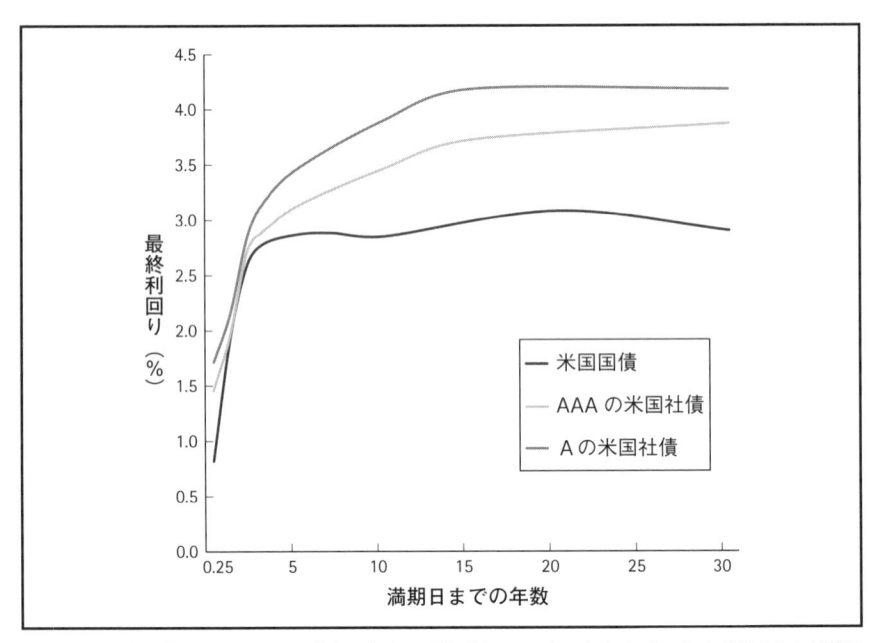

この図は，米国債のイールドカーブ（——）と，それぞれ AAA（——）と A（——）と格付けされた社債のイールドカーブを示している．米国債よりもデフォルト確率の高い社債の方が，最終利回りが高いことに注意が必要である．また，格付けが低い（デフォルトの可能性が高い）債券は，投資家の購入を促すために高い利回りを提供しなければならないことにも注意が必要である．

図 5.6　さまざまな格付けに対する社債のイールドカーブ（2022 年 4 月）

ように社債価格を決めるのかについて理解する必要がある．本章では，債券には主にどのような種類があり，投資家にどのように支払いを行い，どのように価格が決められるのかを紹介した．

信用危機と債券利回り

　2008 年に世界経済を巻き込んだ金融危機は，2007 年 8 月に発生した信用危機に端を発する．当時，住宅ローン市場で発生した問題により，いくつかの大手住宅ローン会社が倒産した．これらの企業の債務不履行と，これらの企業が発行した住宅ローンを担保とする債券の多くの格下げにより，多くの投資家がポートフォリオ内の他の債券のリスクを再評価するようになった．リスク認識が高まり，投資家がより安全な米国の国債に乗り換えようとしたため，社債の価格は下落し，図 5.7 に示すように，社債の信用スプレッドは国債に対して上昇した．パネル（a）は長期社債のイールドスプレッドを示しており，最高格付けの Aaa 債のスプレッドでさえ，通常の 0.5 パーセント水準から 2008 年秋には 2 パーセントを超えるまで劇的に上昇したことがわかる．パネル（b）は，銀行が短期ローンに対して支払わなければならない利子率と米国財務省短期証券の利回りとの比較についても同様のパターンを示している．この借入コストの上昇により，企業が新規投資に必要な資金を調達する費用が上昇し，経済成長が鈍化した．2009 年初頭にこれらのスプレッドが低下したことは，金融危機が経済の他の部分に及ぼし続けている影響を緩和するための重要な第一歩であると多くの人々が考えていた．

第 6 章

株式評価

6.1 株式の基礎知識

企業の所有権は株式に分割される．公開企業には多くの所有者がおり，その株式は株式市場で取引される．株式市場は株式に流動性を提供し，株式の市場価格を決定する．本節では，株式相場について説明する．

株式市場レポート：株式相場

図 6.1 は，ヤフーファイナンス（finance.yahoo.com）から取得したナイキ社（Nike）の株式に関する基本情報を含む株価を示している[18]．ナイキ社の株式は**普通株式**（common stock）である．つまり，株式の所有者には，普通配当，取締役選任，合併，その他の重要なイベントに関する議決権が与えられている．ナイキ社は公開会社（その株式は広く保有され，市場で取引されている）であり，ウェブ上では，その株式が NYSE（ニューヨーク証券取引所）において「ティッカーシンボル」NKE で取引されていることが示されている．**ティッカーシンボル**（ticker symbol）とは，上場会社に割り当てられた固有の略語で，株式の取引をティッカー（取引情報のリアルタイム電子表示）で報告する際に使用される．伝統的に，NYSE の株式は 3 文字以下のティッカーシンボルであるが，Nasdaq（ナスダック）の株式は通常 4 文字以上のティッカーシンボルである．ただし，メタ社（Meta，旧フェイスブック社）の Nasdaq でのティッカーシンボルが当初 FB だったり（現在は META），上場廃止になったツイッター社（Twitter，現 X）の NYSE でのティッカーシンボルが TWTR であったりと，最近の上場企業についてはこの慣例は適用されなくなった．

2021 年，ナイキ社は普通株の株主に 4 回の四半期配当を支払った．最初の 3 回の

---

18 インターネット上には，モーニングスター社（http://morningstar.com），マーケットウォッチ社（http://www.marketwatch.com），ウォールストリートジャーナル社のウェブサイト（www.wsj.com），各取引所のサイト（www.nyse.com や www.nasdaq.com）など，無料で株式情報を入手できる場所が数多くある．

図 6.1 ナイキ社（NIKE）の株式相場

この図は、ヤフーファイナンスのスクリーンショットで、ナイキ社の基本株価情報と、2022 年 6 月 28 日前後のナイキ社普通株の価格情報チャートである。102.79 ドルは 2022 年 7 月 5 日の株価である。PE レシオ（TTM）は、直近 12 か月の 1 株あたり利益を使って計算された株価収益率を表す。EPS（TTM）は、直近 12 か月間の 1 株あたり利益を表す。相場情報として、その日の市場開始時の取引価格（100.45 ドル）、当日および過去 52 週の最高値と最安値がレンジとして記載されている。株価が記録された時点でその日 4,005,277 株が取引（出来高）されており、過去 3 か月の 1 日あたり平均出来高は 7,501,577 株であった。時価総額（全株式の総額）は 161,894,000,000 ドルであった。配当とベータについては、この章以降で説明する。
出所：finance.yahoo.com/quote/NKE?p=NKE。

配当は 1 株あたり 27.5 セント，最後 4 回目の配当は 30.5 セント，つまり年間の配当は 1.13 ドルであった．図中の数字をみると，2022 年の年間配当金は 1 株あたり 1.22 ドルである．したがって，ナイキ社の普通株を 1,000 株保有していた場合，ナイキ社が 2021 年の 4 回目の配当を支払った際には 0.305 ドル×1,000＝305 ドルを受け取ったことになる．図中のチャートは，2022 年 6 月のナイキ社の株価下落を明確に示している．

最後に，この図にはナイキ株の実績に関する基本情報が表示されている．注目すべきは，市場での最後の取引価格（102.79 ドル），その日の市場開始時の株価（100.45 ドル），その日の取引中に達した最安値から最高値までの範囲（100.16 ドルから 103.92 ドル），その日のこれまでの出来高（約 400 万株）である．ナイキ社の全株式の時価総額は，1 株あたり株価に発行済株式数をかけたものであり，2022 年 7 月 5 日時点で 161,894,000,000 ドルであった．過去 52 週間の最高値は 179.10 ドル，最安値は 99.53 ドルで，過去 3 か月の 1 日あたり平均出来高は約 750 万株であった．また，株価収益率（PER）と 1 株あたり利益（EPS）などの基本情報にも注目する必要がある．さらに，ウェブ・ページには，ベータが 0.96 であることも記載されている[19]．

これまでの章では，財務管理者が会社の価値に影響を与える意思決定をどのように行うかを学んできた．ナイキ社の株価は 102.79 ドルであるが，株価は時間の経過とともに変動しており，新たな意思決定に対する期待効果と過去の意思決定の結果を反映している．

6.2　配当割引モデル

評価原理は，証券の価値を評価するには，投資家がその証券を所有することによって受け取るであろう期待キャッシュフローを計算する必要があることを暗示している．ここでは，株式評価について，1 年の投資期間をもつ投資家のキャッシュフローを考えることから始める．株価と投資リターンがどのように関連しているかを示す．次に，長期の投資期間をもつ投資家について考える．最後に，第 1 の株式評価方法である「配当割引モデル」を構築する．

1 年間の投資家

株式を所有することでえられるキャッシュフローの潜在的な源泉は 2 つある．

1. 企業が配当金という形で株主に現金を支払うかもしれない．

19　ベータは第 11 章で説明するリスクの尺度である．

2. 投資家が将来のある時点で株式を売却することによって現金をえるかもしれない.

配当金と売却から受け取る金額の合計は, 投資家の投資期間によって異なる. まずは, 1年間の投資家の視点から考えてみる.

投資家は株式を購入する際, 現在の市場価格 P_0 を支払う. その株式を保有し続けている間は, その株式が支払う配当金を受け取る権利がある. 投資家が1年間に支払われると予想する1株あたり配当金の総額を Div_1 とする. 年末に, 投資家は自分の株を新しい市場価格で売却する. 投資家が予想する年末の売却価格を P_1 とする. 話を簡単にするため, すべての配当は年末に支払われると仮定すると, この投資の時間軸は以下のようになる.

もちろん, この時間軸における将来の配当支払額と株価は確定しているわけではない. むしろ, これらの値は株式購入時点での投資家の予想にもとづいている. これらの予想を所与として, 投資家は, 便益が費用に等しくなるところまで, つまり, 現在の株価が予想される将来の配当金と売却価格の現在価値に等しくなるところまで, 今日株式を購入してもよいと考えるであろう.

時点1で発生するキャッシュフローはリスクが高いため, 無リスク利子率で割り引くことはできず, 代わりにその企業の株主資本コストを用いる必要がある. すでに本書の中で, 投資の資本コストとは, 投資家が同様のリスクと満期をもつ最良の代替投資からえられる期待リターンであると定義した. したがって, わたしたちは, **株主資本コスト** (equity cost of capital)r_E にもとづいて, 株式のキャッシュフローを割り引かなければならない. これは, 当該企業の株式と同等のリスクをもつ市場で入手可能な他の投資の期待リターンである. これより, 株価に関する以下の式が導かれる.

$$P_0 = \frac{Div_1 + P_1}{1 + r_E} \tag{6.1}$$

現在の株価がこの金額を下回った場合, 費用は便益の現在価値より小さくなるため, 投資家がこの株式を購入するため市場に殺到し, 株価が上昇する. 逆に, 現在の株価がこの金額を上回った場合, 売却することが魅力的となり, 株価は急落するであろう.

配当利回り, キャピタルゲイン, 総リターン

(6.1) 式を使って株価を計算する際に重要なのは, 企業の株主資本コスト r_E であ

る．本節の冒頭で，株式保有による投資家のリターンは，配当金と株式を売却することでえられる現金からもたらされることを指摘した．(6.1) 式を書き直すと，これら2つのリターン成分を示すことができる．両辺に $(1+r_E)$ をかけ，P_0 で割って，1を引くと，次のようになる．

トータルリターン

$$r_E = \frac{Div_1 + P_1}{P_0} - 1 = \underbrace{\frac{Div_1}{P_0}}_{\text{配当利回り}} + \underbrace{\frac{P_1 - P_0}{P_0}}_{\text{キャピタルゲイン率}} \tag{6.2}$$

(6.2) 式の右辺の第1項は，株式の**配当利回り**（dividend yield）で，これは株式の予想年間配当金額を現在の株価で割ったものである．配当利回りは，投資家が株式の配当からえられると期待するパーセント単位のリターンである．(6.2) 式の右辺第2項は，投資家が株式からえられるであろう**キャピタルゲイン**（capital gain）を反映しており，これは予想売却価格と株式の購入価格の差 $P_1 - P_0$ である．このキャピタルゲインを現在の株価で割って，パーセント単位のリターンとして表したものを**キャピタルゲイン率**（capital gain rate）と呼ぶ．

配当利回りとキャピタルゲイン率の合計は，株式の**トータルリターン**（total return）と呼ばれる．トータルリターンとは，投資家が株式に1年間投資した場合にえられる期待リターンである．(6.2) 式は，株式のトータルリターンが株主資本コストに等しくなければならないことを示している．言い換えれば，「株式の期待トータルリターンは，同等のリスクをもつ市場で入手可能な他の投資の期待リターンと等しくなければならない」．

この結果は，まさにわたしたちが予想していたとおりである．すなわち，企業は，同じリスクを負いながら他の投資先でえられるリターンに見合ったリターンを株主に支払わなければならない．もしその株式が同じリスクをもつ別の証券よりも高いリターンを提供するならば，投資家は別の証券を売却し，代わりにその株式を購入するであろう．その結果，現在の株価は上昇し，(6.2) 式が成立するまで配当利回りとキャピタルゲイン率が低下する．逆に，その株式の期待リターンが低い場合，投資家はその株式を売却し，(6.2) 式が再び成立するまで株価は下落する．

多期間の投資家

次に，1年間の投資家のリターンについて展開した考えを，多期間の投資家に拡張する．(6.1) 式は，1年後の予想株価 P_1 に依存している．しかし，仮に株式を2年間保有する計画であると仮定すると，以下の時間軸に示すように，株式を売却する前に

1年目と2年目の両方で配当金を受け取ることになる.

$$\begin{array}{ccccc} 0 & & 1 & & 2 \\ \hline -P_0 & & Div_1 & & Div_2+P_2 \end{array}$$

　この場合，現在の株価を将来のキャッシュフローの現在価値と等しくするということは，次のことを意味する[20].

$$P_0 = \frac{Div_1}{1+r_E} + \frac{Div_2+P_2}{(1+r_E)^2} \tag{6.3}$$

　(6.1) 式と (6.3) 式は異なる. 2年間の投資家は2年目の配当と株価を気にするが，これらは (6.1) 式には現れない. この違いは，2年間の投資家が1年間の投資家とは異なる方法で株価を評価することを意味するのか？

　この質問に対する答えはノーである. 1年間の投資家は2年目の配当と株価を直接気にすることはない. しかし，それらは1年目の終わりに株式を売却する際の価格に影響を与えるため，間接的には気にすることになる. たとえば，この1年間の投資家が同じ期待をもつ別の1年間の投資家に株式を売却すると仮定する. この新しい投資家は，2年目の終わりに配当と株価を受け取ることを期待するので，次のような金額を支払うことを望むであろう.

$$P_1 = \frac{Div_2+P_2}{1+r_E}$$

この P_1 を (6.1) 式に代入すると，(6.3) 式と同じ結果がえられる.

$$\begin{aligned} P_0 &= \frac{Div_1+P_1}{1+r_E} = \frac{Div_1}{1+r_E} + \frac{1}{1+r_E} \overbrace{\left(\frac{Div_2+P_2}{1+r_E} \right)}^{P_1} \\ &= \frac{Div_1}{1+r_E} + \frac{Div_2+P_2}{(1+r_E)^2} \end{aligned}$$

したがって，2年間の投資家に対する株価の計算式は，1年間の投資家が2人続いた場合の計算式と同じである.

20　2つの期間に対して同じ資本コストを使用する場合，株主資本コストはキャッシュフローが発生する期間に依存しないと仮定していることになる. つまり，r_E は2年目（あるいは任意の別の年）でも変わらない. このように仮定しないのであれば，（第4章で無リスクキャッシュフローのイールドカーブで行ったように）株主資本コストの期間構造を適応させる必要がある. この手順は分析を複雑にしますが，その意味するところは変わらない.

配当割引モデル公式

　ある株式保有者の最後の売却価格を，次の保有者が購入してもよいと考える価格に置き換えることで，この過程を任意の年数続けることができる．そうすることで，株価の一般的な**配当割引モデル**（dividend-discount model）が導かれる．ここで，N を任意の時点とすると，

配当割引モデル

$$P_0 = \frac{Div_1}{1+r_E} + \frac{Div_2}{(1+r_E)^2} + \cdots + \frac{Div_N}{(1+r_E)^N} + \frac{P_N}{(1+r_E)^N} \tag{6.4}$$

　(6.4) 式は，N 年間配当金を受け取ってから株式を売却する N 年間の投資家に適用される．あるいは，株式を短期間保有し，その後別の投資家に売却する一連の投資家にも適用される．(6.4) 式は，任意の時点 N に対して成り立つことに注意が必要である．その結果，（同じ期待値をもつ）すべての投資家は，投資期間に関係なく，株式に同じ価値をあたえる．投資家がどの程度の期間にわたり株式を保有するつもりなのか，そして，配当金とキャピタルゲインのどちらの形でリターンを受け取るのかは関係ない．企業がいつかは配当金を支払い，そして買収や清算は決して行われないという特殊なケースでは，株式を永久に保有することが可能である．この場合，株式を売却する時点を設定するのではなく，(6.4) 式を書き換えて，配当が将来永遠に続くことを示す．

$$P_0 = \frac{Div_1}{1+r_E} + \frac{Div_2}{(1+r_E)^2} + \frac{Div_3}{(1+r_E)^3} + \cdots \tag{6.5}$$

つまり，「株価は，将来支払われるすべての期待配当金の現在価値に等しい」．

6.3　配当割引モデルの配当を推定する

　(6.5) 式は，株式の価値が，その企業が将来支払う期待配当金の関数として表されている．もちろん，これらの配当を推定することは，特に遠い将来については，困難である．一般的に用いられる近似方法は，長期的には配当が一定の割合で成長すると仮定することである．本節では，この仮定が株価に与える影響を検討し，配当金と成長のトレードオフを探る．

配当の一定成長

　企業の将来の配当について最も単純な予測は，配当は永久に一定率 g で成長すると

いうものである．この場合，今日株式を購入して保有する投資家のキャッシュフローは以下のようになる．

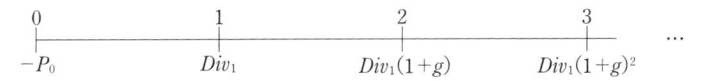

予想配当は一定率で成長を続けるため，(3.7) 式を用いて現在価値を計算することができる．これより，株価について次のような簡単な式がえられる[21]．

一定配当成長モデル

$$P_0 = \frac{Div_1}{r_E - g} \tag{6.6}$$

一定配当成長モデル（constant dividend growth model）によれば，企業価値は，成長率で調整された株主資本コストで割られた時点1の配当水準に依存する．

(6.6) 式の別の解釈として，次のように書き直すことができることに注意が必要である．

$$r_E = \frac{Div_1}{P_0} + g \tag{6.7}$$

(6.7) 式と (6.2) 式を比較すると，g は期待されるキャピタルゲイン率に等しいことがわかる．言い換えると，期待される配当成長率が一定であれば，株価の期待成長率は配当成長率と一致する．

配当と投資や成長の比較

(6.6) 式では，企業の株価は，現在の配当水準 Div_1 と期待成長率 g とともに上昇する．株価を最大化するために，企業はこの2つの量を増加させたいと考える．しかし，多くの場合，企業はトレードオフに直面する．なぜなら成長率を高めるには投資が必要であり，投資に費やした資金は配当支払いに使うことはできないからである．一定配当成長モデルは，このトレードオフについての洞察を提供してくれる．

単純な成長モデル 配当の成長率は何によって決まるのか？ 企業の**配当性向**(divi-

---

21 第3章で述べたように，この式は $g < r_E$ を条件としている．そうでなければ，成長する永久債の現在価値は無限大になってしまう．ここでの議論に置き換えて考えると，配当が永久に $g > r_E$ で成長することは不可能であるということになる．成長率が r_E を超える場合，その状況は一時的なものでなければならず，もはや一定成長モデルを適用することはできない．

dend payout ratio）を，利益に対する企業が毎年支払う配当金の割合と定義すると，時点 t における企業の 1 株あたり配当は次のように表すことができる．

$$Div_t = \underbrace{\frac{利益_t}{発行済株式数_t}}_{EPS_t} \times 配当性向_t \tag{6.8}$$

すなわち，毎年の配当は，企業の 1 株あたり利益（EPS）に配当性向を掛けたものに等しくなる．したがって，企業は次にあげる 3 つの方法を実行することができれば配当を増やすことができる．

1. 利益（純利益）を増やす．
2. 配当性向を高める．
3. 発行済株式数を減らす．

当面，企業が新株を発行せず（あるいは発行済みの株式を買い戻すことはせず），発行済株式数が変化しないと仮定する．そうすることで，上記選択肢 1 と選択肢 2 の間のトレードオフを検討することができる．

企業は，利益について，投資家に配当するか，あるいは内部留保して再投資するかのうちのどちらかを実行することができる．後者については，今日お金を投資することで，企業は将来の配当を増やすことができる．説明を簡単にするため，内部留保を再投資しなければ企業は成長せず，企業が生み出す利益水準は今日のまま一定であると仮定する．将来の利益の増加がすべて内部留保を使った新規投資のみから生じる場合，次のようになる．

$$利益変化 = 新規投資 \times 新規投資のリターン \tag{6.9}$$

新規投資は，企業の利益に占める内部留保の割合を表す**内部留保率**（retention rate）を掛けたものに等しい．

$$新規投資 = 利益 \times 内部留保率 \tag{6.10}$$

（6.10）式を（6.9）式に代入し，両辺を利益で割ると，利益成長率の式がえられる．

$$
\begin{aligned}
利益成長率 &= \frac{利益変化}{利益} \\
&= 内部留保率 \times 新規投資のリターン
\end{aligned}
\tag{6.11}
$$

企業が配当性向を一定に保つことを選択した場合，配当成長は利益成長と等しくなる．よって，

$$g＝内部留保率×新規投資のリターン \qquad (6.12)$$

利益をもたらす成長　(6.12) 式は，企業が利益をできるだけ多く内部留保することによって成長率を高めることができることを示している．しかし，企業がより多くの利益を内部留保し，その結果，配当として支払う利益の割合が少なくなると，(6.8) 式より，企業は短期的には配当を減らさなければならないかもしれない．もし企業が株価を上昇させたいのなら，配当を減らして投資を増やすべきなのか，それとも投資を減らして配当を増やすべきなのか？　当然のことながら，この質問に対する答えは，企業の投資の収益性に依存するであろう．例を使って考えることにする．

例 6.1　利益をもたらす成長のための配当削減

問題

クレイン・スポーツ用品社は，来年の 1 株あたり利益が 6 ドルになると予想している．クレイン社はこの利益を再投資して成長させるのではなく，利益のすべてを配当として支払う予定である．このように成長が期待できないことから，クレイン社の現在の株価は 60 ドルである．

クレイン社が当面の間，配当性向を 75 パーセントに引き下げ，内部留保を使って新規出店すると仮定する．これらの店舗への投資に対するリターンは 12 パーセントになると予想される．これらの新規投資のリスクは既存の投資のリスクと同じであると仮定するなら，企業の株主資本コストは変わらない．この新しい方針はクレイン社の株価にどのような影響を与えるか？

解答

考え方：この方針がクレイン社の株価にどのような影響を与えるのかを解明するには，いくつかのことを知る必要がある．まず，株主資本コストを計算する必要がある．次に，新しい方針の下でのクレイン社の配当と成長率を求める必要がある．

クレイン社の現在の成長率は 0 ($g＝0$)，配当は 6 ドル，株価は 60 ドルであることがわかっているので，(6.7) 式を使って r_E を推定することができる．次に，新配当は単純に旧配当 6 ドルの 75 パーセントとなる．最後に，内部留保率を 25 パーセント，新規投資リターンを 12 パーセントとすると，(6.12) 式を使って新しい成長率 (g) を計算することができる．最後に，新配当，クレイン社の株主資本コスト，新成長率をもとに，(6.6) 式を用いて，クレイン社が新方針を導入した場合の株価を計算することができる．

実行：(6.7) 式を使って r_E を推定すると，次のようになる．

$$r_E＝\frac{Div_1}{P_0}+g＝\frac{6ドル}{60ドル}+0パーセント＝10パーセント$$

言い換えれば，現在の方針の下でクレイン社の株価を正当化するには，同等のリスクを持つ市場にある他の株式の期待リターンが 10 パーセントでなければならない．

次に，新しい方針の影響を考える．クレインが配当性向を 75 パーセントに引き下げたなら，(6.8) 式から，来年の配当金は $Div_1 = EPS_1 \times 75$ パーセント＝6 ドル×75 パーセント＝4.50 ドルに減少する．

同時に，同社は新規店舗への投資に利益の 25 パーセントを留保することになるので，(6.12) 式から，同社の成長率は次のように上昇する．

$$g = \text{内部留保率} \times \text{新規投資のリターン} = 0.25 \times 0.12 = 0.03 (3 \text{パーセント})$$

クレイン社がこの成長率で成長し続けられると仮定すると，(6.6) 式の一定配当成長モデルを使って，新しい方針の下での株価を計算することができる．

$$P_0 = \frac{Div_1}{r_E - g} = \frac{4.50 \text{ドル}}{0.10 - 0.03} = 64.29 \text{ドル}$$

評価：投資と成長を拡大するために配当を削減すれば，クレイン社の株価は 60 ドルから 64.29 ドルに上昇するはずである．利益を株主資本コスト（10 パーセント）よりも高いリターン（12 パーセント）を提供するプロジェクトに投資することで，クレイン社は株主に価値を生み出した．

例 6.1 では，成長を優先して配当を減らすことで株価が上昇した．しかし，例 6.2 が示すように，常にそうなるというわけではない．

例 6.2　利益をもたらさない成長

問題

例 6.1 と同様，クレイン・スポーツ用品社が配当性向を 75 パーセントに引き下げて新規店舗に投資することを決めたと仮定する．しかしここで，これらの新規投資に対するリターンが 12 パーセントではなく 8 パーセントだとする．今年の予想 1 株あたり利益が 6 ドル，株主資本コストが 10 パーセント（ここでも新規投資のリスクは既存投資と同じであると仮定する）であるとすると，この場合，クレイン社の現在の株価はどうなるか？

解答

考え方：例 6.1 の手順にしたがうが，ここでは，新しい成長率（g）を計算する際，新規投資リターンを例 6.1 の 12 パーセントではなく 8 パーセントであると仮定する．

実行：例 7.3 と同様に，クレイン社の配当は 6 ドル×0.75＝4.50 ドルに減少する．新規投資に対するリターンが低下することを考慮すると，新しい方針の下での成長率は $g = 0.25 \times 0.08 = 0.02$（2 パーセント）となる．したがって，新しい株価は次のようになる．

$$P_0 = \frac{Div_1}{r_E - g} = \frac{4.50 \text{ドル}}{0.10 - 0.02} = 56.25 \text{ドル}$$

> **評価：**クレイン社は新しい方針の下で成長はするが，新規投資に対するリターンが低すぎる．たった 8 パーセントのリターンで新規投資を行うために配当を削減すれば，同社の株価は下落するであろう．株主資本コスト（10 パーセント）よりも低いリターン（8 パーセント）で利益を再投資することにより，クレイン社は株主価値を減らしてしまった．

例 6.1 と例 6.2 を比較すると，成長のために配当を減らすことの効果は，企業が計画している新規投資の価値に大きく依存することがわかる．例 6.1 では，新規投資のリターン 12 パーセントが企業の株主資本コスト 10 パーセントを上回っているため，これは適切な投資である．しかし，例 6.2 では，新規投資のリターンは 8 パーセントにすぎず，企業の株主資本コストを下回っている．この場合，新規投資は利益成長をもたらしてくれるであろうが，新規投資する価値はない．この例で確認できることは，新規投資が資本コスト以上のリターンを生み出す場合に限り，投資を拡大する目的で配当を減らすことが，価値を創造し，株価を上昇させるということである．第 7 章では，より一般的に，価値を創造し，株価を上昇させるプロジェクトを特定する方法について検討する．

成長率の変化

成功している新興企業は，多くの場合，初期段階での利益成長率が非常に高い．この高度成長期間において，企業は収益性の高い投資機会を活用するために，利益のすべてを内部留保することがよくある．企業が成熟するにつれて，その成長は鈍化し，老舗企業にみられる典型的な成長率になる．その時点で，企業の利益は投資需要を上回り，ようやく配当が支払われるようになる．

このような企業の株式を評価するには，次の 2 つの理由から一定配当成長モデルを使用することはできない．

1. これらの企業は創業間もないうちは配当を支払わないことが多い．
2. これらの企業は成熟するまで成長率が時間の経過とともに変化し続ける．

しかし，企業が成熟し，その期待成長率が安定すれば，一定配当成長モデルを適用して将来の株価 P_N を計算することにより，あとは配当割引モデルの一般型を使ってこのような企業を評価することができる．

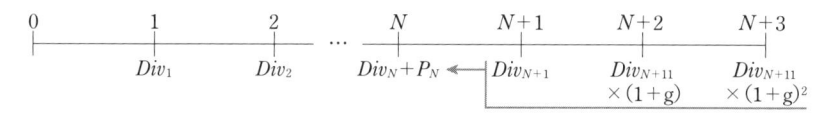

具体的には，企業が $N+1$ 年目以降に長期成長率 g で成長すると予想される場合，一定配当成長モデルから次のようになる．

$$P_N = \frac{Div_{N+1}}{r_E - g} \tag{6.13}$$

そして，この推定された P_N を配当割引モデルにおける最終時点でのキャッシュフローとして使用することができる．直観的には，これから受け取る配当の現在価値に，将来その株式を売却する際に予想される価格の現在価値を加えたものとして，株式を評価する．たとえば，今後3年間に予想される配当がそれぞれ2.00ドル，2.50ドル，3.00ドルであるような会社を考えてみる．3年後から先の配当は5パーセントの一定率で成長すると予想される．株主資本コストを12パーセントとすると，現在の株価を求めることができる．(6.13) 式を使った3年目の株価は次のようになる．

$$P_N = \frac{Div_{N+1}}{r_E - g} = \left(\frac{3\text{ドル}(1.05)}{0.12 - 0.05}\right) = 45.00$$

次に，(6.4) 式を使って，最初の3年間の配当と3年目の株価の現在価値として現時点における株価を計算する．

$$P_0 = \frac{2.00\text{ドル}}{1.12} + \frac{2.50\text{ドル}}{(1.12)^2} + \frac{3.00\text{ドル}}{(1.12)^3} + \frac{45.00\text{ドル}}{(1.12)^3} = 37.94\text{ドル}$$

この例は，(6.13) 式の一定配当成長モデルは，(6.4) 式で表された一般的な配当割引モデルの特殊ケースに過ぎないという重要な点も補強している．(6.4) 式を用いれば，すべての配当流列を常に評価することができる．しかし，一定成長を仮定すると，その一定成長が今日始まるのか，将来のある時点から始まるのかによって，すべての配当流列，あるいは一部の配当流列に成長する永久債の簡単な公式を適用することができる．

表6.1 は，一定成長に対する簡単な公式の適用方法を含む配当割引モデルをまとめたものである．

表6.1 配当割引モデル

一般公式	$P_0 = \dfrac{Div_1}{1+r_E} + \dfrac{Div_2}{(1+r_E)^2} + \cdots + \dfrac{Div_N}{(1+r_E)^N} + \dfrac{P_N}{(1+r_E)^N}$
配当成長が一定の場合	$P_0 = \dfrac{Div_1}{r_E - g}$
配当成長は初め変動するがその後は一定の場合	$P_0 = \dfrac{Div_1}{1+r_E} + \dfrac{Div_2}{(1+r_E)^2} + \cdots + \dfrac{Div_N}{(1+r_E)^N} + \left(\dfrac{1}{(1+r_E)^N}\right)\left(\dfrac{Div_{N+1}}{r_E - g}\right)$

価値に影響を与える要因と配当割引モデル

配当割引モデルを十分に展開してきたので，株価を動かす直観的な要因をどの程度うまく捉えているのか評価する価値がある．企業にどれだけの価値があるのか考えるとき，わたしたちは通常，その企業が現在どれだけの利益を上げているのか，そしてその収益性が将来どのように拡大または縮小するのかについて，その企業に投資することのリスクとともに注目する．これらの指標は配当割引モデルのどこで捉えられているのか？　収益性は会社の配当支払い能力を決定するため，配当を予想する流れの中で暗黙のうちに会社の収益性を予測している．リスクについては，予想配当を割り引く際に使用する株主資本コストに反映されている．よりリスクの高い投資はより高い期待リターンを要求し，それはより高い株主資本コストとして配当割引モデルに組み込まれる．

6.4　配当割引モデルの限界

配当割引モデルには，配当の予測に依存している，そして無配の株式には適用できない，という2つの基本的な限界がある．以下，これらについて説明する．

不確実な配当の予想

配当割引モデルは，株主に支払われる将来の配当金の予測にもとづいて株式を評価する．しかし，将来のキャッシュフローがほぼ確実にわかっている国債とは異なり，企業の将来の配当には大きな不確実性が伴う．

ナイキ社の例を，もう一度考えてみる．2022年半ば，ナイキ社は今後12か月にわたって合計1.22ドルの配当を支払うと予想されていた（実際は，四半期ごとに0.35ドルの配当を4回支払うのであるが，話を簡単にするため，ここでは年末に一括で支払うものとする）．株主資本コストを9パーセント，予想配当成長率を7.8パーセントと仮定すると，ナイキ社の株価は，一定配当成長モデルより次のようになる．

$$P_0 = \frac{Div_1}{r_E - g} = \frac{1.22 \text{ドル}}{0.09 - 0.078} = 101.67 \text{ドル}$$

これは当時の株価102.79ドルにかなり近い．しかし，配当成長率を8.25パーセントとすると，この推定値は1株あたり162ドル以上に上昇し，配当成長率を5パーセントとすると，この推定値は1株あたり30.50ドル強に低下する．図6.2をみればわかるように，想定配当成長率を少し変えるだけでも，推定株価は大きく変化してしまう．

さらに，配当成長率のどの推定値がより合理的であるかを知ることは困難である．

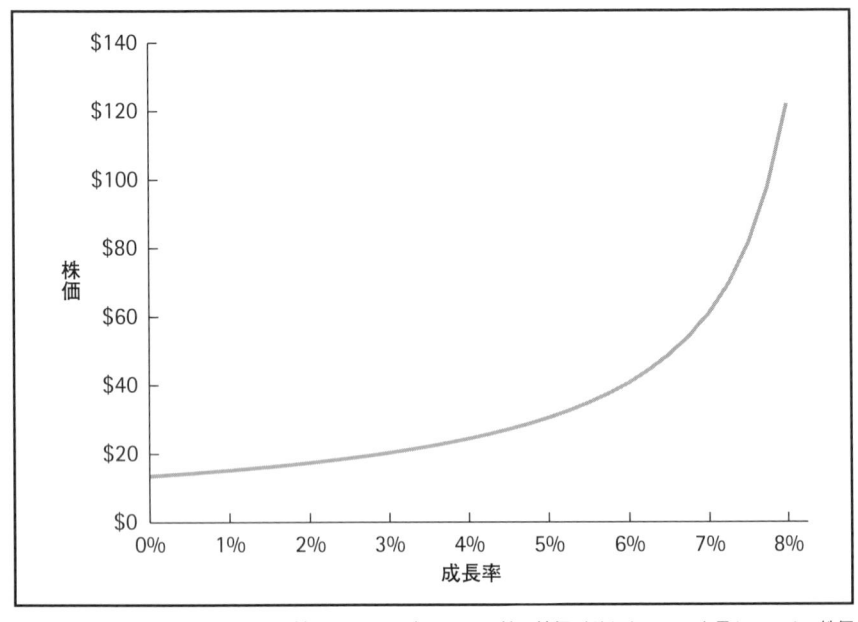

図は，異なる配当成長率の予想に対して，2019 年のナイキ社の株価がどうなるのかを示している．株価の推定は一定配当成長モデルにもとづいている．2022 年の配当は 1.22 ドル，株主資本コストは 9 パーセントと仮定している．予想配当成長率は 0 パーセントから 8 パーセントまで変化する．注目すべきは，期待成長率が少し変化しただけでも，株価は大きく変化し，とりわけ成長率が高いときに株価はさらに大きく変化する．

図 6.2　期待成長率の違いによるナイキ社の推定株価

ナイキ社は 2005 年から 2010 年にかけて配当を 2 倍以上に増やしたが，その後の収益の伸びは緩やかになった．その結果，配当の増加率は持続することができず，2010 年から 2013 年にかけての配当の増加率は約 40 パーセントにとどまった．しかし，継続した力強い成長により，ナイキ社は 2013 年初めから 2022 年にかけて配当をほぼ 3 倍にすることができ，株価は 2012 年の終わりから 3 倍以上に上昇した．(6.8) 式から，配当を予測するには，企業の利益，配当性向，および将来の株式数を予測する必要がある．しかし，将来の利益は支払利息に依存し（同様に，支払利息は企業の借入金額に依存する），株式数と配当性向は利益の一部を自己株式の取得に充てるかどうかに依存する．借り入れや自己株式取得の決定は経営陣の裁量に委ねられているため，企業のキャッシュフローのその他の基本的な側面よりも確実に予測することが困難である．

無配の株式

　配当金を支払わない企業は多い．スポティファイ（Spotify）の運営会社，アマゾン
ドットコム社（Amazon.com），アルファベット社（Alphabet）（グーグル社（Google）
を含む），などはその一例である．では，このような株式をどのように評価すればよ
いのだろうか？　次節では，配当割引モデルを少し修正し，配当金として支払うかど
うかにかかわらず，株主への総支払額を評価する方法を説明する．さらに第 9 章で
は，株主への支払額に依存しない他の評価方法について説明する．財務管理者がどの
プロジェクトを採用するかについての意思決定をとおして，企業内で価値を創造する
方法を取り上げれば，これらのアプローチはより意味のあるものとなるであろう．そ
のために，第 7 章と第 8 章では，投資の意思決定ルールとプロジェクト評価について
説明する．

6.5　自社株買い（自己株式取得）と総還元モデル

　配当割引モデルに関する議論では，企業が株主に支払う現金は配当の形をとること
を暗黙の前提としていた．近年，配当金を支払う代わりに自社株買いを行う企業が増
えている．**自社株買い**（**自己株式取得**，share repurchase, stock buyback）は，企業
が余剰資金を使って自社の株式を買い戻すことである．自社株買いは，配当割引モデ
ルに 2 つの影響を与える 1 つは，企業が自社株買いに資金を使えば使うほど，配当金
の支払いに使える資金が少なくなる．もう 1 つは，自社株買いを行うことで，株式数
が減り，これにより 1 株あたりの利益と配当金が増える．

　配当割引モデルでは，ある 1 人の株主の視点から株式を評価し，その株主が受け取
るであろう将来の配当金を割り引く．すなわち，

$$P_0＝PV(将来の 1 株あたり配当) \tag{6.14}$$

　企業が自社株を買い戻す際に，より信頼性の高い代替的な評価方法が，1 株単位で
はなく，企業の株式全体を評価する**総還元モデル**（total payout model）である．この
モデルを使うには，企業が株主に支払う総支払額，つまり，配当と自社株買いの両方
に費やされた合計金額（新株発行の控除後）を割り引く[22]．これにより，その企業の
全株式の総価値が算出される．そして，現在の発行済株式数で割って株価を計算す
る．

22　総支払額は，あなたがその企業の株式をすべて所有していた場合に受け取る金額と考えることが
　　できる．すなわち，配当金をすべて受け取り，さらに自社株買いで株式を売却してえた代金も受け
　　取ることになる．

総還元モデル

$$P_0 = \frac{PV \text{（将来の総配当と純自己株買い）}}{\text{発行済株式数}_0} \tag{6.15}$$

6.3 節において一定成長を仮定して単純化された公式を求めたのと同じ単純化を総支払額の評価にも適用することができる．唯一の変更点は，「総配当と自社株買いの合計額を割り引き，そして，企業の総支払額の成長を予測する際に，1 株あたり利益ではなく利益全体の伸び率を使う」ことである．会社が自社株買いを行う場合，この方法は配当割引モデルよりも信頼性が高く，簡単に適用できる．

6.6　すべてをまとめて考える

　ここで本章の冒頭で取り上げたナイキ社の株価についての 3 つの質問について考える．まず，第 1 の質問は，投資家はナイキ社の株式を買うか売るかどのように決めるのかであった．投資家は，自分自身の期待にもとづいて株価を評価するであろう．わたしたちは，株価と整合的な配当成長の予想される数値を示した．もし投資家の予想が大きく異っていたなら，2022 年の株価 102.97 ドルに対して割高である，あるいは割安であると結論づけるかもしれない．その結論にもとづいて投資家は株を売る，あるいは買うであろう．そして，時間が経てば，投資家の予想は市場の予想と比べてより正確であったかどうかが明らかになるであろう．

　第 2 の質問は，2022 年 6 月のナイキ社から発表された悲観的な今期の業績見とおしの後，ナイキ社の株価が突然 7 パーセントも下落したのはなぜだったのかである．投資家はナイキ社が発表したニュースを解釈し，予想を更新しながら，将来の利益成長に関する新しい情報にもとづき，終値が低すぎると判断したはずである．そして，買いの圧力は，買いと売りが均衡するまで，株価を押し上げるであろう．

　第 3 の質問は，株価をさらに上げるためにナイキ社の経営者は何をすべきかである．株価を上げる唯一の方法は，価値を高める意思決定を行うことである．この課題については次章で取り上げる．第 6 章と第 7 章で示されるように，資本予算分析をとおして，経営陣は会社の価値を高めるプロジェクトを特定することができる．ナイキ社の経営陣は優れた投資の意思決定を行い，企業価値を高めることで，株価を上げることができる．第 8 章では，株式評価の問題に戻り，ここで開発されたテクニックを拡張して，プロジェクト選択に関する続く 2 つの章の教訓を取り入れる．

第III部

評価と企業

評価原理のつながり

　企業がどの投資を行うべきか選択することは，財務管理者が直面する最も重要な意思決定の1つである．このような意思決定は，企業の価値を根本から創出する．第7章では，評価原理によって「正味現在価値（NPV）」の概念を適用して，プロジェクトの費用と便益を今日のドルという同じ交換単位でどのように比較するのかを学ぶ．そして，「今日の便益の現金価値は，今日の費用の現金価値を上回っているか？」という質問に答えることで，意思決定を評価することができるようになる．さらに，便益と費用の現金価値の差は，その意思決定が企業価値，ひいては投資家の富を増加させる正味の金額を示していることがわかるであろう．

　投資の意思決定においてNPV決定ルールは有用であることを確証した後，実務で使われる代替ルールとその欠点について論じる．企業の資本を投資に配分するプロセスは，「資本予算計画」と呼ばれる．第8章では，NPV決定ルールの適用に必要なプロジェクトの増分キャッシュフローをどのように推定するのかについて概説する．また第8章では，第2章と第3章で紹介した割り引きツールの威力を実証する．資本予算計画は企業の価値を創出するので，第9章「株式評価：再考」では，企業の所有権である株式の評価を再度検討する．第6章では，将来の配当金や総支払額を割り引くことによって株式を評価した．第9章では，フリーキャッシュフローを割り引いたり，類似の上場企業の価値と比較したりするといった代替方法を検討する．

第7章

投資の意思決定方法

7.1　NPV 意思決定ルール

　ここまでの章では，わたしたちは割引率を使って今日のお金と将来のお金を交換する方法を学んだ．費用と便益を同じ時点に変換できさえすれば，評価原理を意思決定に適用することができる．実際に，ほとんどの企業は現在価値，つまり今日のお金で価値を測定することを好む．本節では，評価原理を適用して正味現在価値（NPV）の概念を導き，これを使って財務上の意思決定の「黄金律」である NPV 法を定義する．

正味現在価値（NPV）

　費用や便益の価値を今日のお金として計算する場合，それを現在価値（PV）と呼ぶ．同様に，プロジェクトや投資の**正味現在価値**（NPV；net present value）を，その便益の現在価値と費用の現在価値との差と定義する．

> **正味現在価値**
>
> $$NPV = PV（便益） - PV（費用） \tag{7.1}$$

　このことを簡単な例で考えてみる．あなたの企業に，今日 500 ドルを支払うと 1 年後に 550 ドルを受け取ることができるという投資機会の提案があったとする．利子率が年 8 パーセントの場合，次のようになる．

$$PV（便益） = （1 年後の 550 ドル） \div （1 年後の 1.08/ 今日の 1 ドル）$$
$$= 今日の 509.26 ドル$$

この現在価値は，1 年後に 550 ドルを生み出すために今日銀行に預ける必要がある金額である（509.26 ドル×1.08 = 550 ドル）．言い換えると，「現在価値とは，キャッシュフローを再現するために現時点の利子率で投資する必要がある金額のことである」．これは，キャッシュフローを自ら生み出すために必要な今日の現金費用と考え

ることができる.

　費用と便益が現在価値として表されると, 投資の NPV を計算することによって, 両者を比較することができる.

　　　　NPV＝509.26 ドル－500 ドル＝今日の 9.26 ドル

NPV はプラスなので, 便益は費用を上回り, あなたの企業はこの投資機会を採用すべきであることを意味する.

　しかし, もしあなたの企業にプロジェクトの初期費用である 500 ドルがなかったらどうなるのか？　それでもプロジェクトの価値は変わらないのか？　競争市場価格を使って価値を計算しているので, あなたの好みや銀行の預金額に左右されることはないはずである. もしあなたが 500 ドルをもっていない場合, 銀行から 8 パーセントの利子率で 509.26 ドルを借りて, そのプロジェクトを実施すると仮定する. この場合のキャッシュフローはどうなるか？

　　　今日：　　509.26 ドル(ローン)－500 ドル(プロジェクトへの投資)
　　　　　　　　＝9.26 ドル
　　　1 年後：　550 ドル(プロジェクトより)－509.26 ドル×1.08(ローン残高)
　　　　　　　　＝0 ドル

この取引によって, 今日あなたのポケットには 9.26 ドルのお金が残り, 将来の純債務はない. つまり, このプロジェクトを採用することは, 最初に 9.26 ドルを追加のお金としてもっていることと同じである. このように, NPV は投資の意思決定の価値を, 今日受け取る金額として表す.「NPV がプラスである限り, その意思決定は企業価値を高め, あなたが今日いくらお金を必要としているのかに関係なく, またいつお金を使うかという好みに関係なく, 良い意思決定である」.

NPV 意思決定方法

　例 7.1 に示されているように, 評価原理は, NPV がプラスのプロジェクトは, 富を増加させるので, 実行すべきであることを意味する. つまり, 良いプロジェクトとは, 便益の現在価値が費用の現在価値を上回るものである. その結果, 企業価値は増加し, 投資家はより豊かになる. NPV がマイナスのプロジェクトは, 費用が便益を上回っているので, それを採用することは, 今日お金を失うことと同じである.

例 7.1　NPV は今日のお金と等価である

問題

　あなたは, ウェイターをしてえた 1,500 ドルを預金した後, 50 インチのテレビを買お

うとしている．あなたは，店が"1年間利息無し現金払い"としていることに気づいた．つまり，あなたは今日テレビを持ち帰ることができ，1年後に購入価格1,500ドルを支払うまで，何の支払いも発生しない．あなたの普通預金口座の利子率は年5パーセントだとすると，店の提案のNPVはいくらか？　そのNPVがあなたの懐にある現金に相当することを示せ．

解答

考え方：あなたは今日1,500ドルの価値のあるもの（テレビ）を手に入れ，その代わりに1年後1,500ドルを支払う必要がある．そこで，テレビを手に入れるために今日支払わなければならないと思っていた1,500ドルを取り戻したと考える．これをプラスのキャッシュフローとして扱うと，時間時は以下のようになる．

今日	1年後
＋1,500ドル	−1,500ドル

1年後の支払いの現在価値を計算するための割引率は，利子率5パーセントである．費用（1年後の1,500ドル）の現在価値と，現在の便益（1,500ドルのテレビ）を比較する必要がある．

実行：

$$NPV = +1{,}500 - \frac{1{,}500}{(1.05)} = 1{,}500 - 1{,}428.57 = 71.43 \text{ドル}$$

あなたは，テレビのために貯めた1,500ドルのうち，1,428.57ドルを普通預金口座に預けるであろう．利息が支払われるので，1年後に預金は，1,428.57×(1.05)＝1,500ドルになり，店への支払いに十分な金額になる．余った71.43ドルは，好きなように使えるお金である（あるいは，新しいメディア室のスピーカーシステムの購入に充てることもできる）．

評価：支払いを遅らせるという提案を受け入れることで，今日，71.43ドルの余分な正味キャッシュフローをえる．1,428.57ドルを銀行に預けておけば，将来1,500ドルの債務を相殺するのにちょうどの金額となる．したがって，この提案は，将来の正味債務なしで，今日71.43ドルを受け取ることに相当する．

　わたしたちはこの論理を**NPV意思決定方法**（NPV Decision Rule）として次のように表現する．

　投資の意思決定を行うとき，NPVが最も高い選択肢を選ぶこと．この選択肢を選ぶということは，そのNPVと同じお金を今日受け取ることと同じである．

NPVは今日のお金で表現されるため，NPV意思決定方法を使うということは，評価

原理を適用する 1 つの簡単な方法である．富を増やすような意思決定は，富を減らすような意思決定より優れている．この結論に達するために，何ら投資家の選好について知る必要はない．プロジェクトのすべてのキャッシュフローを正しく把握し，適切な割引率を適用している限り，そのプロジェクトがわたしたちをより裕福にしてくれるかどうかを判断することができる．より裕福になるということは，わたしたちの選好が何であれ，わたしたちの選択肢を増やし，暮らし向きをよくする．

　企業が財務の実務において NPV 法を適用する一般的な場面は，プロジェクトの採否を決定するときである．プロジェクトを採用しないということは，通常，NPV＝0（プロジェクトを実行しないことによる新たな費用や便益はない）になるので，NPV意思決定方法は次のことを意味する．

- ・NPV がプラスのプロジェクトを採用すべきである．すなわち，それらプロジェクトを採用することは，それらプロジェクトの NPV を今日お金で受け取ることと同じである．
- ・NPV がマイナスのプロジェクトを採用すべきではない．すなわち，それらプロジェクトを採用すると企業価値が減少するが，採用しなければ費用はかからない（NPV＝0）．

NPV がちょうどゼロの場合，プロジェクトを採用してもしなくても，NPV がゼロであるため，利益も損失も発生しない．企業価値を下げないので悪いプロジェクトではないが，企業価値を高めるものでもない．

7.2　NPV 法を使う

　投資の意思決定方法について議論を続けるために，ある単独の独立型プロジェクトについて，「採用するかしないか」の意思決定を考えてみる．企業がこのプロジェクトを採用したとしても，他のプロジェクトを実行することに影響はない．独立型プロジェクトの場合，わたしたちが検討する選択肢は，プロジェクトを採用するかしないかである．NPV 法は，プロジェクトの NPV をゼロ（プロジェクトを不採用として何もしない場合の NPV）と比較すべきであることを意味する．したがって，NPV がプラスであれば，プロジェクトを採用すべきである[23]．

23　もし NPV がマイナスでないならば，プロジェクトを採用すべきであるという基準を好んで述べる人もいる．NPV がちょうどゼロのであれば企業は興味をもたないはずなので（プロジェクトを採用してもしなくても得も損もしない），わたしたちはこのように述べることを好む．NPV がゼロのプロジェクトは，企業価値を下げないので悪いプロジェクトではないが，企業価値を高めるものでもない．

キャッシュフローを整理し，NPV を計算する

　フレドリック・フィード＆ファーム社の研究者は画期的な発見をした．それによりかれらは，同社の既存の化学肥料生産工程よりも大幅に費用を削減しながら，環境に優しい新しい化学肥料を生産できると考えている．この化学肥料を生産するには，81.6 百万ドルの費用で今すぐに建設できる新しい工場が必要である．財務管理者は，この新しい化学肥料がもたらす利益を，初年度の終わりから 4 年間にわたって年間28 百万ドルになると推定している．時間軸で表すと以下のようになる．

キャッシュフロー　年

	0	1	2	3	4
（百万ドル）	−81.60	+28	+28	+28	+28

　このように，キャッシュフローは，今日の 81.6 百万ドルの流出と，その後 4 年間にわたる年間 28 百万ドルの流入となる．したがって，割引率を r とすれば，このプロジェクトの NPV は次のようになる．

$$NPV = -81.6 + \frac{28}{1+r} + \frac{28}{(1+r)^2} + \frac{28}{(1+r)^3} + \frac{28}{(1+r)^4} \qquad (7.2)$$

第 3 章の年金の公式を使って，NPV を次のように書くこともできる．

$$NPV = -81.6 + \frac{28}{r}\left(1 - \frac{1}{(1+r)^4}\right) \qquad (7.3)$$

　NPV 法を適用するには，資本コストを知る必要がある．このプロジェクトを担当する財務管理者は，資本コストを年率 10 パーセントと推定している．(7.2) 式や(7.3) 式の r をプロジェクトの資本コスト 10 パーセントに置き換えると，NPV は 7.2 百万ドルとなり，プラスである．繰り返すが，正味現在価値とは，プロジェクトの便益（プラスのキャッシュフロー）の現在価値から費用（マイナスのキャッシュフロー）の現在価値を差し引いたものである．すべてを現在価値に置き換えることで，すべての費用と便益を同等の立場で比較することができる．この例では，便益が費用を現在価値で 7.2 百万ドル上回っている．NPV 投資意思決定方法は，この投資を実行することによってフレドリック社の今日の企業価値が 7.2 百万ドル増加することを示している．

NPV プロファイル

　プロジェクトの NPV は，その適切な資本コストに依存している．プロジェクトの資本コストにはたいてい何らかの不確実性がある．そのような場合には，プロジェクトの NPV をさまざまな割引率で計算してグラフ化した **NPV プロファイル**（NPV profile）が役に立つ．Excel のようなスプレッドシートを使って NPV プロファイルを

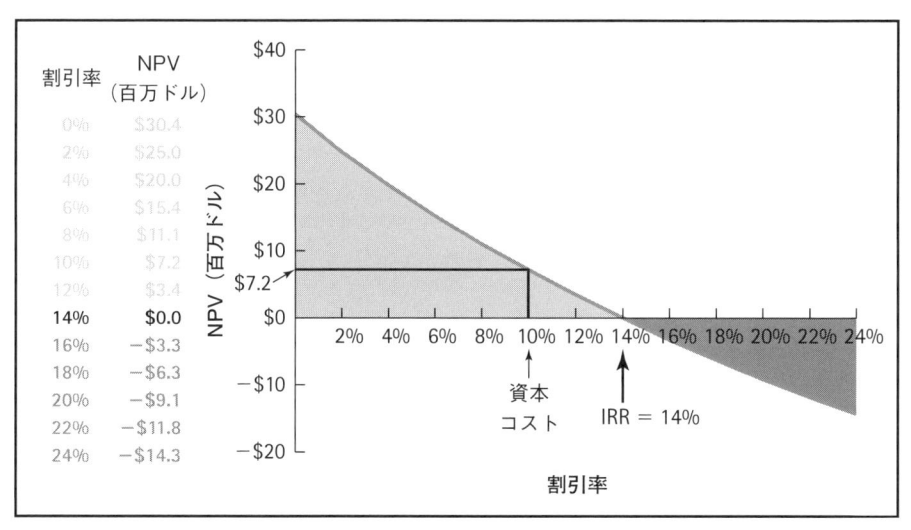

パネル（b）のグラフは，パネル（a）のデータから割引率の関数として NPV を描いたものである．NPV は，割引率が「内部収益率（IRR）」である 14 パーセントを下回った場合のみプラスとなり，薄いグレーの網掛けで表される．資本コストが 10 パーセントの場合，プロジェクトの NPV は 7,200,000 ドルのプラスとなる．濃いグレー網掛け部分は，割引率が 14 パーセントを上回り，NPV がマイナスとなることを示している．

図7.1　フレドリック社の新規プロジェクトの NPV

作成するのが最も簡単である．10 パーセントだけでなく，さまざまな割引率を用いて，上記で説明した NPV の計算を繰り返すだけである．図 7.1 は，割引率 r の関数として NPV をプロットしたフレドリック社のプロジェクトの NPV プロフィールを示している．

　NPV がプラスになるのは，割引率が 14 パーセント未満のときだけであることに注意が必要である（図 7.1 の薄いグレーの網掛け部分）．グラフと付属のデータ表をみると，14 パーセントで NPV がゼロであることがわかる．キャッシュフローの正味現在価値をゼロにする割引率は，投資の**内部収益率**（IRR；internal rate of return）である．したがって，NPV プロファイルを作成することで，フレドリック社のプロジェクトの IRR は 14 パーセントであることがわかった．NPV をグラフ化しなくても，金融電卓やスプレッドシートの IRR 関数を使って IRR を計算することもできる．

金融電卓の ボタン	N	I/Y	PV	PMT	FV
所与の値	4		−81.6	28	0
求める解		14			
Excel 入力式：＝RATE（NPER，PMT，PV，FV）					
＝RATE（4，28，−81.6，0）					

IRR を使って感度を測定する

フレドリック社の例では，企業の財務管理者が資本コストを推定した．もしこの推定に確信がもてないのであれば，この推定の誤差に対してあなたの分析がどの程度敏感なのかを計算することは重要である．IRR はこのことについての情報を提供する．フレドリック社の場合，資本コストの推定が 14 パーセントの IRR を上回ると，NPV がマイナスになる（図 7.1 の濃いグレーの網掛け部分）．したがって，推定した 10 パーセントという資本コストが真の資本コストから 4 パーセントの範囲以内であれば，プロジェクトを採用するという意思決定は正しいことになる．一般に，資本コストと IRR の差は，当初の意思決定を変えることのない資本コストの推定誤差の大きさを示している．

その他の方法と NPV 法の比較

NPV 法は，フレドリック社が新しい化学肥料の生産に投資すべきであることを示している．以降の節で，プロジェクト選択の代替方法を評価する際に，その代替方法の結論が NPV 法の結論と同じ場合もあれば，異なる場合もあることに留意が必要である．それぞれの結論が対立する場合は，常に最も正確で信頼できる意思決定方法である NPV 法にもとづいて意思決定しなければならない．

7.3　その他の意思決定方法

NPV 法は最も正確で信頼できるにもかかわらず，実際にはさまざまな意思決定方法が使われ，NPV 法と併用されることも多い．2022 年に，ジョン・グレアム教授[24]による調査結果によると，調査対象となった企業の 77 パーセントが投資の意思決定に NPV 法を使用している．この結果は，1977 年にローレンス・ギットマン教授とジョン・フォレスター氏が行った同様の調査結果とは大きく異なっており，この調査によると，NPV 法を使っている企業はわずか 10 パーセントである[25]．ビジネスを学ぶ最近の学生は，ファイナンスの教授のいうことをよく聞くようになった！　それでも，グレアム教授の調査によると，米国企業の 4 分の 1 は NPV 法を使っていない．資本予算計画に他の方法が実際に使われる理由は必ずしも明確ではない．図 7.2 は，調査で挙げられた意思決定方法の上位 3 つをまとめたものである．ビジネスの世界でこれらの方法に遭遇する可能性があるため，それらの方法が何であるのか，どのよう

24　John Graham, "Presidential Address: Corporate Finance and Reality," *Journal of Finance* 77 (2022): 1975-2049.

25　Lawrence J. Gitman and John R. Forrester, Jr., "A Survey of Capital Budgeting Techniques Used by Major U.S. Firms," *Financial Management* 6 (1977): 66-71.

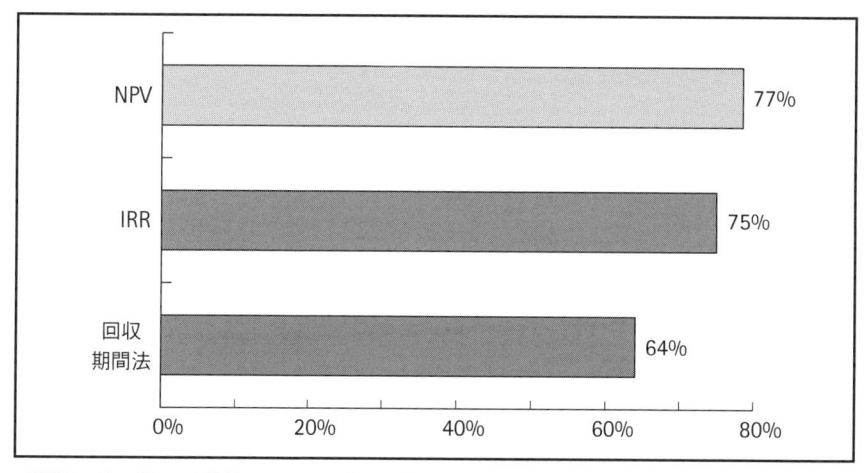

棒グラフは，グレアム教授による 2022 年の調査で，CFO が最もよく使用した意思決定方法を示している．多くの CFO が複数の方法を使用しているが，そこで挙がった主な方法は以下のとおりである．

図 7.2　CFO が最もよく使用する意思決定方法

に使われるのか，NPV 法とどのように比較されるのかを知っておく必要がある．この節では，企業内の単独の独立型プロジェクトに対する代替的な意思決定方法を検討する．ここでは，「回収期間法」と「IRR 法」に焦点を当てる．

回収期間法

　最も単純な投資の意思決定方法は**回収期間法**（payback investment rule）であり，もしそのキャッシュフローがあらかじめ定められた期間内に初期投資を回収できるのであれば，その場合に限りプロジェクトを採用すべきである，というものである．この方法は，初期投資を迅速に回収できる機会が良いプロジェクト案であるという考え方にもとづいている．回収期間法を適用するには，

1. **回収期間**（payback period）と呼ばれる，初期投資を回収するのに要する時間を計算する．
2. もし回収期間があらかじめ定められた期間（通常は数年）より短いなら，そのプロジェクトを採用する．
3. もし回収期間があらかじめ定められた期間より長いなら，そのプロジェクトを不採用とする．

たとえば，企業は回収期間が 2 年を下回るプロジェクトを採用することもある．

例 7.2　回収期間法を使う

問題

　フレドリック社は，すべてのプロジェクトの回収期間を 2 年以内と定めていると仮定する．このルールのもとでフレドリック社はこの肥料プロジェクトを実施するか？

解答

考え方：回収期間法を適用するためには，プロジェクトからの流入額の合計が，2 年後までに初期投資額を超えるかどうか識別する必要がある．このプロジェクトでは，年間 28 百万ドルの流入額があり，初期投資額は 81.6 百万ドルである．

実行：1 年目と 2 年目のキャッシュフローの合計は 28 百万ドル＋28 百万ドル＝56 百万ドルで，初期投資の 81.6 百万ドルを埋め合わせることはできない．実際，キャッシュフローが初期投資額を上回るのは 3 年目になってからである（28 百万ドル×3＝84 百万ドル）．このプロジェクトの回収期間は 2 年を超えるため，フレドリック社はこのプロジェクトを採用しない．

評価：回収期間法は，計算は簡単だが，キャッシュフローを合計する際に任意の打ち切り期間を使用する必要がある．さらに，回収期間法は，将来のキャッシュフローを割り引かないことに注意が必要である．その代わり，単純にキャッシュフローを合計し，現在のキャッシュアウトフローと比較するだけである．この場合，フレドリック社は企業価値を高めるプロジェクトを棄却したことになる．

　例 7.2 で示しているように，回収期間法による分析にもとづき，フレドリック社はこのプロジェクトを不採用とする．しかし，先ほどみたように，資本コストを 10 パーセントとすると，NPV は 7.2 百万ドルになる．回収期間法にしたがうと，フレドリック社は，7.2 百万ドルの価値をもつプロジェクトを逃すことになるので，この意思決定は間違いである．

　回収期間法は，NPV 法と比べると信頼性は高くない．その理由は，(1) お金の時間価値を無視し，(2) 回収期間の後に発生するキャッシュフローを無視し，(3) 経済学にもとづいた意思決定基準（回収期間として正しい年数とは？）が欠如しているからである．一部の企業は，**割引回収期間法**（discounted payback rule）と呼ばれる割引キャッシュフローをつかって回収期間を計算することで，最初の欠点には対処している．しかし，残りの 2 つの欠点は依然として残るので，根本的な解決とはならない．これらの欠点があるにもかかわらず，グレアム教授は，調査した企業の約 57 パーセントが意思決定プロセスの一部として回収期間法を使っていることをみつけた．

　なぜ一部の企業は回収期間法を使っているのか？　その答えは，おそらくその単純さに関係している．たとえば，新しいコピー機を購入するか，古いコピー機を修理するかといったような，小規模の意思決定に通常この方法が使われる．このような場合，誤った意思決定をしてしまう場合の費用は，NPV の計算に必要な時間を正当化できるほど大きくないかもしれない．回収期間法の魅力は，短期プロジェクトに有利なことである．長期投資に資本を投下することを望まない企業もある．また，もし設定した回収期間が短い（1〜2 年）なら，回収期間法を満たすほとんどのプロジェクトは NPV がプラスになる．

内部収益率法（IRR 法）

　NPV と同様に，**内部収益率（IRR）投資意思決定法**（internal rate of return（IRR） investment rule）は，検討中の投資機会のリターンが，同等のリスクと成熟度をもつ市場の他の選択肢のリターン（すなわち，プロジェクトの資本コスト）を上回る場合，その投資機会を採用すべきであるという考え方にもとづいている．この方法を公式に次のように表現する．

> *IRR 投資意思決定法：IRR が資本の機会費用を上回る投資機会を採用する．一方，IRR が資本の機会費用を下回る投資機会は採用しない．*

　IRR 投資意思決定方法は，すべてではないが多くの状況で正しい答え（つまり NPV 法と同じ答え）を出す．たとえば，フレドリック社の肥料生産の機会については，正しい答えが導かれる．図 7.1 より，資本コストが IRR（14 パーセント）より下の左の三角形の領域にあるときはいつでも，プロジェクトの NPV はプラスであり，すなわち投資を行うべきである．表 7.1 は，フレドリック社の新規プロジェクトに関する分析をまとめたものである．NPV 法と IRR 法はプロジェクトを採用するということで結論が一致しているが，あらかじめ定められた回収期間が 3 年を下回る場合に回収期間法を使うと，フレドリック社はプロジェクトを採用しないことになる．

表 7.1　NPV, IRR, 回収期間のまとめ（フレドリック社の新規プロジェクト）

NPV （10 パーセント）	7.2 百万ドル	採用（7.2 百万ドル）
回収期間法	3 年	不採用（3 年＞要求回収期間 2 年）
IRR	14 パーセント	採用（14 パーセント＞資本コスト 10 パーセント）

　一般に，プロジェクトから発生する負のキャッシュフローがすべて正のキャッシュフローよりも先に発生する場合，IRR 法は独立型プロジェクトに有効である．しか

し，他のキャッシュフローパターンの場合，IRR 法は NPV 法と結論が一致せず，正しくない可能性がある．以下，IRR 法が失敗するいくつかの状況を検証する．

遅れてやってくる投資　バスケットボールのスター選手，エヴァン・コール氏はファイナンスの学位を取得して大学を卒業し，現在は NBA ドラフトに向けて準備を進めている．すでに数社がスポンサー契約を申し込んでいる．その中で競合するスポーツ飲料会社 2 社が彼を追いかけている．クエンチイット社は，最初に一括で 100 万ドルを支払い，その後 3 年間の独占スポンサー契約を結ぶことを提案している．一方，パワーアップ社は，今後 3 年間にわたり各年末に 50 万ドルを支払い，その間自社製品の独占的スポンサー契約を結ぶことを提案している．エヴァン氏にとってどちらの提案が有利か？　2 つの契約を比較する直接的な方法の 1 つは，エヴァン氏がクエンチイット社と契約することで，パワーアップ社との契約，つまり年間 50 万ドルの受け取りを見送ることになるということを理解することである．代替収入源のリスクと利用可能な投資機会を考慮して，エヴァン氏は，資本の機会費用を 10 パーセントと推定している．クエンチイット社と契約する（つまりパワーアップ社の提案を見送る）ことから発生するキャッシュフローを時間軸で表すことができる．

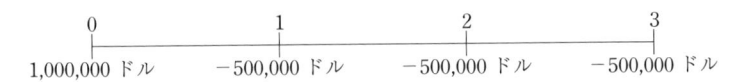

クエンチイット社と契約した場合の NPV は，

$$NPV = 1,000,000 - \frac{500,000}{1+r} - \frac{500,000}{(1+r)^2} - \frac{500,000}{(1+r)^3}$$

NPV をゼロに設定し，r について解けば，IRR が求まる．IRR を求めるには，金融電卓またはスプレッドシートを使用する．

金融電卓の ボタン	N	I/Y	PV	PMT	FV
所与の値	3		1,000,000	−500,000	0
求める解		23.38			
Excel 入力式：=RATE（NPER, PMT, PV, FV）					
=RATE（3, −500000, 1000000, 0）					

IRR23.38 パーセントは資本の機会費用 10 パーセントよりも大きい．よって，IRR 法にしたがえば，エヴァン氏はクエンチイット社と契約すべきである．しかし，NPV 法ではどのような結論になるのであろうか？

$$NPV = 1,000,000 - \frac{500,000}{1.1} - \frac{500,000}{1.1^2} - \frac{500,000}{1.1^3} = -243.426 \text{ドル}$$

　割引率が 10 パーセントのとき，NPV はマイナスになるため，クエンチイット社と契約するとエヴァン氏の富は減少する．したがって，エヴァン氏はクエンチイット社とスポンサー契約を結ぶべきではなく，代わりにパワーアップ社と契約すべきである．

　クエンチイット社との契約に対する NPV プロファイルを作成することでこの矛盾を解決する．図 7.3 は，さまざまな割引率に対する投資機会の NPV をプロットしたものであり，資本コストがいくつであっても，IRR 法と NPV 法は正反対の推奨を与えることを示している．すなわち，NPV がプラスになるのは，資本の機会費用が 23.38 パーセント（IRR）を上回る場合だけである．エヴァン氏は，資本の機会費用が IRR より大きい場合にのみ投資を受け入れるべきであるが，これは IRR 法の推奨とは逆である．

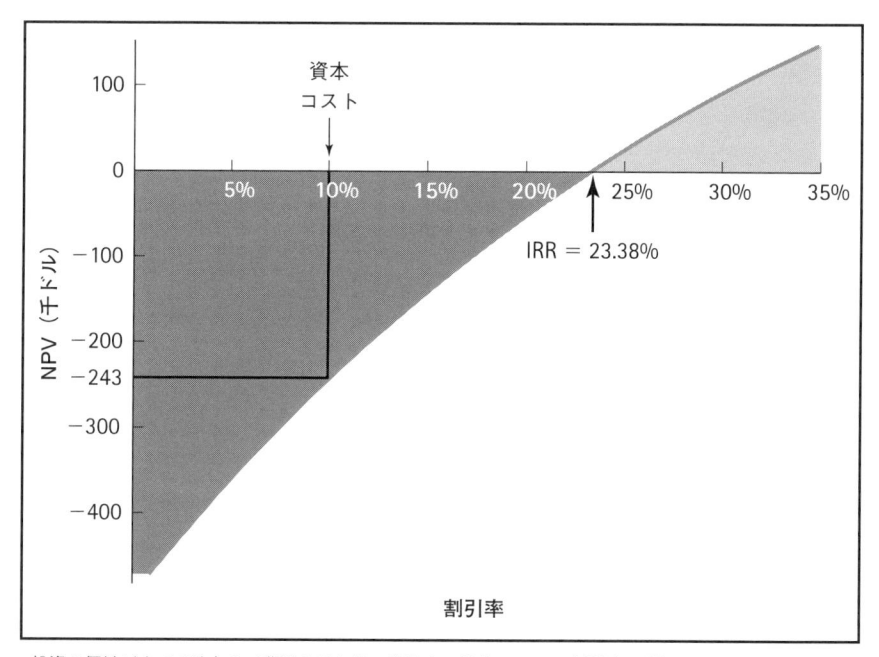

投資の便益がすべて時点 0 で費用よりも前に発生する場合，NPV は割引率の増加関数となる．NPV は，薄いグレーの網掛け部分ではプラス，濃いグレーの網掛け部分ではマイナスとなる．資本コストが IRR である 23.38 パーセントを上回ると NPV はプラスになるため，NPV 法と IRR 法は矛盾することに注意が必要である．

図7.3　エヴァン氏のクエンチイット社との 100 万ドルでの契約の NPV

　図7.3は，今回のようなケースでIRR法を使うことの問題点も示している．ほとんどの投資機会では，最初に費用が発生し，その後にお金を受け取る．今回のケースでは，エヴァン氏はクエンチイット社から今日前払いでお金を受け取るが，パワーアップ社と契約しないことで放棄したキャッシュフローは将来発生する．これは，エヴァン氏はお金を借りた場合と同じようなものであり，お金を借りるときはできるだけ低い利子率を好む．エヴァン氏にとって最適な方法は，借入利子率が資本コストより低い限り，お金を借りることである．

　IRR法が今回のようなケースで正しい答えを出せなかったとしても，IRR自体はNPV法と組み合わせることで有用な情報を提供する．前述したように，IRRは，投資の意思決定が資本コストの推定の不確実性にどの程度敏感であるかについての情報を提供する．このケースでは，資本コストは10パーセントでIRRは23.38パーセントということでその差は大きい．NPVをプラスにしてクエンチイット社を選ぶには，エヴァン氏は資本コストを13.38パーセントも過小評価しなければならなかった．

複数存在するIRR　エヴァン氏はクエンチイット社に，この契約を受け入れる前に，その契約条件をより良いものに見直す必要があると伝えた．これに対して会社は，エヴァン氏の短期的な宣伝効果がもたらす長期的な売上増加に対する繰延支払として，10年後に600,000ドルを追加で支払うことに同意した．エヴァン氏はこの新たな提案を採用すべきであろうか？

　新しい時間軸は以下のようになる．

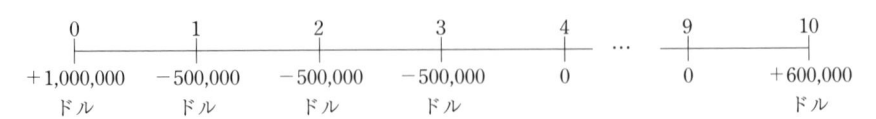

そして，エヴァン氏の新しい投資機会のNPVは次のとおりである．

$$NPV = 1,000,000 - \frac{500,000}{1+r} - \frac{500,000}{(1+r)^2} - \frac{500,000}{(1+r)^3} + \frac{600,000}{(1+r)^{10}}$$

　NPVプロファイルを作成し，ゼロと交差する部分に注目することで，この投資機会のIRRをみつけることができる．図7.4は，さまざま割引率で計算した投資機会のNPVをプロットしたものである．この場合，IRRは2つ，つまり，NPVをゼロにするrの値は2つある．rに5.79パーセントと13.80パーセントのIRRを代入することで，この事実を確認することができる．IRRが複数あるので，意思決定にIRR法を適用することはできない．また，スプレッドシートや金融電卓を使ってIRRを求める場合は，特に注意が必要である．どちらもIRRを直接計算することができないた

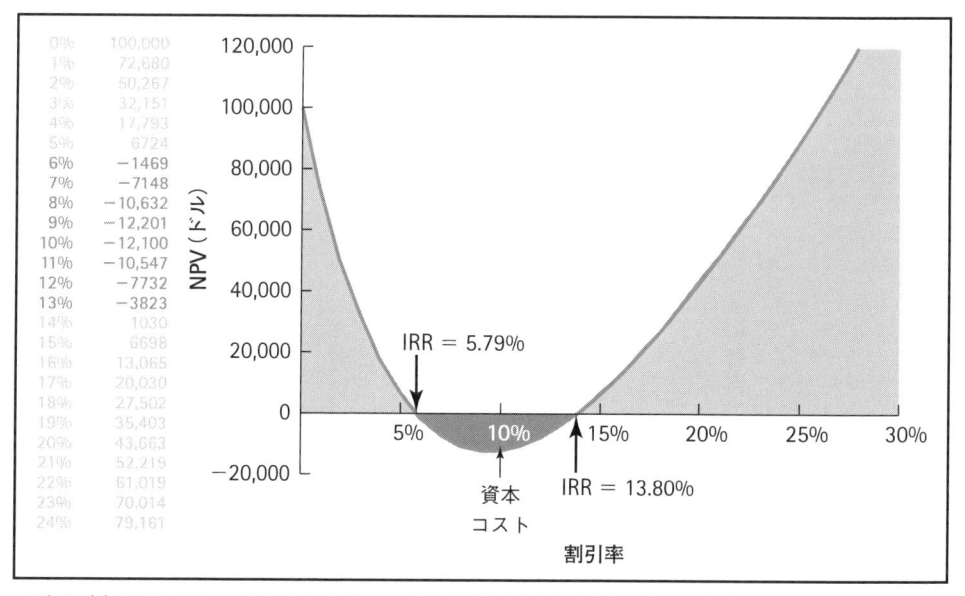

0%	100,000
1%	72,680
2%	50,267
3%	32,151
4%	17,793
5%	6724
6%	−1469
7%	−7148
8%	−10,632
9%	−12,201
10%	−12,100
11%	−10,547
12%	−7732
13%	−3823
14%	1030
15%	6698
16%	13,065
17%	20,030
18%	27,502
19%	35,403
20%	43,663
21%	52,219
22%	61,019
23%	70,014
24%	79,161

パネル（b）のグラフは，パネル（a）のデータから追加繰延支払をともなうエヴァン氏の契約の NPV を描いたものである．この場合，IRR が 2 つあり，IRR 法は無効となる．資本の機会費用が 5.79 パーセントを下回るか，あるいは 13.80 パーセントを上回る場合，両側網掛けで示されるように，NPV はプラスになるため，エヴァン氏は契約を受け入れるべきである．2 つの IRR の間ではすべて NPV がマイナス（10％付近の網掛け部分）となる．

図7.4 繰延支払を加えたエヴァン氏のクエンチイット社との契約の NPV

め，試行錯誤しながら IRR を求める．IRR が複数ある場合，スプレッドシートや電卓は，最初にみつかった IRR だけを算出し，他にも IRR があるかもしれないことは示さない！　一部の金融電卓では，IRR が複数ある場合に，エラーメッセージを返すものもある．このように，NPV プロファイルを作成することは常に有益である．

　比較として NPV 法に目を向ける．資本コストが 5.79 パーセントを下回るか，あるいは 13.80 パーセントを上回る場合，エヴァン氏はその投資機会を採用すべきである．しかし，資本コストが 10 パーセントであることを考えると，依然として採用すべきではない．IRR 法はこのケースで意思決定に失敗したとしても，2 つの IRR は資本コストの推定の境界として有用であることに変わりはない．もし資本コストの推定が間違っていて，実際に 5.79 パーセントを下回っていたり，13.80 パーセントを上回っていたりするなら，NPV がプラスになるので，クエンチイット社の提案を採用しないという意思決定は変更されるであろう．

　IRR が複数存在する場合，IRR 法を簡単に修正することはできない．この例では 2 つの IRR の間で NPV がマイナスになるが，逆になる可能性もある（図7.5 参照）．その場合，プロジェクトの NPV は，IRR を下回る割引率か IRR を上回る割引率ではな

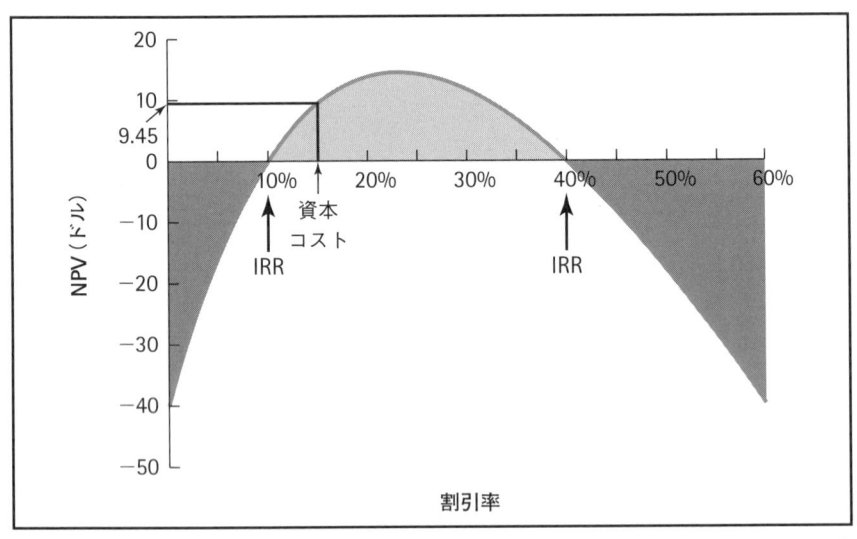

グラフは，0年目に−1,000ドル，1年目に+2,500ドル，2年目−1,540ドルのキャッシュフローが発生する複数IRRをもつプロジェクトのNPVを示している．NPVプロファイルが示すように，このプロジェクトには10パーセントと40パーセントの2つのIRRがある．

図7.5　複数のIRRをもつプロジェクトのNPVプロファイル

く，2つのIRRの間の割引率に対してプラスになる．さらに，IRRが2つ以上存在する場合もある[26]．このような状況では，NPV法に頼るしか選択肢はない．

修正内部収益率

プロジェクトから発生するキャッシュフローに対して複数のIRRが存在する可能性がある事実は，IRR法にとって明らかな欠点である．これを克服するために，IRRを計算する前にキャッシュフローを修正するさまざまな方法が提案されている．これらの修正にはすべて，キャッシュフローをグループ化し，マイナスになるキャッシュフローの発生を時点の最初か最後の1回だけになるようにするという共通の特徴がある．この場合，キャッシュフロー全体で符号が変わるのは1回だけであり，したがってIRRも1つだけになる．この新しいIRRは，プロジェクトの修正キャッシュフローのNPVをゼロにする割引率として計算され，**修正内部収益率**（MIRR；modified internal rate of return）と呼ばれる．

26　一般に，プロジェクトのキャッシュフローが時間の経過とともに符号を変える回数と同じだけのIRRが存在する可能性がある．

MIRR 法　例を使って説明する．あなたは次の 3 つのキャッシュフローをもつプロジェクトを検討している．

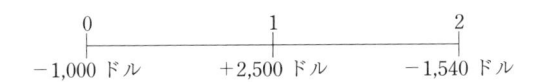

図 7.5 に示されたこのプロジェクトの NPV プロファイルより，このプロジェクトは 10 パーセントと 40 パーセントの 2 つの IRR をもつ．

　このプロジェクトの割引率を 15 パーセントと仮定する．図 7.5 が示すように，15 パーセントでのプロジェクトの NPV は 9.45 ドルである．このプロジェクトのキャッシュフローを修正することで，IRR が複数存在するという問題を解消することができる．まず，すべての負のキャッシュフローを現時点まで割り引き，そしてすべての正のキャッシュフローをプロジェクト終了時点まで複利計算すると，キャッシュフローは 2 つだけになり，IRR は 1 つになる．では割引計算と複利計算にどのような利子率を使うべきか？　このプロジェクトの資本コスト 15 パーセントを使うことは自然な選択肢の 1 つである．

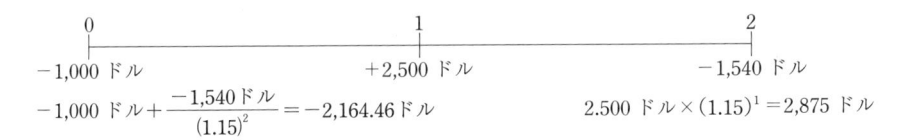

　図 7.6 は，修正されたキャッシュフローの NPV プロファイルを示している．図 7.6 が示すように，IRR は 15.25 パーセントの 1 つのみとなった．資本コストは 15 パーセントなので，IRR 法を用いてプロジェクトを正しく採用することができる．また，キャッシュフローを修正する際に，割引計算と複利計算に対する利子率として 15 パーセントを使うと，修正されたキャッシュフローを 15 パーセントで計算した NPV が，実際のキャッシュフローを 15 パーセントで計算した NPV と同じになるという利点がある．図 7.6 は，もはやプロジェクトの実際のキャッシュフローを評価していないという重要な点も指摘している．その代わりに，IRR が 1 つになるように修正している．プロジェクトの実際のキャッシュフローの NPV プロファイルは，すでに図 7.5 で示したとおりであり，図 7.6 の修正キャッシュフローによって作成されたものとは明らかに異なる．

　プロジェクトのキャッシュフローを修正して MIRR を計算する方法は決まっているわけではない．IRR が複数存在する問題を解決する他の 2 つの方法はそれぞれ次のとおりである．

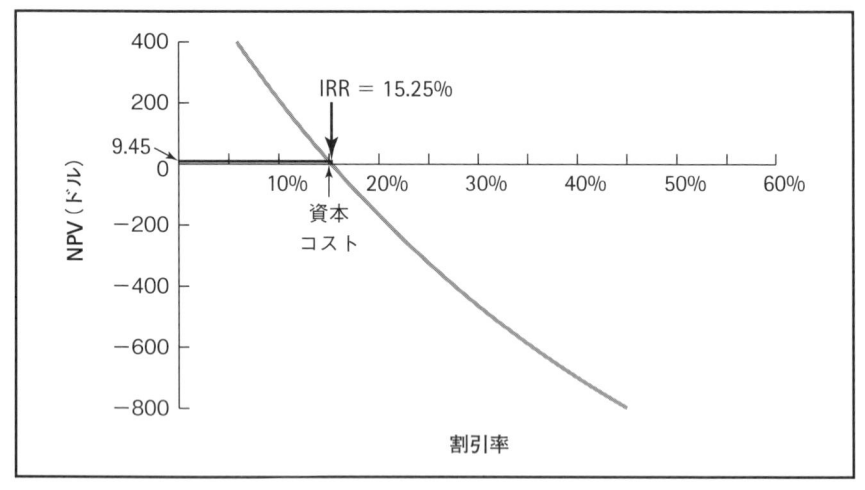

グラフは，図 7.5 のプロジェクトのキャッシュフローについて，0 年目は－2,164.46 ドル，2 年目は 2,875 ドルに修正したときの NPV プロファイルを示している．修正後のキャッシュフローは，IRR が 15.25 パーセントと 1 つだけである．資本コストが 15 パーセントであることを考えると，IRR 法より，このプロジェクトを受け入れるべきであることがわかる．

図 7.6　複数存在する IRR をもつプロジェクト（図 7.5）のキャッシュフローを修正したときの NPV プロファイル

1. すべての負のキャッシュフローを時点 0 に割り引き，正のキャッシュフローはそのままにする．
2. 時点 0 のキャッシュフローはそのままにして，残りのすべてのキャッシュフローをプロジェクトの最終時点まで複利計算する．この方法では，プロジェクトが完了するまで，プロジェクトから発生するすべてのキャッシュフローを複利計算の利子率で再投資することになる．

どちらの場合でも，プロジェクトの資本コストを割引計算と複利計算に使用すれば，その割引率で計算されたプロジェクトの NPV を変えることはない．さらに，修正 IRR にもとづくプロジェクトの採否に関する意思決定は，NPV 意思決定方法にもとづくものと同じになる．

MIRR：追記　MIRR が実際に IRR よりも優れているかどうかについては，かなりの議論がある．それら議論のほとんどは，プロジェクトのキャッシュフローを修正することが賢明なことなのかどうかに集中している．IRR は，まさにプロジェクトの実際のキャッシュフローのみにもとづく内部収益率である．しかし，IRR は，プロジェクトが生み出すすべてのキャッシュフローが，プロジェクトの終了まで，企業の資本コ

ストではなく，プロジェクトの IRR で再投資されることを暗黙の前提としている．IRR が高いプロジェクトの場合，これは非現実的な仮定であるかもしれない．さらに，IRR は複数存在するかもしれず，このことはその使用を複雑にする．MIRR は，これらの問題を回避することはできるが，割引計算と複利計算において選択された利子率を使って一連のキャッシュフローを修正して求められたものである．したがって，実際には MIRR は内部収益率ではなく，もはやプロジェクトの実際のキャッシュフローのみにもとづいて求められたものではない．最後に，MIRR は，プロジェクトを選択する際に IRR を使用することから生じるその他の問題のいくつかをまだ解決していない．これについては次の節で説明する．

7.4　複数のプロジェクトから選択する

　ここまでは，単一の単独型プロジェクトを採用するか，採用しないかのどちらかを選択する意思決定だけを考えてきた．しかし，場合によっては，企業が複数の見込みのあるプロジェクトの中から 1 つのプロジェクトだけを選択しなければならないこともある．たとえば，経営者が新製品のパッケージデザインを評価する場合はどうであろうか．経営者は複数のデザインの中から 1 つだけ選ばなければならない．どれか 1 つのプロジェクトの採用により残りのプロジェクトが選べなくなるとき，わたしたちは**相互排反的プロジェクト**（mutually exclusive projects）に直面していることになる．

　パッケージデザインのように，プロジェクトが相互排反的である場合，どのプロジェクトの NPV がプラスであるかを計算するだけでは不十分である．相互排反的なプロジェクトにおいて，経営者の目標は，プロジェクトをランク付けし，最良のものを選択することである．このような状況では，NPV 法によって簡単に結論を導くことができる．その基準は，「NPV が最も高いプロジェクトを選ぶ」である．

　IRR については，プロジェクトに投資した場合の期待リターンを示す指標であるため，IRR 法を相互排反的プロジェクトに拡張適用して，IRR が最も高いプロジェクトを選びたくなるかもしれない．残念なことに，IRR が大きいという理由だけで，あるプロジェクトを別のプロジェクトに優先して採用すると，間違いにつながる可能性がありうる．相互排反的な投資が，異なる規模をもつ（異なる初期投資を必要とする）ときや，異なるキャッシュフローパターンをもつときに問題が生じる．これらの状況について順に説明する．

規模の違い

　あなたは 1 ドルに対して 200 パーセントのリターンと，100 万ドルに対して 10 パーセントのリターンのどちらを好むか？　前者は確かに印象的に聞こえ，自慢できるよ

うな大きなリターンではあるが，結局たった2ドルしかえられない．後者はとても平凡に聞こえるかもしれないが，結果100,000ドルをえる．この比較は，IRRがリターンであるため，リターンの根拠を知らなければ，実際にどれだけの価値が創造されたかわからないというIRRの重要な欠点を示している．たとえば，10パーセントのIRRといっても，100万ドルの初期投資と1億ドルの初期投資では，価値の意味合いが大きく異なる．

あるプロジェクトのNPVがプラスの場合，その規模を2倍にすれば，NPVも2倍になる．つまり，評価原理によれば，投資機会のキャッシュフローを2倍にすれば，その価値も2倍になる．しかし，IRRにはこの特性がない．IRRは投資の平均リターンを測定するため，投資機会の規模に影響されないのである．したがって，IRR法を使って異なる規模のプロジェクトを比較することはできない．例を使ってこの概念を説明する．

同一の規模 まず，同一の規模をもつ相互排反的な2つのプロジェクトを考えることから始める．マリア氏は2つの投資機会を評価している．もしボーイフレンドと事業を始めるのであれば，10,000ドルを投資する必要があり，その事業は3年間にわたって年間6,000ドルの増分キャッシュフローを生み出す．その代案として，2機の高性能ドローンを使った宅配サービスを始めることもできる．ドローンを準備するのに10,000ドルの費用が発生し，3年間にわたり年間5,000ドルを生み出す．資本の機会費用は両プロジェクトとも12パーセントで，マリア氏はいずれを選択しても自身のすべての時間を必要とするので，どちらかを選択しなければならない．それぞれの機会にはどれだけの価値があり，マリア氏はどちらを採用すべきか？

それぞれのプロジェクトのNPVとIRRの両方を考える．マリア氏のボーイフレンドとの事業への投資に対する時間軸は以下のとおりである．

0	1	2	3
−10,000 ドル	+6,000 ドル	+6,000 ドル	+6,000 ドル

$r=0.12$ のとき，投資機会のNPVは，

$$NPV = -10{,}000 + \frac{6{,}000}{1.12} + \frac{6{,}000}{1.12^2} + \frac{6{,}000}{1.12^3} = 4{,}411 \text{ドル}$$

この投資のIRRは，金融電卓やスプレッドシートを使って求めることができる．

金融電卓の ボタン	N	I / Y	PV	PMT	FV
所与の値	3		−10,000	6,000	0
求める解		36.3			
Excel 入力式：＝RATE（NPER，PMT，PV，FV） ＝RATE（3，6000，−10000，0）					

このように，マリア氏がボーイフレンドの事業に投資した場合の IRR は 36.3 パーセントとなる．

　一方，ドローンによる宅配サービス事業への投資に対する時間軸は以下のとおりである．

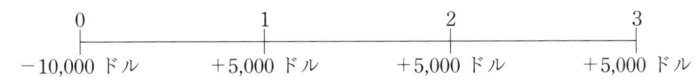

　$r=0.12$ のとき，投資機会の NPV は，

$$NPV = -10{,}000 + \frac{5{,}000}{1.12} + \frac{5{,}000}{1.12^{2}} + \frac{5{,}000}{1.12^{3}} = 2{,}009 \text{ ドル}$$

宅配サービス事業の NPV は 2,009 ドルであり，これはボーイフレンドの事業の NPV である 4,411 ドルよりも低い．幸いなことに，マリア氏は自分のお金と自分の人間関係の選択で悩むことはないようである！

　IRR を比較することもできる．宅配サービス事業の IRR は 23.4 パーセントであり，ボーイフレンドの事業の IRR36.3 パーセントよりも低い．図 7.7 が示すように，この場合，IRR が高いプロジェクトの方が NPV も高い．

規模の変更　プロジェクトの規模を変えたら結果はどうなるか？　マリア氏を指導するファイナンスの教授によると，マリア氏の宅配サービス事業は，自動化の可能性を加味すると，ドローンの数を 5 倍にすることができる．準備費用は 50,000 ドルになり，年間キャッシュフローは 25,000 ドルになる．マリア氏は今何をすべきか？

　すべてのキャッシュフローをスケーリングするので，IRR は規模の変更の影響を受けないことに注意が必要である．

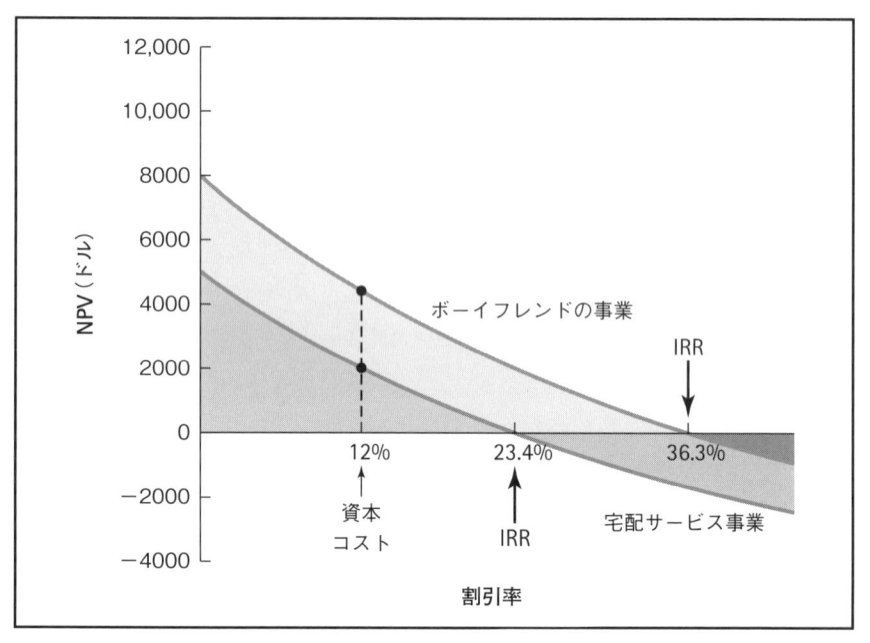

マリア氏のボーイフレンドの事業の NPV は，宅配サービスの NPV よりも常に大きい．IRR についても同様で，マリア氏のボーイフレンドの事業の IRR は 36.3 パーセントであるのに対し，宅配サービスの IRR は 23.4 パーセントである．

図7.7　マリア氏の投資機会（ドローン2機による宅配サービス）の NPV

金融電卓のボタン	N	I / Y	PV	PMT	FV
所与の値	3		−50,000	25,000	0
求める解		23.4			
Excel 入力式：=RATE（NPER, PMT, PV, FV）					
=RATE（3, 25000, −50000, 0）					

このように，ドローン 10 機による宅配サービスは，ドローン 2 機による宅配サービスとまったく同じ IRR である．

　しかし，宅配サービスの NPV は規模が大きくなるほど大きくなる．つまり，5 倍になる．

$$NPV = -50{,}000 + \frac{25{,}000}{1.12} + \frac{25{,}000}{1.12^2} + \frac{25{,}000}{1.12^3} = 10{,}046\,\text{ドル}$$

　よって，今マリア氏がすべきことは，ドローン 10 機による配送サービスに投資す

ることである. 図 7.8 が示すように, 資本コストが 20 パーセントを下回れば, ドローン 10 機による宅配サービスの NPV は, ボーイフレンドとの事業の NPV を上回る. この場合, ボーイフレンドとの事業の IRR が宅配サービスの IRR を上回っているにもかかわらず, IRR の高い投資機会を採用しても, NPV の高い投資機会を採用することにはならない.

パーセントリターンと金銭的価値のプロジェクト評価への影響　この結果は直観に反するように思えるかもしれないし, マリア氏がボーイフレンドに, なぜ一緒に事業をするよりも低いリターンの事業を選ぶのかを説明するのに苦労していることは想像に難くないであろう. なぜ 36.3 パーセントのリターン (IRR) の投資機会を断り, 23.4 パーセントのリターンしかない投資機会を選ぶのであろうか?　答えは, 後者の機会である宅配サービスの方がより多くのお金を生み出すからである. 本節の冒頭の比較を再び取り上げる. 1 ドルで 200 パーセントのリターンと 100 万ドルで 10 パーセントのリターンの比較である. そこで, わたしたちはリターンの順位付けは,

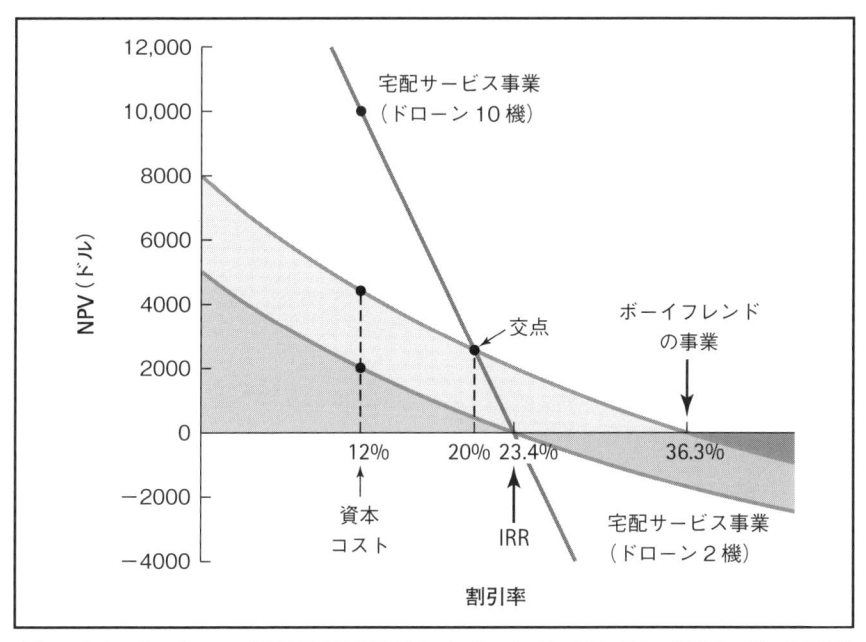

図 7.7 より, ボーイフレンドの事業の IRR は 36.3 パーセントであるのに対し, 宅配サービスの IRR は 23.4 パーセントである. しかし, 今回は, 割引率が 20 パーセントを超える場合のみ, ボーイフレンドの事業の NPV の方がドローン 10 機による宅配サービスの NPV よりも大きくなる.

図 7.8　マリア氏の投資機会 (ドローン 10 機による宅配サービス) の NPV

生み出された金銭的価値の順位付けとは同じではないことに同意した．IRR は平均リターンの指標であり，貴重な情報となる可能性はあるが，異なる規模をもつ相互排反的なプロジェクトを比較する場合は，金銭的価値の影響，つまり NPV を知る必要がある．

キャッシュフローの発生タイミング

たとえプロジェクトの規模が同じであっても，キャッシュフローの発生タイミングが異なるため，IRR を使うとプロジェクトの優先順位を間違えてしまうことがある．その理由は，IRR はリターンとして表されるが，あるリターンを得るための金銭的価値，つまり NPV は，リターンがえられる期間に依存するからである．キャッシュフローがすぐに回収される高 IRR をもつプロジェクトを考えてみる．このプロジェクトは，場合によって，キャッシュフローが長期間にわたって回収される IRR の低いプロジェクトよりも，NPV が低くなる可能性がある．このような回収タイミングに敏感であることも，IRR を使って相互排反的な投資を選択できない理由である．これを例でみるために，マリア氏の宅配サービス事業に話を戻す．

マリア氏は，宅配サービス事業を始めた後，最初の 1 年目の終わりに持ち株を40,000 ドルで売却できると考えている（売却後も事業には関わる）．したがって，最初の年に発生する利益 25,000 ドルを考慮すると，1 年後には合計 65,000 ドルをえることになる．この場合，時間軸は次のようになる．

$$
\begin{array}{cc}
0 & 1 \\
-50,000 \ \text{ドル} & +65,000 \ \text{ドル}
\end{array}
$$

図 7.9 は，マリア氏が宅配サービスを 1 年後に売却した場合と売却しなかった場合の NPV プロファイルをプロットしたものである．事業を売却した場合の NPV プロファイルは 30 パーセントで横軸と交差し，これが IRR となる．事業を売却しない場合の IRR はすでに計算したように 23.4 パーセントである．これより，マリア氏がより高い IRR をもつ事業を採用するのであれば，マリア氏は事業を売却することになる．しかし，図中のそれぞれの線の高さは NPV を示しているので，資本コストを 12パーセントとした場合の NPV は，マリア氏が事業を売却しないことを選択した方が高いことがわかる（実際，資本コストが 16.3 パーセントを下回るときは NPV が高くなる）．直観的には次のように解釈できる．売却による 30 パーセントの IRR は高いが，このリターンは最初の 1 年でしかえられない．一方，売却しないことによる 23.4パーセントの IRR はそれほど高くないものの，資本コストと比べれば魅力的であることには変わりなく，マリア氏はより長い期間にわたって継続的にそれをえることができる．繰り返しになるが，NPV を比較することによってのみ，どちらの選択肢が

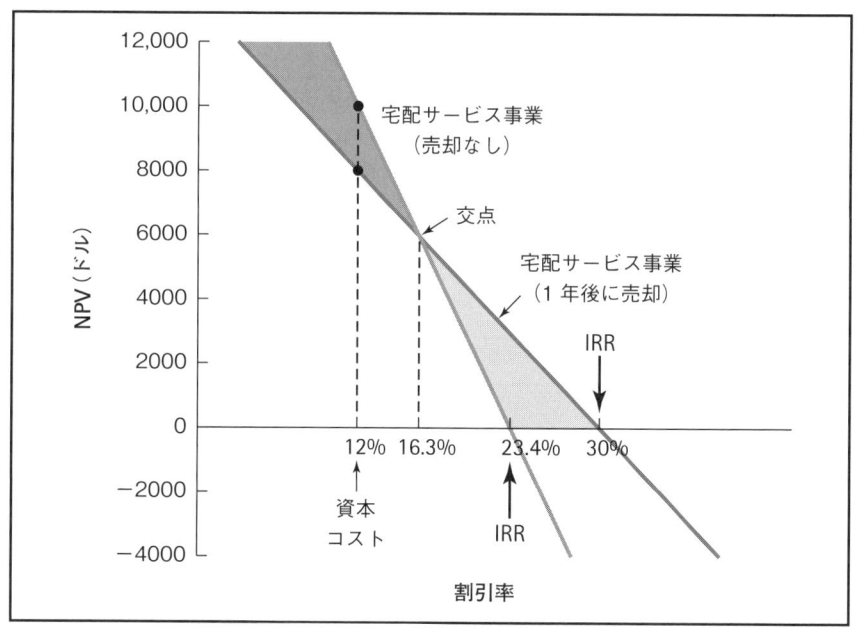

1 年後に売却した場合の IRR（30 パーセント）は，売却しない場合の IRR（23.4 パーセント）よりも大きい．しかし，割引率が 16.3 パーセントを上回る場合のみ，1 年後に売却した場合の NPV が売却しない場合の NPV を上回る（図中の■の網掛け部分と■の網掛け部分に注目）．したがって，資本コストが 12 パーセントであることを考えると，IRR が高いにもかかわらず，1 年後に宅配サービスを売却しない方がよいことになる．

図 7.9　売却する場合の NPV と売却しない場合の NPV

本当により価値があるのかを判断することができる．

IRR についての結論　これらの例から明らかなように，IRR が最も大きな投資機会を選ぶと，誤った意思決定をしてしまう可能性がある．一般に，複数のプロジェクトからの選択，つまりあるプロジェクトの採否が他のプロジェクトの意思決定に影響を与えるような場合に IRR を使うのは危険である．このような状況では，常に NPV に頼るべきである．

7.5　異なる期間のプロジェクトを評価する

　会社はしばしば 1 つの問題に対して 2 つの解決策のどちらかを選択することを求められる．複雑なのは，2 つの解決策が異なる期間をもつ場合である．たとえば，ある企業が社内ネットワークサーバー用に 2 つのベンダーを検討しているとする．各ベン

ダーは同じ水準のサービスを提供しているが，使用する機器が異なっている．ベンダーＡは，より高価なサーバーを提供しているが，年間運営費用はより低く，3年間保証されている．ベンダーＢは，より安価なサーバーを提供しているが，年間運営費用は高く，2年間しか保証されていない．表7.2は，各ベンダーの初期費用とその後発生する運営費用，そしてこれらキャッシュフローをこのプロジェクトの資本コスト10パーセントで割り引いた現在価値を示している．

表7.2 ネットワークサーバーのキャッシュフロー（ドル）

年	PV（10パーセント）	0	1	2	3
A	−12,487	−10,000	−1,000	−1,000	−1,000
B	−10,471	−7,000	−2,000	−2,000	

すべてのキャッシュフローがマイナスであり，現在価値もマイナスであることに注意が必要である．ここでの意思決定は，社内サーバーの選択問題であり，このプロジェクトは必ず実施され，その便益は社内に広がる（社内ネットワークがなければ会社は効果的に機能しない）．したがって，ここでは，会社がこのサービスを提供するための費用の最小化を目的とする．表7.2をみると，現在価値基準ではサーバーＡの費用の方が高い（−12,487ドル対−10,471ドル）．しかし，比較はそれほど単純ではない．なぜなら，サーバーＡの保証は3年間であるのに対し，サーバーＢの保証は2年間である．よって，サーバーＡの契約を1年延長するために2,016ドルを追加で支払う価値があるかどうかが判断のわかれ目となる．このような期間が異なる選択肢を評価するために使われる方法の1つは，各プロジェクトの**等価年あたり年金（EAA；equivalent annual annuity）**を計算することである．これは，プロジェクトのキャッシュフローと同じ現在価値をもつ平準化された年あたりキャッシュフローである．直観的には，各サーバーに支払う費用を，時間に対して一定でないサーバーの購入費と運営費の現在価値と同じ現在価値となるような一定の年間費用と考えればよい．時間軸上では，等価年あたり年金のキャッシュフローは以下のようになる．

一定の間隔で平準化されたキャッシュフローが発生する場合，それは年金を扱っていることになり，まさにこの問題を解く手がかりとなる．現在価値（−12,487ドル），期間（3年），割引率（10パーセント）はわかっているので，等価年金のキャッシュフローを求める必要がある．第3章でみたように，年金のキャッシュフローを求める公式（3.9）式より，

$$\text{キャッシュフロー} = \cfrac{\text{現在価値}}{\cfrac{1}{r}\left(1-\cfrac{1}{(1+r)^N}\right)} = \cfrac{-12{,}487}{\cfrac{1}{0.10}\left(1-\cfrac{1}{(1.10)^3}\right)} = -5{,}021$$

つまり，サーバー A を選択するということは，そのネットワークサーバーを所有し，維持するために年間 5,021 ドルを費やすことと同じである．サーバー B についても同じ計算を繰り返すことができるが，保証期間が 2 年しかないため，年金の期間を 2 年とすることに注意が必要である．

$$\text{キャッシュフロー} = \cfrac{\text{現在価値}}{\cfrac{1}{r}\left(1-\cfrac{1}{(1+r)^N}\right)} = \cfrac{-10{,}471}{\cfrac{1}{0.10}\left(1-\cfrac{1}{(1.10)^2}\right)} = -6{,}033$$

これらより，表 7.3 は各選択肢の費用を再解釈した結果を示している．

表7.3　EAA で表したネットワークサーバーオプションのキャッシュフロー（ドル）

年	PV（10 パーセント）	0	1	2	3
A	−12,487	0	−5,021	−5,021	−5,021
B	−10,471	0	−6,033	−6,033	

これで，2 つのサーバーから選択する準備ができた．会社はネットワークサーバーを所有するために，サーバー A には年間 5,021 ドル，サーバー B には年間 6,033 ドル支出することに相当する．このように考えると，サーバー A の方が安価のようである．

等価年あたり年金を使用する際の重要な考慮事項

サーバー A は最も低費用の選択肢のようにみえるが，意思決定する前に考慮すべき点がいくつかある．

必要な期間　これまでサーバー A を 3 年間使用すると仮定して，等価年あたり費用を計算した．しかし，ここで，3 年目にサーバーが不要になる可能性が高いと仮定する．そうなると，使わないものにお金を支払うことになる．その場合，必要な年数を保証してくれるサーバー B を購入した方が，総費用を低く抑えられるかもしれない[27]．

27　この場合，サーバー A を 2 年後に売却したときの残存価値も考慮する必要がある．

交換費用　2つのサーバーを等価年あたり費用で比較するということは，サーバーの費用は時間とともに変化しないと仮定している．しかし，劇的な技術革新により，3年後までにはサーバーの費用が年間2,000ドルまで下がると考えたとする．そうすると，サーバーBは，より早く新しい製品に更新することができるという利点がある．この場合，2つのサーバーの3年間の費用は次のように表すことができる.

年	PV（10 パーセント）	0	1	2	3
A	−12,487	0	−5,021	−5,021	−5,021
B	−11.974	0	−6,033	−6,033	−2,000

したがって，費用や性能が時間とともに大きく変化することが予想される場合は，等価年あたり費用は高くなるものの，より早く新しい製品に更新することができるため，両サーバーを同じ3年間でみれば，サーバーBを購入した方がお得になる可能性がある.

7.6　資源が限られているときに複数のプロジェクトから選択する

前節では，同じ資源を必要とするプロジェクトを比較した．たとえば，マリア氏のケースでは，宅配サービスとボーイフレンドの事業の両方に彼女のすべての時間を使う必要がある仮定した．本節では，選択肢の資源に対する需要が異なる場合の評価方法を構築する.

異なる資源を必要としているプロジェクトを評価する

状況によっては，異なる投資機会がある特定の資源について異なる量を必要とすることがある．その資源の供給が一定であるため，それら投資機会はすべて実施可能であるがそれらすべてを引き受けることができない場合は，単純にNPVの最も高い機会を選んでも，最良の意思決定にはならないかもしれない.

わたしたちは通常，NPVがプラスのプロジェクトを実行するための資金をすべて調達できると仮定している．現実には，経営者はある期間に投資できる資本金を制限するような予算制約にしたがって意思決定している．このような制約により，経営者は予算の範囲内でNPVの合計を最大化するために，NPVがプラスのプロジェクトの中から選択しなければならなくなる．たとえば，あなたは表7.4の3つのプロジェクトを検討しており，予算が200百万ドルあると仮定する．表7.4は，各プロジェクトのNPVと，各プロジェクトが必要とする初期投資額を示している．プロジェクトAのNPVが最も高いが，予算全体を使い切ってしまう．プロジェクトBとCはどちら

も実施可能であり（両者を合わせると予算全体を使い切る），それらプロジェクトの NPV の合計はプロジェクト A の NPV を上回る．したがって，あなたはプロジェクト B と C の両方を実行すべきである．プロジェクト A 単独の NPV が 100 百万ドルであるのに対し，プロジェクト B と C を合わせた NPV は 145 百万ドルである．

表7.4　2億ドルの予算で可能なプロジェクト

プロジェクト	NPV（百万ドル）	初期投資（百万ドル）	NPV/ 初期投資
A	100	200	0.500
B	75	120	0.625
C	70	80	0.875

収益性指数　注目すべきは，表 7.4 の最後の列にあるプロジェクトの NPV と初期投資額の比である．これは，プロジェクト A に 1 ドル投資するごとに，50 セントの価値が生み出されると解釈できる[28]．プロジェクト B と C はどちらも，プロジェクト A よりも投資額 1 ドルあたり NPV が高くなっている．これは，予算が 200 百万ドルであれば，プロジェクト B と C を合わせると，プロジェクト A 単独よりも高い NPV がえられるという事実と一致している．

　この単純な例では，実行すべきプロジェクトの最適な組み合わせを特定するのは簡単である．実際の状況では，多くのプロジェクトと資源が存在し，最適な組み合わせをみつけることは難しい．このような中，実務家は，最適なプロジェクトの組み合わせを特定するために，**収益性指数**（PI；profitability Index）を用いることが多い．

収益性指数

$$収益性指数 = \frac{創出された価値}{消費された資源} = \frac{NPV}{消費された資源} \tag{7.4}$$

　収益性指数は，「投資に見合った価値」を測定する．つまり，消費された資源 1 単位あたりの NPV という観点でつくられた指標である．収益性指数を計算したら，それをもとにプロジェクトを順位付けする．最も高い指数をもつプロジェクトを 1 位として，資源が消費されるまですべてのプロジェクトを対象に，順位を下げていく．表 7.4 においては，最後の列の比率が収益性指数である．収益性指数にもとづく選択方法にしたがうと，プロジェクト B と C が正しく選択される．

28　実務家は，この比率に 1 を加え，1 ドル投資するごとに 1.50 ドルが返ってくると解釈することがある．例 7.3 で示すように，この比率を予算以外の資源にも適用することができる．

138

例7.3　人的資源の制約を使った収益性指数

問題

　大手ネットワーク会社であるネットイット社であなたが所属している部署は，新しい家庭用ネットワークルーターを開発するためのプロジェクト案をまとめた．このプロジェクトの予想NPVは17.7百万ドルで，50人のソフトウェア開発エンジニアが必要となる．ネットイット社には190人のエンジニアがいるが，短期的に有能なエンジニアを追加で採用することはできない．したがって，このルータープロジェクトは，これらのエンジニアをめぐって以下の他のプロジェクトと競合しなければならない．

プロジェクト	NPV（百万ドル）	エンジニアの数（EHC）
ルーター	17.7	50
プロジェクトA	22.7	47
プロジェクトB	8.1	44
プロジェクトC	14.0	40
プロジェクトD	11.5	61
プロジェクトE	20.6	58
プロジェクトF	12.9	32
合計	107.5	332

　ネットイット社は，これらのプロジェクトにどのような優先順位をつけるべきか？

解答

考え方：目標は，最大190人のエンジニアで生み出すことができるNPVの合計を最大化することである．(7.4) 式を使って，各プロジェクトの収益性指数を求めることができる．この場合，エンジニアは限られた資源であるため，分母にはエンジニアの数を使用する．各プロジェクトの収益性指数が求まったら，その指数に基づいてプロジェクトを並べ替えることができる．

実行：

プロジェクト	NPV（百万ドル）	エンジニアの数（EHC）	収益性指標（EHCあたりNPV）	必要となるEHCの累積数
プロジェクトA	22.7	47	0.483	47
プロジェクトF	12.9	32	0.403	79（47＋32）
プロジェクトE	20.6	58	0.355	137（79＋58）
ルーター	17.7	50	0.354	187（137＋50）
プロジェクトC	14.0	40	0.350	
プロジェクトD	11.5	61	0.189	
プロジェクトB	8.1	44	0.184	

上表のように，収益性指数にしたがって，降順に資源をプロジェクトに割り当てた．最後の列は，資源を使い切るまで各プロジェクトを採用したときの資源の累積使用数を示している．190人のエンジニアという制約の中でNPVを最大化するためには，ネットイット社はリストの最初の4つのプロジェクトを選ぶべきである．

評価：エンジニア1人あたりのNPVでプロジェクトをランク付けすることで，エンジニアが190人であるという条件の下，最も多くの価値を生み出すことができるプロジェクトをみつけることができる．今以上にエンジニアを増やすことなく，より多くの価値を生み出すプロジェクトの組み合わせは他にない．また，このランク付けから，エンジニアの制約によってどれだけの費用がかかるのかについても正確に把握できる．つまり，この資源の制約により，ネットイット社は，本来であれば価値のある3つのプロジェクト（C，D，B）を放棄せざるをえなくなり，合計33.6百万ドルのNPVになる．

収益性指数の欠点　収益性指標は計算も使い方も簡単であるが，状況によっては正確な答えがえられないことがある．たとえば，例7.3において，ネットイット社は，3人のエンジニアを必要とするNPVがわずか100,000ドルしかない小規模プロジェクトを追加したとする．この場合の収益性指数は0.1/3＝0.03なので，このプロジェクトは最下位の順位に表示される．しかし，注意すべきは，最初の4つのプロジェクトが選ばれた後，190人の従業員のうち3人が使われていない．その結果，この追加されたプロジェクトは，たとえ順位が最下位であっても，制約条件を完全に使い切ることになるので，このプロジェクトを引き受けることは理にかなっていることになる．

　一般に，収益性指数には（NPVを計算する段階で）すでに資本コストが含まれているため，企業が制約を緩和するために追加の資金調達ができれば，それに越したことはない．制約が他の何か（たとえば，技術者や物理的能力）である場合，プロジェクトの中から選択しなければなららい状況を避けるために，かけられている制約を素早く緩和する方法はないかもしれない．それにもかかわらず，順位付けされたプロジェクトはすべて価値を増加させるプラスのNPVをもつプロジェクトであるため，やはり制約を緩和することに集中した方がよい．

　複数の資源に制約が適用されると，より深刻な問題が発生する．この場合，採算性指数を使った選択は完全に破綻する可能性がある．プロジェクトの最適な組み合わせをみつける唯一の確実な方法は，すべてのプロジェクトを念入りに調べることである．この方法は非常に時間がかかるように思われるかもしれないが，この特定の種類の問題に対処できるより高度な手法がある[29]．コンピューターでこれらの手法を使え

29　具体的には，満たすべき制約条件が複数ある場合に，NPVが最も高くなる組み合わせをみつけるために「整数計画法」や「線形計画法」と呼ばれる手法が使われる．これらの手法は，たとえば多くのスプレッドシートプログラムで利用可能である．

ば，通常はほとんど瞬時に解をえられる．

7.7 すべてをまとめて考える

　表 7.5 は，本章で概説した意思決定方法をまとめている．財務管理者になると，キャリアの中でさまざまな種類の投資意思決定方法に遭遇する可能性がある．実際，クアルコム社（QUALCOMM）の財務担当者は，投資を評価する際に自社が使用する5つの異なる意思決定方法について言及している．わたしたちは，代替的な意思決定方法の結論が NPV 意思決定方法の結論と一致することはありうる（あるいは一致することが多い）が，NPV 意思決定方法だけが常に正しい結論を導くことを示してきた．なぜなら，NPV は，プロジェクトが株主の富に与える影響を金銭的価値に換算したものだからである．したがって，NPV は，株主の富を最大化するという目標に直接結びつく唯一の方法である．IRR を計算すると，割引率の誤差に対して意思決定がどの程度敏感であるかを測定することができるため，IRR の計算は NPV を補完するという点で役に立つ．また，回収期間法のように，より簡単に計算できる意思決定方法もある．しかし，投資の意思決定行う際に，決して代替方法に頼るべきではない．

　もしあなたが IRR 法（または別の方法）のみ使っている会社に勤務しているのであれば，常に NPV を計算すべきであるというのがわたしたちからの助言である．2つの方法の結論が一致していれば，IRR 法の推奨を安心して報告できる．両者の結論が一致しない場合は，本章の概念を用いて IRR 法がなぜ失敗したかを調査すべきである．問題を特定したら，上司にそのことを注意喚起し，NPV 法を採用するよう説得することができる．

表7.5　意思決定方法の概要

NPV 法	
定義	・投資の便益の現在価値とその費用の現在価値の差額
基準	・NPV がプラスのプロジェクトを採用し，マイナスのプロジェクトは不採用とする
利点	・プロジェクトが企業価値に与える影響に直接対応する
	・評価原理を直接適用する
欠点	・割引率の正確な推定に依存する
	・計算に時間がかかることがある
IRR 法	
定義	・キャッシュフローの NPV をゼロにする利子率，投資の平均リターン
基準	・IRR が資本の機会費用を上回るプロジェクトを採用し，下回るプロジェクトは不採用とする
利点	・NPV 法と関連し，通常は同じ（正しい）意思決定を行う
欠点	・計算が難しい
	・複数の IRR が存在すると曖昧になる
	・プロジェクト間の選択に使えない
	・資金流入が資金流出より先の場合，誤解を招く可能性がある
回収期間法	
定義	・初期投資の回収にかかる時間
基準	・投資回収期間があらかじめ設定した期間（通常は数年）を下回ればプロジェクトを採用し，上回ればプロジェクトを不採用とする
利点	・計算が簡単である
	・短期投資を好む
欠点	・適切な回収期間の目安がない
	・回収期間後のキャッシュフローは完全に無視される
	・株主の富の最大化とは必ずしも一致しない
収益性指数法	
定義	・NPV/ 消費された資源
基準	・制約された資源にもとづき，PI にしたがってプロジェクト順位付けし，資源が枯渇するまで価値を生み出すプロジェクトを採用しながら順位を下げていく
利点	・NPV を使って便益を測定する
	・消費資源 1 単位あたりの創出価値でプロジェクトを順位付けできる
欠点	・制約が複数ある場合に破綻する
	・制約のある資源が完全に利用されることに細心の注意が必要である

第8章

資本予算の基礎

8.1 資本予算の策定過程

　さまざまな投資機会を分析する最初のステップは，見込みのあるプロジェクトのリストを作成することである．**資本予算**（capital budget）は，企業が来期より実施することを計画しているプロジェクトや投資のリストを作成する．そのために，企業はプロジェクトや投資機会を分析し，**資本予算計画**（caiptal budgeting）と呼ばれるプロセスをとおして，どのプロジェクトを採用するのかを決定する．このプロセスは，各プロジェクトが企業にとって将来どのような結果をもたらすかを予測することから始まる．これらの結果は，企業の収益に影響を与えるものもあれば，費用に影響を与えるものもある．最終的な目標は，プロジェクトの採否についての意思決定が企業のキャッシュフローにどのような影響を与えるのかを測定し，そのキャッシュフローのNPVを評価することである．図 8.1 は，典型的なプロジェクトにみられるキャッシュフローの種類を示している．資本予算の議論を進めながら，それぞれのキャッシュフローを検証していく．

　もちろん，たいていの場合，これらのキャッシュフローを予測するのは難しい．そこで，社内のさまざまな専門家に推定を依頼する必要がある．たとえば，マーケティング部門は売上予測を提供し，オペレーション管理者は生産費用に関する情報を提供し，エンジニアはプロジェクト開始に必要な先行研究開発費の見積書を作成する．さらに，自社の過去のプロジェクトや同業他社のプロジェクトを調べることも重要な情報となる．特に，実務家は，しばしば自社や競合他社の過去の財務諸表からえられる利益や費用に関する情報を使って，プロジェクトの利益や費用を評価する．

　キャッシュフローの推定ができたら，それらをどのように整理すればよいのだろうか？　一般的な出発点の 1 つは，プロジェクトが企業の利益に与える影響を検討することである．したがって，第 2 節では，投資の意思決定の結果，企業の利益がどの程度変化すると予想されるかを表すプロジェクトの**増分利益**（incremental earnings）を計算することから分析を始めることにする．増分利益の予測は，会計学の視点で意思

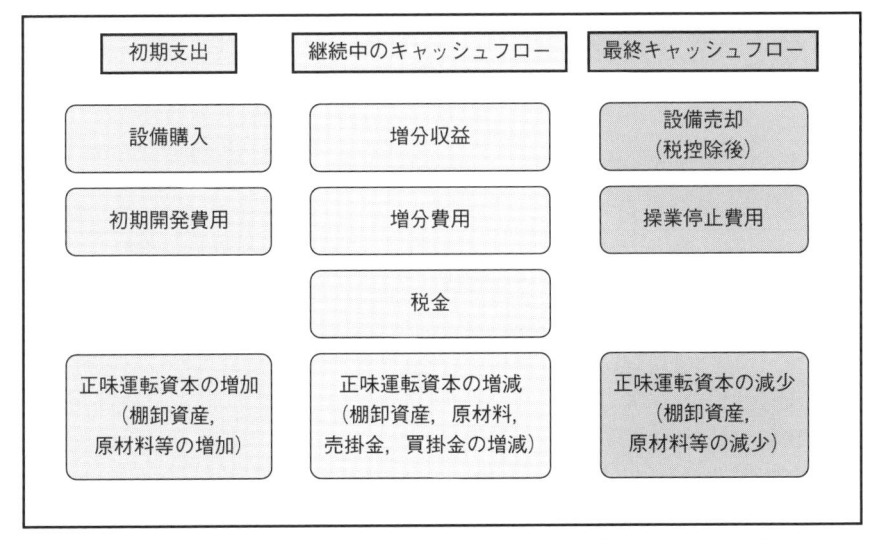

この図は，プロジェクト分析における典型的なキャッシュフローとその発生時点を示している．

図 8.1　典型的なプロジェクトのキャッシュフロー

決定が企業の報告された利益にどのような影響を与えるかを示す．しかし，「利益は実際のキャッシュフローではない」．NPV を計算するためにプロジェクトのキャッシュフローを推定し，それが企業にとって良いプロジェクトであるかどうかを判断する必要がある．そこで，第 3 節では，増分利益を使ってプロジェクトの実際のキャッシュフローを予測する方法を示す．投資からえられる利益への影響にもとづいてそのキャッシュフローへの影響をどのように計算するかを理解することは重要であり，それにはいくつかの理由がある．第 1 に，実際問題として，財務管理者はたいてい最初に利益を予測する．第 2 に，過去のデータを調べる場合，たいてい会計情報だけは容易に入手できる．

8.2　増分利益を予測する

まずは，本節をとおして検討する簡単な例を使って増分利益の説明から始める．あなたは，製造工場の生産性向上のため新しい設備を購入するかどうかを検討していると仮定する．設備の購入費用は 1,000,000 ドルで，その輸送と設置にさらに 20,000 ドルかかる．また，生産性向上に向けた工場再設計のエンジニアリング費用として 50,000 ドルを支出する．この意思決定による当初の利益への影響はどのようなものか？

営業費用と資本支出の比較

ほとんどのプロジェクトでは，何らかの先行投資が必要である．たとえば，マーケティング調査の実施，プロトタイプの開発，広告キャンペーンの開始があげられる．この種の費用は，発生した年に営業費用として計上される．ただし，多くのプロジェクトには，工場，不動産，設備への投資も含まれ，これらは「資本支出」と呼ばれる．工場，不動産，設備への投資は現金支出であるが，利益を計算するときに費用として直接記載されるわけではない．代わりに，企業はこれらの項目の費用の一部を減価償却費として毎年差し引く．財務管理者は，減価償却費を計算するためにいくつかの異なる方法を使用する．最も単純な方法は**定額減価償却法**（straight-line depreciation）で，資産の費用を減価償却期間にわたって均等に分割する（ボーナス減価償却を含む他の方法については，第4節で説明する）．

この例では，生産性を向上するという意思決定に伴う初期費用は，企業の利益に2つの明確な影響を与える．まず，工場の再設計に費やされた50,000ドルは，0年目に報告される営業費用である．設備の購入・運搬・設置に費やされた1,020,000ドルについては，会計原則と税法より，設備の減価償却期間にわたって1,020,000ドルを減価償却する必要がある．ここでは設備の減価償却期間が5年で，定額法を使用すると仮定すると，5年間で年間1,020,000/5＝204,000ドルの費用がかかる（この会計処理の目的は，設備の取得費用を，設備が生み出す収益の発生時点に合わせることである）．

1	年	0	1	2	3	4	5
2	営業費用（工場再設計）（千ドル）	−50					
3	減価償却費（新設備）（千ドル）		−204	−204	−204	−204	−204

時間軸（金額の単位は千ドル）が示すように，設備を購入・運搬・設置するための1,020,000ドルの前払いの現金流出は，0年目には費用として認識されない．代わりに，1年目から5年目にわたって減価償却費として現れる．これらの「減価償却費は実際には現金の流出を伴っていない」ことに注意が必要である．資本支出に対するこの会計および税務処理は，利益がキャッシュフローを正確に表していない主な理由の1つである．この問題については，第3節で再度取り上げる[30]．

---

30 読者によっては，財務報告では，資産は残存価値まで減価償却する必要があるということに気付くかもしれない．税務上，残存価値は常にゼロとして扱われるため，これが資本予算計画に適した方法である．

増分収益と増分費用の予測

　次のステップは，プロジェクト継続中の収益と費用を推定することである．将来の収益と費用を予測するのは困難である．最も成功している実務家は，この任務に取り組む前にできるだけ多くの情報を収集する．マーケティング部門や営業部門のメンバー，さらに会社のエコノミストと話し合って売上の推定を練り上げ，一方で，エンジニアリング部門や生産部門のメンバーと話し合って費用の推定を精緻化する．

　プロジェクトの収益と費用を推定する際には，次のようないくつかの要素を考慮する必要がある．

1. 顧客は新製品を徐々に認知するので，通常は当初の売上が低い．その後，売上は増加し，次第に横ばいとなり，最終的に，製品が旧式になったり，競争が激化したりするので，売上は減少する．
2. 製品の平均販売価格と生産費用は，通常，時間の経過とともに変化する．価格と費用は，一般的なインフレ率とともに上昇する傾向がある．しかし，テクノロジー製品については，技術革新が進み，生産費用が下がるにつれて，時間の経過とともにしばしば価格が低下する．
3. ほとんどの業界では，競争により時間の経過とともに利益率が下がる傾向にある．

ここでは，これらの予測が増分利益やキャッシュフローにどのように結びつくのかに焦点を当てる．

　すべての収益と費用の推定は増分でなければならない．つまり，プロジェクトから発生する追加の売上と費用のみを考える．たとえば，より高速な製造機械の購入を評価する場合，わたしたちが考慮するのは，製品をいくつ追加で（そしていくらで）販売できるか，および新しい機械によって発生する追加費用だけである．総売上高と総費用は予測しない．それらには古い機械を使って生産した分も含まれているからである．「増分収益と増分費用に焦点を当てる理由として忘れてはならないのは，プロジェクトによって会社のキャッシュフローがどのように変化するかを評価しているということである」．

　製造工場の例に戻る．設備を購入・運搬・設置し，工場を再設計した後，生産性向上によって 5 年間で年間 500,000 ドルの増分利益を生み出すことができると仮定する．これらの増分収益をえるためには，年間 150,000 ドルの増分費用がかかる．その場合，プロジェクトの収益，費用，減価償却費の推定金額は次のようになる（金額の単位は千ドル）．

1	年	0	1	2	3	4	5
2	増分収益（千ドル）		500	500	500	500	500
3	増分費用（千ドル）	−50	−150	−150	−150	−150	−150
4	減価償却費（千ドル）		−204	−204	−204	−204	−204

　これらの推定値をえたので，これでプロジェクトが企業の利益に与える影響を計算する準備が整ったことになる．次に，減価償却費と実際の製造費用（たとえば売上原価）の両方を収益から差し引く必要がある．

$$利子税引前利益(EBIT)＝増分収益−増分費用−減価償却費 \qquad (8.1)$$

税金

　最終的に求めなければならない費用は法人税である．正しい適用税率は，企業の**限界法人税率**（maarginal corporate tax rate）である．これは，税引前利益の増分 1 ドルに対して企業が支払う税率である．増分法人税は次のように計算される．

$$法人税＝EBIT×企業の限界法人税率 \qquad (8.2)$$

増分利益の予測

　以上の説明で，増分利益を予測するための準備は整った．あなたの企業の限界税率は 20 パーセントで，企業全体として 0 年目に少なくとも 50,000 ドルの利益があり，その年の増分費用を相殺できると仮定する（税金とマイナスの EBIT についてはこのあと説明する）．よって，増分利益（あるいは純利益）は以下のようになる[31]（金額の単位は千ドル）．

1	年	0	1	2	3	4	5
2	増分収益（千ドル）		500	500	500	500	500
3	増分費用（千ドル）	−50	−150	−150	−150	−150	−150
4	減価償却費（千ドル）		−204	−204	−204	−204	−204
5	EBIT（千ドル）	−50	146	146	146	146	146
6	法人税（千ドル）（20 パーセント）	10	−29.2	−29.2	−29.2	−29.2	−29.2
7	**増分利益**（千ドル）	**−40**	**116.8**	**116.8**	**116.8**	**116.8**	**116.8**

31　収益と費用は年間をとおして発生するが，ここで採用している標準的な慣例では，各年を時間軸の"点"として考えるため，発生した各年に収益と費用を記載する（すなわち，たとえば 0 年とは時点 0 のことである）．したがって，1 年の終わりに発生したキャッシュフローと，その翌年の初めに発生したキャッシュフローは，たとえ数週間しか離れていないとしても，別の時点に記載されることになる．さらに高い精度を求めるときは，しばしばキャッシュフローを四半期や月次で推定する．

（8.1）式と（8.2）式を組み合わせることで，増分利益を直接計算することができる．たとえば，1 年目から 5 年目までについては以下のようになる．

$$増分利益＝（増分収益－増分費用－減価償却費）×（1－税率）$$
$$＝（500,000－150,000－204,000）×（1－0.2）＝116,800 \qquad (8.3)$$

例 8.1　増分利益

問題

シスコシステムズ社（Cisco Systems）のルーター部門の責任者が，インターネット接続を経由して家全体を管理するのに必要なハードウェアとソフトウェアの両方を提供するホームネットと呼ばれる無線の家庭用ネットワーク家電製品の開発を検討していると仮定する．ホームネットは，コンピューターやスマートフォンを接続するだけでなく，インターネット対応のテレビ，ストリーミングビデオサービス，冷暖房機器，主要家電製品，セキュリティシステム，オフィス機器などを制御する．ホームネットの主な競合は，ブラント・キグリー社が開発中の製品である．

広範囲にわたるマーケティング調査にもとづき，ホームネットの販売予測は年間 50,000 台である．技術革新のペースを考慮すると，シスコ社は，製品の寿命が 4 年，卸売価格が 260 ドル（シスコ社が店舗から受け取る価格）と予想している．実際の生産は，1 台あたり 110 ドルの費用（梱包費を含む）で外部委託される．

新しい消費者向けインターネット対応家電製品が発売された場合，ホームネットシステムとの互換性を検証するため，シスコ社はテスト用の実験室も新設する必要がある．シスコ社は実験室の場所を借りることにするが，750 万ドル相当の新しい機器を購入する必要がある．設備は耐用年数 5 年の定額法で減価償却される．シスコ社の限界税率は 20 パーセントである．

実験室が稼働するのは 1 年後である．その時点でホームネットは出荷準備が整っている予定である．シスコ社は，実験室の場所の賃料，およびこの製品のマーケティングとサポートに年間 280 万ドルの費用がかかると予想している．ホームネットプロジェクトによる増分利益を予測しなさい．

解答

考え方：増分利益の計算には，(1) 増分収益，(2) 増分費用，(3) 減価償却費，(4) 限界税率の 4 項目が必要である．

増分収益：追加販売台数×価格＝50,000×260 ドル＝13,000,000 ドル

増分費用：追加販売台数×生産費用＝50,000×110 ドル＝5,500,000 ドル

販売費及び一般管理費（賃料，マーケティング代，サポート代）
$$＝2,800,000 ドル$$

減価償却費：減価償却額 / 耐用年数＝7,500,000 ドル /5 年＝1,500,000 ドル

限界税率：20 ％

ここで，注意すべきは，プロジェクトは 4 年間であるが，設備の耐用年数は 5 年であるため，5 年目に最後の減価償却費を計上しなければならない．

実行：表中の金額の単位は千ドルである．

	年	0	1	2	3	4	5
	増分利益予測（千ドル）						
1	売上高	−	13,000	13,000	13,000	13,000	
2	売上原価	−	−5,500	−5,500	−5,500	−5,500	
3	**売上総利益**		7,500	7,500	7,500	7,500	
4	販売費及び一般管理費	−	−2,800	−2,800	−2,800	−2,800	
5	減価償却費	−	−1,500	−1,500	−1,500	−1,500	−1,500
6	**EBIT**		3,200	3,200	3,200	3,200	−1,500
7	法人税（20 パーセント）	−	−640	−640	−640	−640	300
8	**増分利益**	−	2,560	2,560	2,560	2,560	−1,200

評価：これらの増分利益は，ホームネットプロジェクトの分析の基礎となる増分キャッシュフローを計算する途中段階である．設備費用は，購入した年の利益には影響しないが，その後 5 年間にわたる減価償却費をとおして影響する．会計規則にもとづく耐用年数は，資産の経済的耐用年数（価値がある期間）と同じである必要はないことに注意が必要である．ここでは，企業は設備を 4 年間使用するが，5 年間で減価償却する．

プロフォーマ計算書　製造工場に新しい設備を設置するために作成した増分利益の計算表は，例 8.1 も同様であるが，実際のデータにもとづいているのではなく，ある仮定にもとづく企業の財務状況を表しているので，しばしば**プロフォーマ**（pro forma）計算書と呼ばれる．ホームネットの例において，企業の収益と費用の予測は，シスコ社がプロフォーマ計算書で増分利益を予測するための前提条件であった．

税金とマイナスの EBIT　製造工場に新しい設備を設置するというプロジェクトの 0 年目とホームネットの例の 5 年目では，EBIT がマイナスであることに注目する必要がある．この場合，税金が関係するのはなぜか？　ホームネットの例を考える．ホームネットは，5 年目にシスコ社の課税所得を 150 万ドル減少させる．シスコ社が 5 年目に他の場所で課税所得をえて，ホームネットの損失を相殺することができる限り，シスコ社が 5 年目に支払う税金は，プロジェクトを実施しない場合よりも，150 万ドル×20 パーセント＝30 万ドル少なくなる．この節税は，ホームネットのプロジェクトのための設備の減価償却費によるものであるため，会社はこの節税分をホームネットプロジェクトに計上すべきである．

支払利息についてどう考えるか？　企業の純利益を計算するためには，まず EBIT から支払利息を差し引かなければならない．しかし，資本予算計画の意思決定を評価する際には，通常，「支払利息は含めない」．支払利息の増加は，プロジェクトの資金調達方法に関する企業の意思決定に関連するものであり，これは別の意思決定である．ここでは，資金調達の意思決定とは別に，プロジェクト自体からえられる利益の貢献を評価したい．最終的には，経営者は，プロジェクトの資金調達方法の違いに関連する追加的な利益結果も調べることになる．

したがって，（実際にそうであるかどうかは別として）企業がその資金調達のために負債を一切使用しないものとしてプロジェクトを評価する．よって，負債がない（レバレッジがない）と仮定して純利益を計算するため，例 8.1 のプロフォーマと同様に，(8.3) 式を用いて計算した純利益を，プロジェクトの**アンレバード純利益**（unlevered net income）と呼び，負債に関連する支払利息が含まれていないことを示す．

8.3　増分フリーキャッシュフローを特定する

利益は企業の業績を会計的に測定するものである．実際の利益を表しているわけではない．よって，企業は，その利益を使って商品を購入したり，従業員に給与を支払ったり，新たな投資に資金を投じたり，株主に配当を支払ったりすることはできない．企業が，これらのことを行うには現金が必要である．したがって，資本予算計画の意思決定を評価するためには，それが企業の利用可能な現金に対してどのような影響を与えるのか計算しなければならない．あるプロジェクトが企業の利用可能な現金に与える増分効果は，そのプロジェクトの増分**フリーキャッシュフロー**（free cash flow）である．

利益をフリーキャッシュフローに変換する

利益とキャッシュフローには重要な違いがある．利益には，減価償却費などの非現金費用が含まれるが，設備投資による支出は含まれない．増分利益からプロジェクトのフリーキャッシュフローを求めるには，これらの違いを調整する必要がある．

資本支出と減価償却費　これまで述べてきたように，減価償却費は企業が支払う現金支出ではない．むしろ，資産の当初の購入費用をその耐用年数にわたって配分するために使用される会計・税務のための方法である．減価償却費はキャッシュフローではないため，キャッシュフロー予測には含めない．しかし，だからといって減価償却費を無視できるわけではない．減価償却費は課税所得を減らし，それによって税金を減らすことになる．税金はキャッシュフローなので，キャッシュフローに影響を与え

る減価償却費は，やはり重要である．減価償却費の処理方法としては，減価償却費を増分利益に足し戻し，減価償却費に関連するキャッシュフローがあることを認識する．

たとえば，あるプロジェクトの増分粗利益（収益から費用を引いたもの）が1,000,000 ドルで，減価償却費が 200,000 ドルだとする．企業の税率が 20 パーセントであるならば，増分利益は $(1,000,000-200,000) \times (1-0.2) = 640,000$ ドルとなる．しかし，減価償却費 200,000 ドルは実際の現金流出ではないので，企業にはまだ840,000 ドルが残る．表 8.1 は，このケースの増分フリーキャッシュフローを求める計算を示している．背景色の枠は，"正"（正しい計算）の欄の実際のキャッシュフローをすべて示している．増分フリーキャッシュフローが正しいかどうかを確認する良い方法は，実際のキャッシュフローを合計することである．この場合，企業は1,000,000 ドルの粗利益を生み出し（プラスのキャッシュフロー），160,000 ドルの税金を支払い（マイナスのキャッシュフロー），よって，1,000,000 ドル $-$ 160,000 ドル$= 840,000$ ドルが残る．これが増分フリーキャッシュフローとして表示された金額である．右側の"誤"（誤った計算）の欄では，減価償却費を完全に無視した場合の結果を示している．EBIT が高すぎるため，税金も高くなり，その結果，増分フリーキャッシュフローは低くなりすぎる（この 2 つのケースの差額 40,000 ドルは，すべて納税額の差によるものであることに注意が必要である）．

表 8.1　減価償却費を差し引いて加算する

	正	誤
増分粗利益	1,000,000 ドル	1,000,000 ドル
減価償却費	$-200,000$ ドル	
EBIT	800,000 ドル	1,000,000 ドル
税金（20 パーセント）	$-160,000$ ドル	$-200,000$ ドル
増分利益	640,000 ドル	800,000 ドル
減価償却費加算	200,000 ドル	
増分フリーキャッシュフロー	840,000 ドル	800,000 ドル

正味運転資本（NWC）　増分利益とフリーキャッシュフローに差が生じる他の可能性として，正味運転資本の変化があげられる．正味運転資本を流動資産と流動負債の差額と定義した．正味運転資本の主な構成要素は，現金，棚卸資産，売掛金，買掛金である．

$$正味運転資本 = 流動資産 - 流動負債$$
$$= 現金 + 棚卸資産 + 売掛金 - 買掛金 \qquad (8.4)$$

支払手形や短期借入金などの短期資金調達は，投資の意思決定とは別に行う資金調達

の意思決定に含まれるので，ここでの議論から除外されることに注意が必要である．
ほとんどのプロジェクトは，正味運転資本への投資が必要である．企業は，予期せぬ
支出に対応するために最低限の現金残高を維持し，生産の不確実性や需要の変動に対
応するために原材料や完成品の棚卸資産を維持する必要がある[32]．また，顧客は購入
した商品の代金をすぐに支払わない場合もある．売上は即座に利益の一部として計上
されるが，顧客が実際に代金を支払うまで，企業は現金を受け取らない．その間，顧
客が支払うべき金額を売掛金に含める．したがって，企業の売掛金は，企業が顧客に
提供した総信用を測定する．同様に，買掛金は，企業が納入業者から受け取った信用
を測定する．売掛金と買掛金の差は，これらの信用取引の結果として消費される企業
の資本の純額であり，**企業間信用**（trade credit）として知られている．

　正味運転資本を重視する理由は，それが，他の用途に使うことのできるキャッシュ
フローを拘束する短期的な投資を反映しているからである．たとえば，売れ残った在
庫を大量に保有したり，未回収の売掛金が大量にあったりすると，在庫という形や顧
客への信用供与という形でキャッシュフローは拘束される．キャッシュフローを拘束
すると，キャッシュフローが再投資や株主への分配に利用できるようになるまでの時
間を遅らせるため，企業にとって費用がかかる．お金には時間価値があることが知ら
れているので，プロジェクトの予測においてこの遅延を無視することはできない．し
たがって，運転資本への追加投資を反映して正味運転資本が増加するたびに，その年
のキャッシュフローが減少することを意味する．

　ここで重要なのは，正味運転資本の変化のみがキャッシュフローに影響を与えると
いうことである．たとえば，3年間のプロジェクトで，初期の棚卸資産を20,000ド
ル増やし，1年目と2年目はその水準を維持し，プロジェクトが終了して最後の製品
が販売された時点で棚卸資産を減らす場合を考えてみる．多くの場合，最初の販売前
に棚卸資産を増加させる必要があり，その結果，0年目の終わりまでに棚卸資産が増
加する．各年の増分正味運転資本の水準，それに関する正味運転資本の変化，および
キャッシュフローへの影響は次のようになる．

1	年	0	1	2	3
2	増分 NWC の水準（ドル）	20,000	20,000	20,000	0
3	増分 NWC の変化（ドル）	+20,000	0	0	−20,000
4	キャッシュフロー（ドル）	−20,000	0	0	+20,000

　正味運転資本の変化によるキャッシュフローへの影響は，常に正味運転資本の変化

32　正味運転資本に含まれる現金は，市場収益率をえるために投資されていない現金である．これに
　は，企業の当座預金口座，企業の金庫，レジ（小売店の場合），その他の場所に保管されている現金
　が含まれる．

に逆の符号で等しくなることに注意が必要である．たとえば，棚卸資産の増加は投資または資金流出を表し，棚卸資産の減少は資本投資の制約を外し，資金流入を表す．したがって，資本予算計画では，正味運転資本の増減を差し引いてキャッシュフローを算出する．また，1年目と2年目では，増分正味運転資本の水準は変化していないため，新たなキャッシュフローへの影響はないことにも注意が必要である．直観的には，企業は棚卸資産を使い切り，それを補充しているので，棚卸資産への正味新規投資はゼロであり，追加的な現金流出は必要とならない．最後に，プロジェクトの存続期間中，増分正味運転資本はゼロに戻り，その結果，変化（0年目に＋20,000，3年目に−20,000）の合計はゼロになることに注意が必要である．会計原則は，プロジェクトの存続期間中に運転資本の回収を求めることで，これを保証する．

より一般的には，t年における正味運転資本の変化を次のように定義する．

$$t\text{ 年の NWC の変化}=NWC_t-NWC_{t-1} \tag{8.5}$$

プロジェクトのNWCに変化が生じた場合，その変化を増分利益から差し引いて増分フリーキャッシュフローを算出しなければならない．

フリーキャッシュフローを直接計算する

本章の冒頭で述べたように，実務家は通常，資本予算計画をまず利益予測から始めるため，わたしたちも同じように進めてきた．しかし，以下の簡単な公式を使うことで，プロジェクトのフリーキャッシュフローを直接計算することができる．

フリーキャッシュフロー

$$\text{フリーキャッシュフロー}=\overbrace{(\text{収益}-\text{費用}-\text{減価償却費})\times(1-\text{税率})}^{\text{アンレバード純利益}}$$
$$+\text{減価償却費}-\text{資本支出}-\text{NWC の変化} \tag{8.6}$$

プロジェクトの増分利益を計算する際にはまず減価償却費を差し引き，フリーキャッシュフローを計算する際には（非現金費用であるため）それを足し戻すことに注意することで，減価償却の唯一の影響は，企業の課税所得を減少させることだけであることがわかる．実際，(8.6) 式を次のように書き換えることができる．

$$\text{フリーキャッシュフロー}=(\text{収益}-\text{費用})\times(1-\text{税率})-\text{資本支出}$$
$$+\text{NWC の変化}+\text{税率}\times\text{減価償却費} \tag{8.7}$$

(8.7) 式の最後の項（税率×減価償却費）は**減価償却費節税枠**（depreciation tax shield）と呼ばれ，減価償却費を控除できることから生じる節税効果である．結果と

して，減価償却費はフリーキャッシュフローにプラスの影響を与える．表 8.1 の例に戻ると，企業が減価償却費を無視した場合の税金は 160,000 ドルではなく 200,000 ドルであり，増分フリーキャッシュフローは 840,000 ドルではなく 800,000 ドルとなってしまう．この差額 40,000 ドルは，税率（20 パーセント）に減価償却費（200,000 ドル）を掛けたものにちょうど等しくなることに注意が必要である．減価償却費 1 ドルにつき 20 セントの節税になるので，減価償却費 200,000 ドルは 40,000 ドルの節税になる．

　企業は，しばしば会計上と税務上とで異なる減価償却費を報告する．減価償却費の税務上の影響だけがフリーキャッシュフローに関係するため，企業がフリーキャッシュフローを予測する際には税務上の減価償却費を使用すべきである．税務上，多くの企業は次節で説明する "修正加速度償却法" と呼ばれるシステムを採用している．

NPV を計算する

　増分フリーキャッシュフローを予測する目的は，プロジェクトの NPV を計算するために必要なインプット情報をえるためである．プロジェクトの NPV を計算するためには，フリーキャッシュフローを適切な資本コストで割り引く必要がある．第 5 章で説明したように，プロジェクトの資本コストとは，投資家が同様のリスクと満期をもつ最良の代替投資からえられる期待リターンである．資本コストを推定するために必要な手法については，第 4 部で取り上げるリスクとリターンの議論の中で説明する．ここでは，資本コストを所与のものとする．

　将来発生する各時点のフリーキャッシュフローをプロジェクトの資本コストで割り引いて現在価値を計算する．第 2 章で説明したように，資本コストを r で表すと，t 年目のフリーキャッシュフローの現在価値（FCF_t）は次のようになる．

$$PV(FCF_t) = \frac{FCF_t}{(1+r)^t} = FCF_t \times \underbrace{\frac{1}{(1+r)^t}}_{t\text{年間の割引係数}} \tag{8.8}$$

例 8. 2　プロジェクトのNPVを計算する

問題

シスコシステムズ社の責任者が，ホームネットプロジェクトには既存プロジェクトと同様のリスクがあり，資本コストは 12 パーセントであると考えていると仮定する．ホームネットプロジェクトの増分フリーキャッシュフローは次のとおりである．表中の金額の単位は千ドルである．

	年	0	1	2	3	4	5
1	増分フリー キャッシュフロー	−7,500	2,935	4,060	4,060	4,060	1,425

ホームネットプロジェクトの NPV を計算せよ.

解答

考え方：NPV を計算するには，すべてのキャッシュフローの現在価値を合計する．ここで，0 年目のキャッシュアウトフローはすでに現在価値であることに注意が必要である.

実行：(8.8) 式より，

$$NPV = -7,500 + \frac{2,935}{(1.12)^1} + \frac{4,060}{(1.12)^2} + \frac{4,060}{(1.12)^3} + \frac{4,060}{(1.12)^4} + \frac{1,425}{(1.12)^5} = 4,636$$

評価：計算結果より，ホームネットプロジェクトの NPV は 4,636,000 ドルである．ホームネットの初期費用は 7,500,000 ドルだが，シスコシステムズ社がこのプロジェクトから受け取る追加のフリーキャッシュフローの現在価値は 12,136,000 ドルである．したがって，ホームネットプロジェクトを採用するということは，シスコシステムズ社が今日，銀行に追加で 4,636,000 ドルをもつことと同じである.

8.4 増分フリーキャッシュフローに与えるその他の影響

投資の意思決定における増分フリーキャッシュフローを計算する際には，プロジェクトを実行したときと実行しないときから生じる企業のフリーキャッシュフローの変化をすべて考慮する必要がある．これらの変化には，プロジェクトを実行することで見送られた機会や，プロジェクトが企業の他の部分に与える影響も含まれる．本節では，このようなその他の影響，避けるべき落とし穴やよくある間違い，増分フリーキャッシュフローを予測する際に発生する可能性のある複雑さについて説明する.

機会費用

多くのプロジェクトでは，企業がすでに所有している資源を使用する．新規プロジェクトでは，企業がこの資源を取得するために現金を支払う必要がないため，資源は無料で利用できると考えたくなる．しかし，多くの場合，その資源は別の機会やプロジェクトで会社に価値をもたらす可能性がある．ある資源を使用する際の**機会費用**（opportunity cost）とは，その資源の最適な代替用途からもたらされたであろう価値のことである[33]．この価値は，その資源が他のプロジェクトで使用されると失われる

ため，機会費用をプロジェクトの増分費用として含める必要がある．たとえば，あなたの会社が所有する土地に小売店を建設することを検討しているとする．たとえすでに土地を所有しているとしても，その店舗プロジェクトにとって土地は無料ではない．たとえば，もしその土地に店舗を建てなければ，その土地を売却することができる．この土地の失われた市場価格は，小売店プロジェクトの機会費用である．

プロジェクトの外部性

　プロジェクトの外部性（project externalities）とは，プロジェクトの間接的な効果のことで，企業の他の事業活動の利益を増減させる可能性がある．たとえば，アップル社の大型 iPad Pro を購入した人の中には，もしかするとアップル社の iPad Air を購入していたかもしれない人もいる．新製品の販売が既存製品の販売にとって代わる場合，その状況はしばしば**共食い（カニバリゼーション；**cannibalization）と呼ばれる．既存製品の売上が失われることは，新製品を発売することによる企業にとっての増分費用となる．

埋没費用（サンクコスト）

　埋没費用（サンクコスト；sunk cost）とは，企業がすでに支払い義務を負っている回収不能な費用のことである．埋没費用は，プロジェクトを継続するか中止するか進めるかの意思決定に関係なく，すでに支払われているか，あるいはこれから支払われるものである．したがって，埋没費用は現時点における意思決定に関しては増分ではなく，その分析に含めるべきではない．あなたが検討中の新製品に需要があるかどうかを判断するために市場調査会社と契約し，十分な需要がないという調査結果をえたので，そのプロジェクトを中止することに決めたとする．これは，調査会社に調査費を支払う必要はないということか？　もちろん，調査費は支払わなければならない．プロジェクトを継続するか中止するかにかかわらず，費用は発生し，責任を負うということを強調しておく．

　「あなたの意思決定がキャッシュフローに影響を与えないのであれば，キャッシュフローはあなたの意思決定に影響を与えてはならない」ということを覚えておくとよい．キャッシュフローが意思決定に関係なく同じであれば，それはあなたの意思決定とは関係ない．以下は，あなたが遭遇する可能性のある埋没費用の一般的な例である．

33　第 4 章では，資本の機会費用を，同等のリスクをもつ代替投資からえることのできる利子率と定義した．同様に，プロジェクトで既存の資産を使用することによる機会費用を，その資産の次善の代替使用によって生み出されるキャッシュフローと定義する．

156

固定間接費　間接費（overhead expenses）は，単一の事業活動に直接帰属するものではなく，会社のさまざまな分野に影響を与える活動に関連するものである．たとえば，本社の維持費やCEOの給与がある．これらの費用は，会計上，しばしば異なる事業活動に配分される．これらの間接費は変わらず一定で，いかなる場合でも発生するという限りにおいて，プロジェクトに対して増分とはならず，キャッシュフローの予測に含めるべきではない．あくまでも，プロジェクトを採用するという意思決定によって発生する「追加」の間接費のみを，増分費用として含める．

過去の研究開発費　製薬会社は新薬の開発に数百万ドルを費やしたとしても，もし試験で有効な結果がえられなかったなら（あるいはもっと悪いことにマイナスの結果しかえられなかった場合），引き続き開発を進めるべきか？　会社は開発費を回収することはできない．そして，その費用の総額は試験で失敗してしまった薬の開発を今後も続けるかどうかには関係ないはずである．

　新製品を開発するためにすでに多大な資源を投入している企業では，市場の状況が変化し，その製品が実現できそうにない場合でも，その製品への投資を続ける傾向があるかもしれない．製品の開発を放棄すれば，すでに投資した資金が"無駄になる"というのをその根拠にあげることがときどきある．また，すでに投資した資金を回収できるほど成功する見込みがないため，プロジェクトを中止するというケースもある．実際には，これらはどちらの主張も正しくない．すでに費やされた資金はすべて埋没費用であり，したがってキャッシュフローの予測とは関係ない．継続するか注意するかの意思決定は，今後の製品の増分費用と便益のみにもとづいて行うべきである．

避けられない競合効果　新製品を開発する際，企業はしばしば既存製品の共食いを心配する．しかし，競合他社が新製品を投入した結果，いかなる状況でも売上が減少する可能性があるならば，これらの売上損失は埋没費用であり，キャッシュフローの予測に含めるべきではない．

フリーキャッシュフローを修正する

　ここでは，プロジェクトのフリーキャッシュフローを推定する際に生じる可能性があるいくつかの複雑な問題について説明する．

キャッシュフローの発生タイミング　本書で取り上げる例は簡略化のため，キャッシュフローが1年ごとに発生するものとして扱っている．現実には，キャッシュフローは年間をとおして発生する．年単位で予測するのが一般的ではあるが，より高い

精度が求められる場合は，四半期や月単位でフリーキャッシュフローを予測することができる．実際に，企業はリスクの高いプロジェクトについては，より短い時間間隔を選択することが多く，かなりのリスクを伴うプロジェクトについては，月単位でキャッシュフローを予測することもある．たとえば，欧州の新しい施設に関するキャッシュフローは，四半期または年単位で予測できるが，同じ施設が政治的に不安定な国にある場合は，月単位で予測される可能性がある．

加速する減価償却

　減価償却費は，減価償却費節税枠をとおして企業のキャッシュフローにプラスに寄与するため，税務上認められる最も加速された減価償却方法を使用することが，企業にとっての最大の関心事である．そうすることで，企業は節税を促進し，その現在価値を高めることができる．たとえば，米国では，**修正加速度原価回収制度による減価償却**（Modified Accelerated Cost Recovery System depreciation：**MACRS** depreciation）を使用することができる．MACRS による減価償却は，資産を回収期間に応じて分類し，企業が毎年減価償却できる購入価格の割合を指定するものである．さらに，資産が初めて使用される際に購入価格の追加部分を控除することができるボーナス減価償却が提供されることがある．2017 年に制定された減税・雇用法では，企業は適格資産に対して 100 パーセントのボーナス減価償却を受けることが可能となった．つまり，購入価格の全額を即座に控除することができることを意味する．

清算価値，残存価値　もはや不要になった資産はしばしば再販売価値をもつ．つまり，もしその部品をスクラップとして売却すればいくらかの残存価値をもつ．一部の資産は，清算価値がマイナスになる場合もある．たとえば，使用済み機器の撤去や処分には費用がかかるかもしれない．
　フリーキャッシュフローの計算には，不要となり処分される可能性のある資産の清算価値が含まれる．資産が清算されると，キャピタルゲインは所得として課税される．キャピタルゲインは，資産の売却価格と簿価との差額として計算される．

$$\text{キャピタルゲイン}＝\text{売却価格}－\text{簿価} \tag{8.9}$$

ここで，簿価は，資産の取得価格から税務上の減価償却累計額を引いた金額となる．

$$\text{簿価}＝\text{購入価格}－\text{減価償却累計額} \tag{8.10}$$

そして，資産売却によって生じる税引後キャッシュフローを考慮し，プロジェクトのフリーキャッシュフローを調整しなければならない．

$$資産からの税引後キャッシュフロー$$
$$=売却価格-(税率×キャピタルゲイン) \tag{8.11}$$

繰越欠損金　企業は一般的に，税引前所得全体の水準にもとづいて該当する税率区分を決定することにより，限界税率を特定する．税引前所得がマイナスの場合，その企業は営業損失（NOL）があるといわれる．2017年の減税・雇用法では，NOLの控除額が企業の現在の税引前所得の最大80パーセントに制限されており，超過分のNOLは将来に繰り越すことができる．したがって，繰り越された過去のNOLは将来の税額控除となり，この税額控除の予想額は貸借対照表の繰延税金資産として計上される．

交換の意思決定

多くの場合，財務管理者は，既存の設備を交換するかどうかの意思決定をしなければならない．新しい設備により，生産量が増加し，その結果として増分収益をもたらすかもしれないし，単に効率性が上昇したり，費用が削減されたりするかもしれない．このような意思決定に伴う典型的な増分効果には，古い機械の残存価値，新しい機械の購入，費用削減と収益増加，減価償却効果がある．

8.5　プロジェクトを分析する

資本予算計画プロジェクトを評価するとき，財務管理者はNPVを最大化するとうに意思決定すべきである．これまで説明してきたように，プロジェクトのNPVを計算するには，増分フリーキャッシュフローを推定し，割引率を選択する必要がある．これらのインプット情報があれば，NPVの計算は比較的簡単である．資本予算計画で最も難しいのは，キャッシュフローと資本コストをどのように推定するかについて判断することである．これらの推定は，しばしば大きな不確実性に左右される．本節では，この不確実性の重要性を評価し，プロジェクトに内在する価値創造の原動力を特定する方法について説明する．

感度分析

感応度分析は，予測における不確実性の影響を評価するための重要な資本予算計画ツールである．**感度分析**（sensitivity analysis）は，NPVの計算を構成する各項目に対する仮定に分解し，基礎となる仮定が変化したときにNPVがどのように変化するかを示すものである．このように，感度分析を実行することで，プロジェクトの

NPV を推定する際に生じる誤差の影響を調べることができる．また，どの仮定が最も重要であるかを知ることもできる．そして，これらの仮定を改良するために，さらなる資源と労力を投入することができる．また，このような分析により，実際にプロジェクトを管理する際に，プロジェクトのどの側面が最も重要であるかも明らかになる．

実は，第 7 章で NPV プロファイルを作成したときに，すでにある種の感度分析を実行している．そこでは，プロジェクトの NPV を割引率の関数としてグラフ化することで，割引率として使用する適切な資本コストに関する不確実性に対する NPV 計算の感度を評価していた．実際には，財務管理者は，割引率だけでなく，多くの要因に対する NPV 計算の感度を調べている．

例として，例 8.2 のホームネットの NPV 計算の基礎となる仮定を考察する．収益と費用のそれぞれの仮定には，大きな不確実性がありそうである．販売台数，販売価格，売上原価，正味運転資本，資本コストについての基本となる仮定に加えて，シスコ社の経営者は，それぞれについて最良ケースと最悪ケースのシナリオも特定する．たとえば，最良ケースと最悪ケースの仮定を表 8.2 に示すように特定したと仮定する．これらは，最良ケースのシナリオと最悪ケースのシナリオを 1 つずつ示すのではなく，各パラメーターに対する最良ケースのシナリオと最悪ケースのシナリオであることに注意が必要である．

表 8.2　ホームネットプロジェクトにおける各パラメーターの最良ケースと最悪ケースの仮定

パラメーター	最初の仮定	最悪ケース	最良ケース
販売台数（千台）	50	35	65
販売価格（ドル／1 台）	260	240	280
売上原価（ドル／1 台）	110	120	100
NWC（千ドル）	1,125	1,525	725
資本コスト	12 パーセント	15 パーセント	10 パーセント

この不確実性の重要性を測定するため，各パラメーターについて，最良ケースと最悪ケースの仮定の下でホームネットプロジェクトの NPV を再計算する．たとえば，販売台数が年間 35,000 台しかない場合，プロジェクトの NPV は－7,200 ドルまで落ち込む．図 8.2 は，各パラメーターについてこの計算を繰り返した結果を示している．これより，NPV に最も大きな影響を与えるパラメーターの仮定は，販売台数，そして 1 台あたりの販売価格であることがわかる．その結果，これらの仮定は，予測作業の中で最も綿密に検討する必要がある．また，これらはプロジェクトの価値を左右する最も重要な要因であるため，プロジェクト開始後の管理においても細心の注意を払う必要がある．

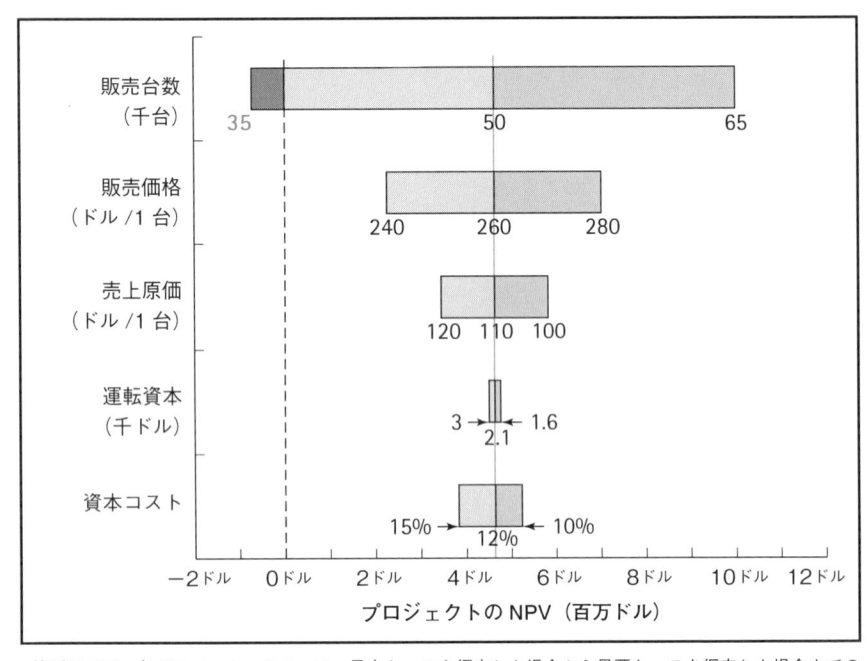

棒グラフは,各パラメーターについて,最良ケースを仮定した場合から最悪ケースを仮定した場合までの
NPV の推移を示している.たとえば,プロジェクトの NPV は,35,000 台しか売れなかった場合の-
720,000 ドルから,65,000 台売れた場合の 9,930,000 万ドルまでの範囲にある.最初の仮定のもとでの
ホームネットの NPV は 4,636,000 ドルである.

図 8.2　最良ケースと最悪ケースのパラメーターを仮定した場合のホームネットの NPV

損益分岐点分析

　感度分析の次の段階として,プロジェクトの NPV がゼロとなる各パラメーターの
値を求めることは自然な流れである.各パラメーターについて,この値が**損益分岐点**
(break-even)となる.すでに本書で説明した例として,内部収益率(IRR)の計算
があげられる.第 7 章でみたように,プロジェクトの IRR と資本コストの差は,投
資の意思決定を変更するために資本コストにどれだけの誤差を求めるのかを示してい
る.NPV プロファイルをグラフ化するか,Excel の IRR 関数を使用すると,例 8.5 に
示されているホームネットの増分キャッシュフローは,37.5 パーセントの IRR を意
味することがわかる.したがって,実際の資本コストは 35.7 パーセントまで高くなっ
てても,プロジェクトの NPV は依然としてプラスである.

　他のパラメーターの不確実性も同様に求めることができる.**損益分岐点分析**
(break-even analysis)では,各パラメーターについて,プロジェクトの NPV がゼロ
になる値を計算する.これを手作業で行うのは大変なので,実際には常にスプレッド

シートで行う．割引率の NPV プロファイルと同様に，非常に重要な各仮定の関数と
して NPV をグラフ化することができる．いずれの場合も，他のすべてのパラメー
ターは最初に仮定した値に固定し，分析対象となるパラメーターだけを変化させる．
図 8.3 は，ホームネットについて分析した結果を示している．

会計上の損益分岐点　ここまで，損益分岐点をプロジェクトの NPV の観点から調

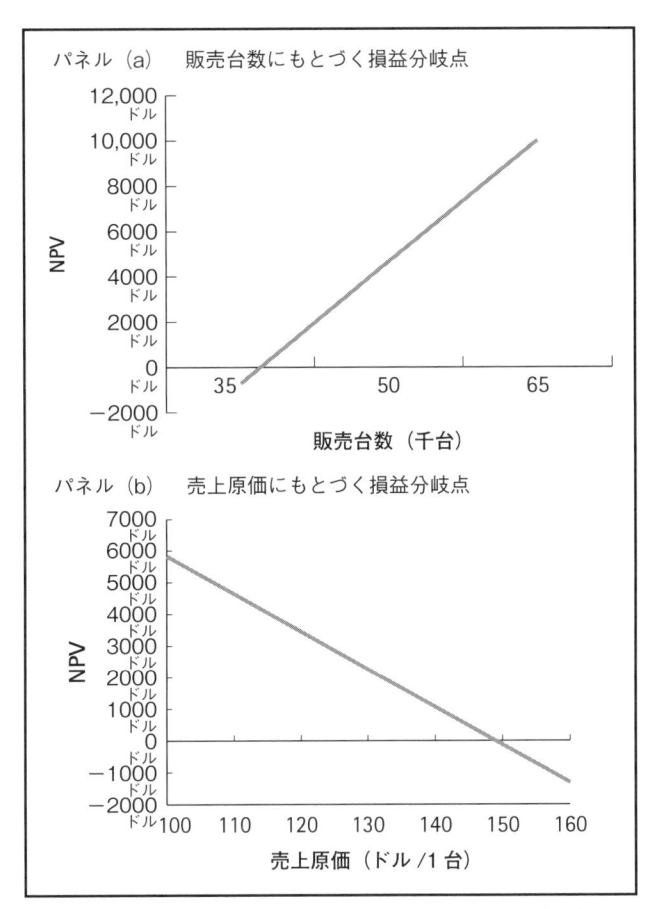

パネル（a）と（b）のグラフは，2 つの主要なパラメーターをプロジェクト
の NPV と結びつけて，パラメーターの損益分岐点を特定したものである．
たとえば，最初の仮定にもとづくと，ホームネットプロジェクトは，年間
37,020 台の販売台数で損益分岐点となる．同様に，売上高とその他のパラ
メーターを最初に仮定した値で固定すると，1 台あたり 149 ドル弱の売上原
価で損益分岐点となる．

図 8.3　損益分岐点分析グラフ

べてきたが，これは意思決定として考えれば最も有用である．しかし，会計上の考え方で損益分岐点を検討することもある．たとえば，プロジェクトの EBIT がゼロとなる売上高を損益分岐点として計算することができる．これは，売上高に対する **EBIT 損益分岐点**（EBIT break-even）である．

（8.1）式から，プロジェクトの EBIT は，収益−費用−減価償却費であった．ここで，費用には，売上原価や販売費及び一般管理費（SG&A）が含まれる．収益は販売数×販売価格に等しく，売上原価は販売数×1 単位あたり原価に等しいので，EBIT＝（販売数×販売価格）−（販売数×1 単位あたり原価）−SG&A−減価償却費となる．これをゼロに設定し，販売数について解き，ホームネットの例に当てはめると，次のようになる．

$$販売数×（販売価格−1 単位あたり原価）−SG\&A−減価償却費＝0$$

$$販売数＝\frac{SG\&A＋減価償却費}{販売価格−1 単位あたり原価}＝\frac{2,800,000＋1,500,000}{260−110}＝28,667$$

しかし，この EBIT 損益分岐点の数字は誤解を招く．ホームネットの EBIT 損益分岐点の販売台数は年間わずか 28,667 台にすぎないが，ホームネットには多額の先行投資が必要であることを考慮すると，この販売台数では NPV が−2,980,000 ドルになってしまう．

シナリオ分析

ここまでの分析では，1 回の分析で 1 つのパラメーターだけを変化させた場合の結果を考察してきた．現実には，特定の要因が複数のパラメーターに影響することがある．**シナリオ分析**（scenario analysis）では，複数のプロジェクトパラメーターを同時に変更した場合に NPV にどのような影響を与えるのかを考察する．たとえば，ホームネットの価格を下げると，販売台数が増えるかもしれない．シナリオ分析を使って，表 8.3 のようなホームネット製品の代替的な価格設定戦略を評価することができる．この場合，現在の戦略が最適である．図 8.4 は，ホームネットの NPV が現在の戦略と同じ 4,636,000 ドルになる販売価格と販売台数の組み合わせを示したものである．曲線より上の販売価格と販売台数の組み合わせの戦略のみが，より高い NPV をもたらす．

表 8.3　代替的な価格設定戦略のシナリオ分析

戦略	販売価格 （ドル / 1 台）	期待販売台数 （千台）	NPV （千ドル）
現在の戦略	260	50	4,636
値引き戦略	245	55	4,457
値上げ戦略	275	45	4,457

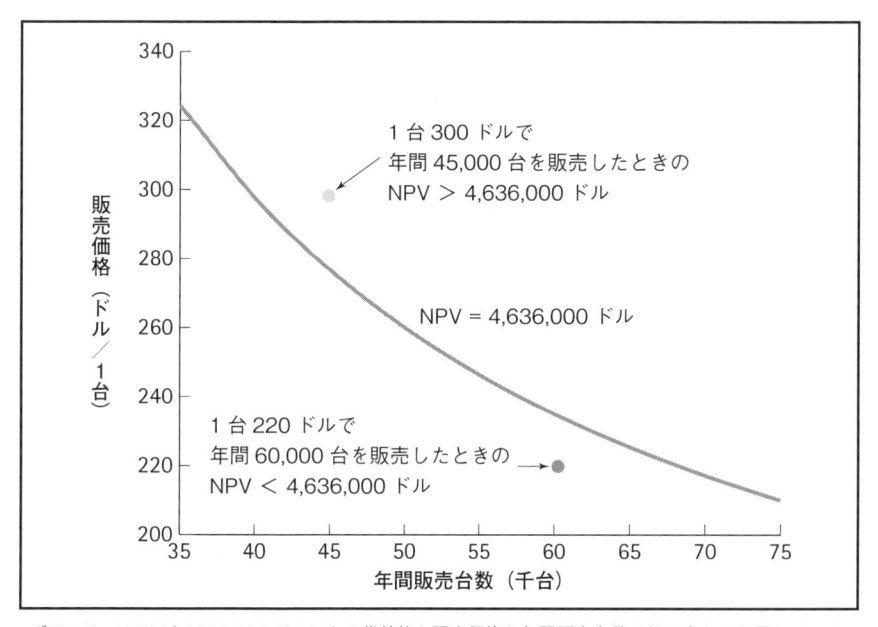

グラフは，NPV が 4,636,000 ドルになる代替的な販売価格と年間販売台数の組み合わせを示している．曲線より上に位置する組み合わせは，より高い NPV をもたらす優れた価格設定戦略である．たとえば，シスコ社の経営者が 300 ドルの価格で年間 45,000 台を販売できると考えているなら，この戦略はより高い NPV（7,136,000 ドル）をもたらすであろう．

図 8.4　等価 NPV をもつホームネットの販売価格と販売台数の組み合わせ

第 9 章

株式評価：再考

9.1　割引フリーキャッシュフローモデル

　第 6 章では，配当割引モデルを構築して配当を支払う企業の株式を評価した．本節では，配当割引モデルがもつ難点のいくつかを回避する代替的な株式価値評価方法を紹介する．具体的には，債権者と株主の両者を含む，企業のすべての投資家に帰属するキャッシュフローに焦点を当てた「割引フリーキャッシュフローモデル」を考察する．このモデルにより，企業の借り入れの意思決定が利益に与える影響を推定することに伴う困難を回避することができる．また，資本予算計画の分析（第 8 章）と株価への影響の重要な関連性を示している．

　配当割引モデルでは，株式 1 株を評価する．総還元モデルでは，初めに 1 株ではなく，企業の株式全体を評価する．**割引フリーキャッシュフローモデル**（discount free cash flow model）は，さらに一歩進んで，初めにすべての投資家（債権者と株主の両者）に対する企業の総価値を求める．そこで，企業の営業価値を推定することから始める[34]．

$$企業の営業価値 = 株式時価総額 + 負債 - 現金 \qquad (9.1)$$

　企業の営業価値は，負債の影響を受けず，現金や市場性証券から切り離された，企業の基礎となる事業の価値である．これは，すべての投資家に対する企業の基礎となる事業の価値でもある．企業の営業価値は，企業の株式を取得し，すべての負債を返済し，現金を受け取るための正味費用と解釈することができる．要するに，負債のない事業を所有すること同じである．割引フリーキャッシュフローモデルの利点は，配当，自社株買い，負債の利用を明示的に予測することなく，企業を評価できることである．

34　正確には，"現金"とは，企業が必要とする運転資本を上回る現金，つまり競争力のある市場利子率で投資した現金の総額である．

営業価値を評価する

　企業の営業価値をどのように推定すればよいのか？　企業の株式価値を推定するには，株主への企業の総還元額の現在価値を計算する．同様に，企業の営業価値を推定するには，企業が債権者と株主の両者を含む，すべての投資家への支払いに利用可能な「フリーキャッシュフロー（FCF）」の現在価値を計算する．第8章でプロジェクトのフリーキャッシュフローの計算方法を確認したが，今度は，企業全体に対して同じ計算を行う．

$$フリーキャッシュフロー＝EBIT×(1-税率)+減価償却費$$
$$-資本支出-正味運転資本の増分 \qquad (9.2)$$

フリーキャッシュフローは，債権者や株主への支払いを考慮する前に，企業が生み出した現金を測定する．

　したがって，プロジェクトのフリーキャッシュフローの NPV を計算することによってプロジェクトの価値を求めるのと同様に，企業のフリーキャッシュフローの現在価値を計算することによって企業の現在の営業価値 V_0 を推定する．

割引フリーキャッシュフローモデル

$$V_0＝PV(企業の将来のフリーキャッシュフロー) \qquad (9.3)$$

　企業価値がえられたので，次に株式全体の価値について（9.1）式を解き，発行済株式数で割ることで，株価を推定することができる．

$$P_0＝\frac{V_0＋Cash_0-Debt_0}{発行済株式数_0} \qquad (9.4)$$

　配当割引モデルでは，企業の現金と負債は，利息収支が利益に与える影響をとおして間接的に含まれる．対照的に，割引フリーキャッシュフローモデルでは，フリーキャッシュフローが EBIT（利子税引前利益）にもとづいているため，利息収支は無視されるが，（9.4）式のように現金と負債は直接調整される．

モデルを実装する

　割引フリーキャッシュフローモデルと第6章で考察したモデルとの主な違いは，割引率である．これまでの計算では，株主に対するキャッシュフローを割り引いていたため，企業の株主資本コスト r_E を使用していた．ここでは，債権者と株主の両者に支払われるフリーキャッシュフローを割り引いているので，r_{wacc} で表される企業の**加重平均資本コスト**（WACC；weighted average cost of capital）を使う必要がある．こ

れは，事業全体のリスクを反映した資本コストであり，企業の株式と負債のリスクを組み合わせたものである．r_{wacc} は，企業が負債と株式を一緒に保有するリスクを補償するために投資家に支払わなければならない期待リターンと解釈される．もし企業が負債をもっていないのであれば，$r_{wacc} = R_E$ となる．

　企業の加重平均資本コストが与えられると，配当割引モデルとほぼ同じ方法で割引フリーキャッシュフローモデルを実行する．その際，企業の残存（継続）価値とともに，ある時点までの企業のフリーキャッシュフローを予測する．

$$V_0 = \frac{FCF_1}{1+r_{wacc}} + \frac{FCF_2}{(1+r_{wacc})^2} + \cdots + \frac{FCF_N}{(1+r_{wacc})^N} + \frac{V_N}{(1+r_{wacc})^N} \tag{9.5}$$

　多くの場合，N 年目以降のフリーキャッシュフローについて一定の長期成長率 g_{FCF} を仮定して残存価値を推定する．したがって次のように表される．

$$V_N = \frac{FCF_{N+1}}{r_{wacc} - g_{FCF}} = \left(\frac{1+g_{FCF}}{r_{wacc} - g_{FCF}} \right) \times FCF_N \tag{9.6}$$

　長期成長率 g_{FCF} は，通常，企業の収益の予想長期成長率にもとづく．

資本予算計画との結びつき

　割引フリーキャッシュフローモデルと第 8 章で構築した資本予算計画における NPV 法との間には重要な関連性がある．企業のフリーキャッシュフローは，企業の現在と将来の投資からえられるフリーキャッシュフローの合計に等しいため，企業の営業価値は，既存のプロジェクトの現在価値と将来のプロジェクトの NPV の合計と解釈することができる．したがって，任意の投資の意思決定の NPV は，企業の営業価値への寄与を表している．言い換えると，会社の株価を最大化するためには，NPV が正のプロジェクトを受け入れるべきである．

　第 8 章を振り返ると，プロジェクトのフリーキャッシュフローを推定するためには，その過程で多くの予測や推定が必要であった．企業についても同様である．すなわち，企業のフリーキャッシュフローをえるためには，将来の売上高，営業費用，税金，資金需要，その他の要因を予測しなければならない．一方，この方法でフリーキャッシュフローを推定することで，企業の将来の見通しに関する多くの具体的な詳細を柔軟に取り入れることができる．他方，各仮定には必然的に不確実性が伴う．この事実を踏まえると，第 8 章で説明したように，感度分析を実施し，株式価値がとりうる範囲としてこの不確実性をとらえることが重要である．

　図 9.1 は，これまで説明してきたさまざまな評価方法をまとめたものである．第 1 に，株式の将来の配当の現在価値によって株式の価値を推定することができる．第 2

…の現在価値	…を計算する	株価の推定値をえるには…
配当金	株価	調整の必要はない
総還元 （総配当と自己株買い）	株式全体の価値	発行済株式数で割る
フリーキャッシュフロー （全投資家へ支払い 可能な現金）	企業の営業価値	株主に属さないもの（負債や優先株）を減算し、現金と市場性証券を加算し、発行済株式数で割る

企業の配当，総還元，フリーキャッシュフローの現在価値を計算することで，株式の価値，企業の全株式の総価値，企業の営業価値を推定することができる．一番右の列には，株価をえるために必要な調整方法の詳細がまとめられている．

図 9.1　割引キャッシュフローモデルによる株式評価の比較

に，配当と自社株買いを含む企業の総還元額の現在価値から，企業の株式時価総額を推定することができる．最後に，企業が株主や債権者への支払いのため利用可能な現金の量である企業のフリーキャッシュフローの現在価値から，企業の営業価値が推定できる．

9.2　類似企業にもとづく評価

　これまでは，企業が所有者に提供すると予想される将来のキャッシュフローを考慮することで，企業やその株式を評価してきた．評価原理によれば，その価値は将来のキャッシュフローの現在価値である．なぜなら，現在価値とは，同じリスクでキャッシュフローを再現するために市場の他のところに投資する必要がある金額だからである．

　評価原理のもう1つの応用として，「類似企業評価法」がある．**類似企業評価法**（method of comparables，または"comps"）では，当該企業のキャッシュフローを直接評価するのではなく，将来，非常に類似したキャッシュフローを生み出すと予想される他の企業や投資の価値にもとづいて，当該企業の価値を推定する．たとえば，既存の上場企業とそっくりな新興企業を考えることにする．繰り返し述べてきたよう

に，評価原理は，競争市場価格から，同一のキャッシュフローをもつ2つの証券の価格は同じでなければならないことを意味する．したがって，これらの企業が同一のキャッシュフローを生み出すのであれば，既存企業の市場価値を用いて新興企業の価値を求めることができる．

　もちろん，実際には同一企業は存在しない．同じ業界で同じ種類の製品を販売している2つの企業であっても，多くの点で類似しているかもしれないが，製品の大きさや企業の規模は異なる可能性が高い．たとえば，インテル社（Intel corporation）とアドバンスト・マイクロ・デバイセズ社（Advanced Micro Devices：AMD）はともに半導体チップを開発・販売している．2021年の売上高は，インテル社が790億ドルであったのに対し，AMD社は170億ドルに満たなかった．本節では，類似した事業を展開する企業を評価するために，類似企業を使って規模の違いを調整する方法を検討し，この方法の長所と短所について議論する．

評価倍率

　企業間の規模の違いは，企業価値を**評価倍率**（valuation multiple）で表して調整することができる．これは，企業規模を表す尺度に対する価値の比率である．例として，オフィスビルの評価を考えてみる．自然な尺度としては，その地域で最近販売された他のビルの1平方フィートあたりの価格が考えられる．検討中のオフィスビルの規模に1平方フィートあたりの平均価格を掛ければ，通常，そのビルの価値を合理的に推定することができるであろう．これと同じ考え方を株式にも適用し，ビルの床面積を会社の規模を表すより適切な尺度に置き換えることができる．

株価収益率　最も一般的な評価倍率は，株価収益率（P/Eレシオ，あるいはPER）である．株価収益率は広く知られた指標であり，（図9.2のナイキ社のヤフーファイナンスのスクリーンショットに示されているように）株式について計算されるほとんどの基本統計量に含まれている．株価収益率は，株価を1株あたり利益で割ったものである．この比率を使う背景にある直観は，株価を買うということは，ある意味，その企業の将来の利益に対する権利を買うということである．2つの企業の利益規模の格差が今後も続くのであれば，現在の利益がより高い企業に，その格差に比例してより多くの金額を支払ってもよいと考えるはずである．この考え方を使えば，他の企業の株価収益率を使って，ある企業の株式価値を推定することができる．たとえば，ある未公開企業の株価は，その企業の現在の1株あたり利益（EPS）に，比較可能な上場企業の平均株価収益率を掛けることで推定できる．

　企業の株価収益率は，直近過去12か月間の利益を表す**トレイリング利益**（trailing earnings），または今後12か月間で予想される利益を表す**フォワード利益**（forward

NIKE, Inc. (NKE)
NYSE - Nasdaq Real Time Price. Currency in USD

☆ Add to watchlist

102.79 +1.61 (+1.60%)
As of July 5 01:00PM EDT. Market open.

Summary　Company Outlook ⓨ⁺　Chart　Conversations　Stat

Previous Close	101.18	Market Cap	161.894B
Open	100.45	Beta (5Y Monthly)	0.96
Bid	101.05 x 800	PE Ratio (TTM)	26.98
Ask	101.48 x 900	EPS (TTM)	3.75
Day's Range	100.16 - 103.92	Earnings Date	Sep 21, 2022 - Sep 26, 2022
52 Week Range	99.53 - 179.10	Forward Dividend & Yield	1.22 (1.19%)
Volume	4,005,277	Ex-Dividend Date	Jun 03, 2022
Avg. Volume	7,501,577	1y Target Est	140.10

この図は，ヤフーファイナンスのスクリーンショットで，ナイキ社の普通株の基本株価情報を示している．注目すべきは，株価収益率（PER）が基本情報の一部として表示されていることである．PER の後にある"(TTM)"は，この比率が今日の株価を直近過去 12 か月間の 1 株あたり総利益で割ったものであることを示している．
出所：https://finance.yahoo.com/quote/NKF?p:NKE.

図9.2　ナイキ社（NKE）の株式相場

earnings）のいずれかを用いて計算することができ，それらからえられる比率は，それぞれ**トレイリング P/E**（trailing P/E），**フォワード P/E**（forward P/E）と呼ばれる．評価を目的とする場合，将来の利益に最も関心があるため，一般的にフォワード P/E が好まれる．

　株価収益率がこれまで説明してきた他の評価手法とどのように関連しているかを理解するために，第 6 章で取り上げた配当割引モデルを使って考察する[35]．たとえば，配当成長率が一定の場合，（6.6）式より次のようになる．

$$P_0 = \frac{Div_1}{r_E - g}$$

35　株価と利益は株式にのみ関連する変数であるため，割引フリーキャッシュフローモデルではなく，配当割引モデルを使用する．

両辺を EPS_1 で割ると次のようになる.

$$\text{フォワードP/E}=\frac{P_0}{EPS_1}=\frac{Div_1/EPS_1}{r_E-g}=\frac{\text{配当性向}}{r_E-g} \tag{9.7}$$

第6章では，ナイキ社の現在の株価が資本コスト9パーセント，予想配当成長率 7.8パーセントと整合的であることを示した．ナイキ社の株式相場をみると，1株あたり利益（EPS）は3.75ドルであり，配当は四半期あたり0.31ドル（実際は0.305ドル），つまり年間1.22ドルであることもわかる．これより，配当性向は1.22/3.75＝0.325となる．利益成長と配当性向が当面この水準で推移すると仮定すると，予想株価収益率は次のように計算できる.

$$\text{フォワードP/E}=\frac{1.22/3.75}{0.09-0.078}=27.11$$

これは報告された株価収益率26.98からそれほど離れていない.

（9.7）式は，成長率が高く，投資ニーズを大きく上回る現金を生み出して高い配当性向を維持できる企業や産業は，高い株価収益率倍率をもつはずであることを示唆している．ナイキ社の例をとると，期待成長率が7.8パーセントのとき，株価収益率は27.11倍となる．成長への期待が低くなると，株価収益率は低下する．現在の利益，配当，株主資本コストを一定に保ち，成長率を5パーセントに下げると，次のようになる.

$$\text{フォワードP/E}=\frac{1.22/3.75}{0.09-0.05}=8.13$$

この結果は，現在の株価収益率26.98よりはるかに低く，成長見通しを考慮せずに株価収益率を単純に比較すると，大きな誤解を招く可能性があることは明らかである.

図9.3は，期待利益成長率と株価収益率の関係を示している.

企業の営業価値倍率　株価収益率は配当割引モデルと同じ限界をもっている．つまり，株価収益率は株式にのみ関連しているので，負債は影響される．したがって，一般的な慣習として，企業の営業価値にもとづく評価倍率を使用することもある．単に株式の価値ではなく，企業の基礎となる事業の総価値を表すことにより，企業の営業価値は，異なる水準の財務レバレッジをもつ企業の比較を可能にする.

企業の営業価値は，企業が負債を返済する前の企業全体の価値を表しているため，適切な倍率を設定するには，利払い前の利益またはキャッシュフローの尺度で割る．考慮すべき一般的な倍率は，EBIT（利子税引前利益），EBITDA（支払利子，税金，

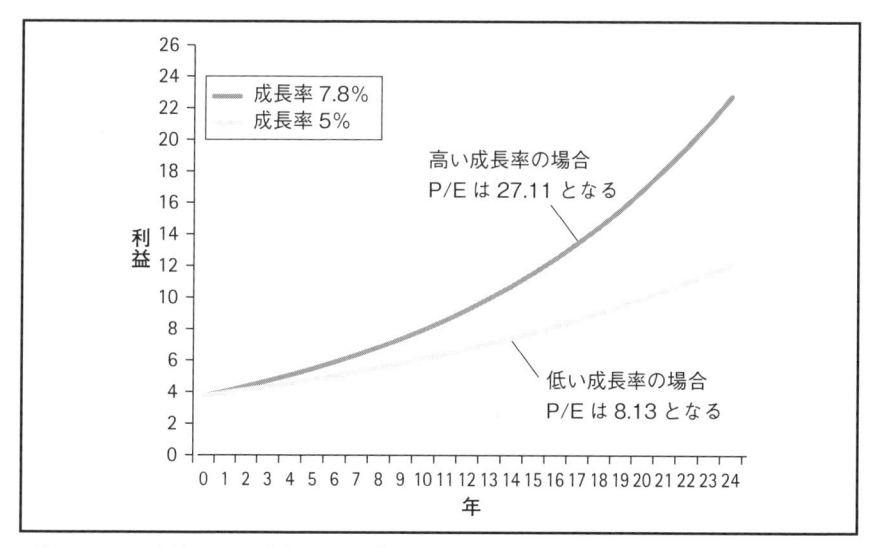

グラフは，ナイキ社の 2 つの成長シナリオ（7.8 パーセントと 5 パーセント）のもとでの利益の期待成長を示している．2022 年の 1 株あたり利益は 3.75 ドルであった．成長が高いほど利益の現在価値は増加する．これは株価が上昇することを意味する．その結果，より高い株価を現在の利益で割った PER はより高くなる．成長率 7.8 パーセントの場合の PER は 27.11 倍であり，成長率 5 パーセントの場合の PER は 8.13 倍であることがわかる．グラフは，期待成長が高いほど PER が高くなることを示している．

図 9.3　PER と期待される将来の成長との関係

減価償却費，その他償却費用控除前利益），フリーキャッシュフローのいずれかに対する企業の営業価値の比である．しかし，資本支出は期間によって大きく変動する可能性があるため（たとえば，ある年は生産能力を増強して新工場を建設する必要があるかもしれないが，その後数年にわたってさらなる工場の拡張は必要ないかもしれない），ほとんどの実務家は EBITDA に対する企業の営業価値（EV/EBITDA）倍率を信頼している．

　企業の営業価値倍率は，企業全体を評価するものであるため，割引フリーキャッシュフローモデルと最も密接に関連している．期待されるフリーキャッシュフロー成長率が一定である場合，（9.6）式を使って EBITDA に対する企業の営業価値を次のように書くことができる．

$$\frac{V_0}{EVITDA_1} = \frac{\dfrac{FCF_1}{r_{wacc} - g_{FCF}}}{EVITDA_1} = \frac{FCF_1/EVITDA_1}{r_{wacc} - g_{FCF}} \tag{9.8}$$

株価収益率倍率と同様に，成長率が高く，資金需要が少ない（つまり，EBITDA に比例してフリーキャッシュフローが多くなる）企業ほど，この評価倍率は高くなる．

その他の評価倍率　その他多くの評価倍率が使用されている．企業の営業価値は，利益や EBITDA がマイナスの場合でも計算することができるため，売上高の倍率として使われることもある．しかし，この売上高に対する倍率を使用する場合，類似企業が同様の売上高利益率をもち，将来もその利益率を維持することを前提としている．かなりの有形資産をもつ企業については，株価純資産倍率が評価倍率として使用されることがある．業界特有の倍率もある．たとえば，ケーブルテレビ業界のアナリストは，加入者1人あたりの企業の営業価値を比較する．

倍率法の限界

　類似企業が評価対象企業と同一あれば，企業の倍率は完全に一致する．もちろん，企業は同一ではないため，評価倍率の有用性は必然的に企業間の差異の性質とこれらの差異に対する倍率の感度に依存する．

　表 9.1 は，ナイキ社の比較対象となりうる履き物業界の企業の 2022 年 7 月時点での評価倍率をいくつか掲載している．また，ナイキ社を除いた各倍率の平均値も示している．各列を上下で比較すると，履き物業界はどの倍率もばらつきが大きいことがわかる（たとえば，ウルヴァリン社の株価収益率（P/E）は 41.67 倍であるが，スケッチャーズ社の株価収益率は 7.41 倍しかない）．どの倍率にも大きなばらつきがあることから，評価倍率を使って企業価値を正確に推定することは期待できない．

　これらの倍率の違いは，期待される将来の成長率の違い，リスク（したがって資本コスト）の違い，そしてプーマ社とアディダス社の場合は米国とドイツの会計慣行の違いを反映している可能性が高い．市場の投資家は，これらの違いが存在することを理解しているので，株価はそれに応じて値付けされる．しかし，倍率を使って企業を

表 9.1　履き物業界の株価と倍率（2022 年 7 月）

企業名	時価総額（百万ドル）	営業価値（百万ドル）	P/E	株価純資産倍率	営業価値（百万ドル）
ナイキ社	169,857	1,69,487	26.98	10.42	23.8
アディダス社	31,608	33,002	25.63	4.87	11.13
アンダーアーマー社	3,713	3,548	15.63	2.05	7.43
プーマ社	9,584	9,888	29.84	3.83	15.82
スケッチャーズ社	5,575	6,342	7.41	1.63	8.51
ウルヴァリン・ワールド・ワイド社	1,615	2,576	41.67	2.70	23.04
スティーブ・マデン社	2,608	2,455	10.81	3.04	7.50
ロッキー・ブランズ社	247	520	10.74	1.21	9.08
		ナイキ社を除く平均	20.25	2.76	11.79

評価する場合，使用する類似企業を絞り込む以外に，これらの違いをどのように調整するかについて明確な指針はない．

　類似企業についてのもう 1 つの限界は，類似企業が，比較する企業間の相対的な企業価値に関する情報しか提供しないことである．たとえば，倍率を使っても，業界全体が過大評価されているかどうかを判断するのには役に立たない．この問題は，1990 年代後半のインターネットブームの際にとりわけ重要性が高まった．インターネット関連企業の多くは，キャッシュフローや利益がプラスではなかったため，それらを評価するための新しい倍率がつくられた（たとえば，"ページビュー"に対する価格）．これらの倍率は，企業間の関係においてこれらの企業の価値を正当化することはできたが，キャッシュフローの現実的な推定と割引フリーキャッシュフロー法を使って多くのこれら企業の株価を正当化することははるかに困難であった．

割引キャッシュフロー法との比較

　類似企業にもとづく評価倍率の使用は，これが簡便法であるととらえるのが最善である．企業の資本コストと将来の利益またはフリーキャッシュフローを別々に推定するのではなく，似たような将来の見通しをもつ他の企業の価値に関する市場の評価に頼るのである．倍率法は簡単であることに加え，将来のキャッシュフローの非現実的な予測ではなく，実在する企業の実際の株価にもとづいているという利点がある．

　類似企業法には，企業間の重要な差異を考慮していないという最も重要な欠点がある．たとえば，この方法は，ある企業には非常に優秀な経営者がおり，別の企業にはより効率的な製造プロセスが開発されており，さらに別の企業には新技術の特許を保有している可能性があるという事実を無視している．割引フリーキャッシュフロー法には，企業の資本コストや将来の利益成長に関する特定の情報を組み込むことができるという利点がある．したがって，企業価値の真の原動力は，投資家のためにキャッシュフローを生み出す能力であるため，割引フリーキャッシュフロー法は，評価倍率を用いるよりも正確である可能性がある．

9.3　株式評価のテクニック：最後に

　結局のところ，株式の真の価値について最終的な答えを提供する手法は 1 つもない．実際，どの評価方法も，決定的な企業価値評価を提供しようとすると，どうしてもあまりにも不確実な仮定や予測を必要とする．実際の実務家の多くは，これらの評価方法を組み合わせて使用し，その結果がさまざまな手法で一貫していれば，その結果に自信をもつことができる．

　図 9.4 は，本章および第 6 章で取り上げたさまざまな評価方法を使って，ナイキ株

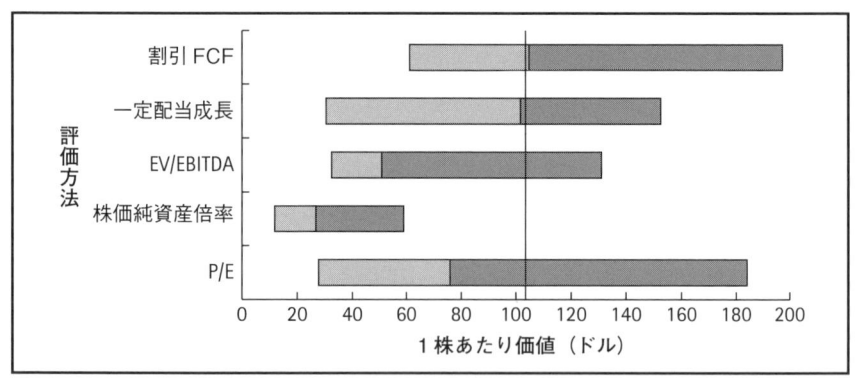

■ と ■ の領域は，"最小倍率 / 最悪のシナリオ"と"最大倍率 / 最良のシナリオ"の間の変動を示す．ナイキ社の実際の株価102.79ドルは黒色の線で示されている．

図9.4　さまざまな評価方法によるナイキ株の評価の範囲

について価値の範囲を比較したものである．2022年7月5日時点の同社株価は102.79ドルで，1つの評価方法を除くすべての評価方法が示す範囲内にあり，いくつかの倍率が示唆する中点より高くなっている．したがって，この証拠だけにもとづいて，株価が明らかに割安または割高であると結論づけることはできない．しかし，もしそうでないとしたらどうであろうか．これらの評価方法から，市場での取引価格とは大きく異なる評価がえられたらとした？　次節では，この問いに取り組む．

9.4　情報，競争および株価

　図9.5が示すように，本章と第6章で説明したモデルは，企業の期待される将来のキャッシュフロー，（リスクによって決まる）資本コスト，および株式の価値を結びつける．しかし，ある株式の実際の市場価格が，わたしたちが推定した株式の価値と一致していないようにみえる場合，どのような結論を導き出せばよいのか？　株式が市場で誤って価格づけられている可能性が高いのか，それともリスクや将来のキャッシュフローについて私たちが誤解している可能性が高いのか？

株価に内在する情報

　あなたは新人のジュニアアナリストで，ナイキ株を調査し，その価値を評価する任務が与えられていると仮定する．あなたは会社の最近の財務諸表を精査し，業界の動向を調べ，会社の将来の利益，配当，フリーキャッシュフローを予測する．慎重に数値を計算し，最終的に株式の価値を1株あたり115ドルと推定した．自分の分析結果

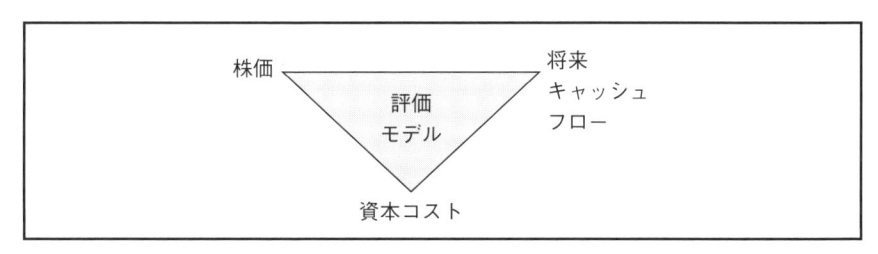

評価モデルは，企業の将来キャッシュフロー，資本コスト，株価の関係を決定する．株式の予想キャッシュフローと資本コストを使って，その市場価格（株価）を評価することができる．逆に，市場価格を使って，企業の将来キャッシュフローや資本コストを評価することもできる．

図 9.5　評価の 3 要素

を上司に説明しに行く途中，エレベーターで少しだけ経験豊富な同僚に出くわした．そこでその同僚も同じナイキ株を調査していたことがわかった．しかし，その同僚の分析によると，ナイキ株の価値は 1 株あたり 95 ドルしかない．あなたならどうするか？

　単純に，同僚が間違っていると思い込むこともできるが，ほとんどの人は自分の分析を考え直すであろう．同じ株式を慎重に分析した他の人がまったく異なる結論に達したという事実は，あなたが間違っているかもしれないという強力な証拠になる．同僚からのこのような情報に直面すれば，おそらくあなたはその株式の価値の評価を下方修正するであろう．もちろん，同僚もあなたの評価にもとづいて自分の評価を上方修正するかもしれない．分析を共有した後，おそらく 1 株あたり 95 ドルから 115 ドルの間のどこかにコンセンサス予想は落ち着くであろう．

　株式市場では，このような出会いは毎日何百万回も起こっている．買い手がある株式を購入しようとするとき，その株式に対する他の市場参加者の売却意欲は，売り手がその株式に対して異なった評価をしていることを示唆する．この情報により，買い手と売り手の両者が評価を修正することになる．最終的に，投資家は株式の価値（市場価格）に関するコンセンサスに達するまで取引を行う．このようにして，株式市場は多くの異なる投資家の情報と考え方を集約する．

　したがって，ある株式が市場で 1 株あたり 20 ドルで取引されているとき，もしあなたの評価モデルがその株式について 1 株あたり 30 ドルの価値があると示唆したなら，その相違は，何千人もの投資家（その多くは，その株式に関する最高の情報を入手できる専門家）があなたの評価に同意しないことを認識していることと同じである．この事実を知れば，あなたは自分の当初の分析を考え直すはずである．このような反対意見に直面しても，自分の推定を信用するには，非常に説得力のある理由が必要となる．

　この議論からどのような結論がえられるだろうか．図 9.5 では，評価モデルが企業

の将来のキャッシュフロー，資本コスト，株価を結びつけている．言い換えると，これらの変数のうちいずれか2つについて正確な情報があれば，評価モデルによって3つ目の変数について推論することができる．したがって，評価モデルをどのように使うのかについては，わたしたちの情報の質に依存する．つまり，モデルは，事前情報の信頼性が最も低い変数について最も多くのことを教えてくれる．

　上場企業の場合，その市場価格は，その株式の真の価値に関して，多数の投資家から集められた非常に正確な情報をすでに提供しているはずである．このような状況では，評価モデルの最良の利用方法は，わたしたちが直接観察できない企業の将来のキャッシュフローや資本コストに関する情報を提供することである．企業のキャッシュフローや資本コストに関して，他の投資家にはない優れた情報をわたしたちがもっているといった比較的まれなケースでのみ，株価を予測することは理にかなっているであろう．

競争と効率的市場

　市場価格が多くの投資家の情報を反映しているという考え方は，投資家間の競争の自然な結果である．ある株式を買うと NPV がプラスになるという情報があれば，その情報をもっている投資家はその株式の購入を選択するであろう．そして，その株を購入しようとする投資家の試みによって株価は上昇するであろう．同様の論理で，ある株式を売ると NPV がプラスになるという情報をもつ投資家はその株式を売るので，株価は下落するであろう．

　効率的市場仮説（efficient market hypothesis）とは，投資家間の競争により，NPV がプラスの取引機会が「すべて」排除されるという考え方である．これは，投資家が入手可能なすべての情報を所与とするなら，証券は将来のキャッシュフローにもとづいて公正に価格づけされるということを意味する．

　ある株式に関する新しい情報が入ってきたらどうなるのか？　その答えは，競争の度合い，つまりこの新しい情報を入手できる投資家の数に依存する．これについて2つの重要なケースを考えてみる．

公開され，解釈が容易な情報　すべての投資家が入手可能な情報には，ニュースレポート，財務諸表，企業のプレスリリース，またはその他の公開データソースの情報が含まれる．投資家が，この情報が企業の将来のキャッシュフローに与える影響を容易に把握できるなら，すべての投資家は，この情報が企業価値をどのように変化させるかを判定することができる．

　このような状況では，投資家間の競争が激しくなり，株価はこのようなニュースにほぼ瞬時に反応すると予想される．ほんの一握りの幸運な投資家は，株価が完全に調

整される前に少量の株式を取引できるかもしれない．しかし，ほとんどの投資家は，自分が取引する前に株価がすでに新しい情報を反映していることに気づくであろう．言い換えると，効率的市場仮説は，この種の情報に関してはとてもうまく当てはまる．

私的で，解釈が困難な情報　もちろん，公開されていない情報もある．たとえば，アナリストは，かなりの時間と労力を費やして，企業の従業員，競合他社，サプライヤー，あるいは顧客から，企業の将来のキャッシュフローに関連する情報を収集する．しかし，同様の労力を費やして情報を収集していない他の投資家はこのような情報を入手することはできない．

　たとえ情報が公開されていても，その解釈が難しい場合がある．たとえば，新技術に関する調査報告書を評価するのは，その分野の専門家でなければ難しいかもしれない．非常に複雑な商取引についてのすべての結果を理解するには，法律や会計に関する多大な専門知識と労力が必要になるかもしれない．ある種のコンサルティングの専門家は，消費者の嗜好や製品が受け入れられる可能性について，より高い見識をもっているかもしれない．このような場合，基本的な情報は公開されているかもしれないが，その情報が企業の将来のキャッシュフローにどのような影響を与えるかについての解釈は，それ自体が非公開情報である．

　例として，フェニックス社（Phenyx Pharmaceuticals）が新薬の開発を発表し，米国食品医薬品局（FDA）に承認を求めている状況を考える．もしこの新薬が承認され，その後米国市場で発売されれば，新薬から将来得られる利益によってフェニックス社の市場価値は7億5千万ドル，発行済株式数5千万株で換算すると1株あたり15ドル増加することになる．ここで，この新薬の開発の発表が投資家にとってサプライズであり，FDAによる承認の可能性が平均10パーセントであると仮定する．この場合，おそらく多くの投資家はFDAによる承認の可能性が10パーセントであることについては知っているので，競争によってフェニックス社の株価はすぐに1株あたり1.5ドル（＝10パーセント×15ドル）上昇するはずである．しかし，時間の経過とともに，アナリストやこの分野の専門家が，この薬の有効性について独自の評価を下す可能性がある．もし彼らが，この薬は平均よりも有望であると結論づけたなら，彼らは自身の私的情報をもとに株式を買い，株価は時間の経過とともに上昇に向かうであろう．しかし，もし彼らが，この薬は平均よりも有望ではないと結論づけたなら，彼らは株式を売り，株価は時間の経過とともに下落に向かうであろう．もちろん，発表時点では，情報のない投資家は株価がどちらに動くかわからない．図9.6は，予想される株価の動きを表している．

　私的情報が比較的少数の投資家に伝わると，これらの投資家はその情報をもとに取

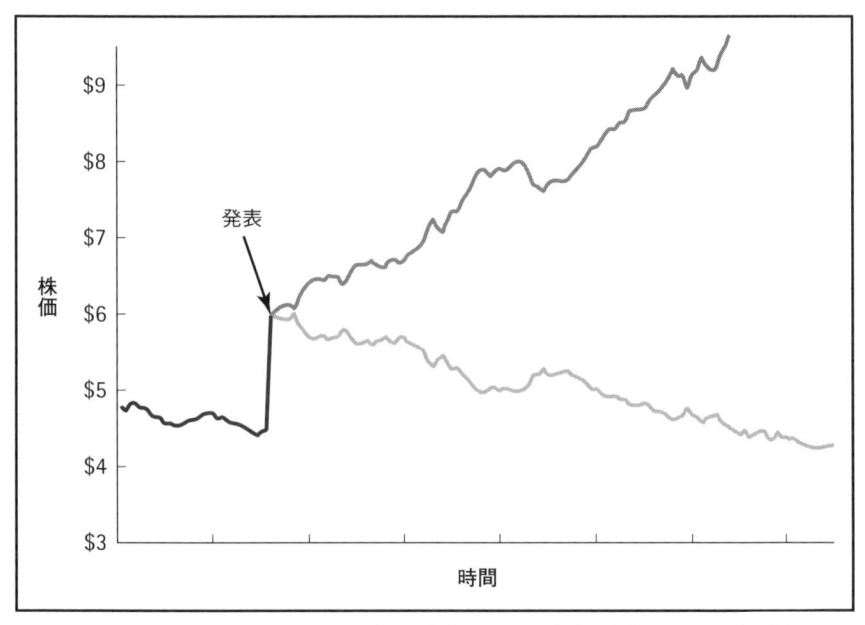

フェニックス社の株価は，FDA承認の平均的な可能性にもとづく発表で急騰する．その後，情報トレーダーが，この医薬品が承認され米国市場に参入する可能性について，より正確な評価にもとづいて取引を行うことで，株価は上昇（━━の経路）または下降（━━の経路）する．発表の時点では，情報のない投資家は株価がどちらに動くかわからない．

図9.6　フェニックス薬品会社の株価の推移

引することで利益をえることができるかもしれない[36]．この場合，効率的市場仮説は厳密な意味では成り立たない．しかし，情報をえた投資家が取引を始めると，彼らの行動は価格を動かすようになるため，時間の経過とともに価格も彼らの情報が反映するようになる．

　この種の情報をもつことによる利益機会が大きければ，他の個人投資家は専門知識をえようとし，そのために必要な資源を投入するであろう．より多くの個人投資家がより良い情報をえるにつれて，この情報を利用しようとする競争は激しくなる．したがって，長期的には，市場における"非効率性"の程度は，情報をえるための費用に

36　私的情報をもっている情報投資家であっても，その情報を利用して利益をえるのは難しいかもしれない．なぜなら，この投資家は自分と取引してくれる別の投資家をみつけなければならないからである．つまり，株式市場が十分に「流動的」でなければならないのである．流動的な市場とは，市場にいる他の投資家が別の取引動機（たとえば，住宅を購入するために株式を売却する）をもっており，たとえ他の投資家がもっと良い情報をもっているかもしれないというリスクに直面したとしても，取引しても構わないという状況を必要とする．

よって制限されると予想される．

投資家と経営者への教訓

　株価に関する情報にもとづく競争の影響は，投資家と企業経営者の両者に対して重要な結果をもたらす．

投資家に対する結果　他の市場と同じように，投資家は，自由競争に対して何らかの障壁や制限が存在する場合に限り，証券市場において NPV がプラスの取引機会を特定することができるはずである．投資家の競争優位性にはいくつかの形態がある．たとえば，投資家が専門知識をもっていたり，一部の人しか知らない情報を入手できたりする場合である．あるいは，他の投資家よりも取引費用が低いため，彼らにとっては採算が合わないような機会を利用できる場合もある．どのような場合でも，NPV がプラスである取引機会の源泉は，再現することが困難なものでなければならない．そうでなければ，たとえ利益があってもすぐに競争によって失われてしまうからである．

　NPV がプラスである取引機会をみつけるのが難しいという事実は残念であるかもしれないが，逆に良いニュースもある．もしわたしたちの評価モデルにしたがって株価が公正に価格づけられているなら，株式を購入した投資家は，投資リスクを公正に補償してくれる将来のキャッシュフローを受け取ることが期待できる．このような場合，平均的な投資家は，たとえ十分な情報がなくても，自信をもって投資することができる．

企業経営者に対する結果

　本章と第 7 章で説明したモデルにしたがって株式が公正に評価されるならば，企業の価値は投資家に支払うことのできるキャッシュフローによって決まる．この結果は，企業経営者にとっていくつかの重要な意味をもつ．

- 「NPV とフリーキャッシュフローに注目する」：自社の株価を上げたいと考えている経営者は，フリーキャッシュフローの現在価値を高める投資を行うべきである．したがって，第 8 章で概説した資本予算計画は，企業の株価を最大化するという目的と完全に一致している．
- 「会計上の幻想を避ける」：多くの経営者は，フリーキャッシュフローとは対照的に，会計上の利益に注目するという間違いを犯す．効率的市場仮説によると，意思決定の会計上の結果は企業価値に直接影響せず，意思決定を促すべきではない．

・「金融取引を利用して投資を支援する」：効率的な市場があれば，企業は新しい投資家に公正な価格で株式を売却することができる．その結果，企業は，NPV がプラスの投資機会を実行するための資金調達を制限すべきででない．

効率的市場仮説と無裁定の比較

効率的市場仮説と，第 2 章で紹介した無裁定という概念には，重要な違いがある．裁定機会とは，キャッシュフローが「同一である」2 つの証券（またはポートフォリオ）が異なる価格をもつという状況のことである．このような状況では，価格の低い証券を購入し，価格の高い証券を売却することで，誰でも確実に利益をえることができるため，投資家はこのような機会を即座に利用し，排除することが予想さされる．したがって，裁定機会はみつからない．

効率的市場仮説のもとでは，株式の価値の最良の推定値は市場価格である．つまり，投資家自身が推定した価値は市場価格ほど正確ではないということである．しかし，後で振り返ったときに，市場価格が常に正しかったと証明されるわけではない．最良の推定と正しいことは違う．価格は他の推定値よりは優れていが，価値の最良の近似値でさえ常に正しいとは限らない．それにもかかわらず，価格が最良の推定値であるので，効率的市場仮説は，株式の真の価値をどの価格が過大評価し，どの価格が過小評価しているかを見分けることができないということになる．

9.5 個人投資家のバイアスと取引

すべての投資家が，株価を予測するには専門的な知識と並外れた技術が必要だという考え方を受け入れているわけではない．それよりはむしろ，彼らは取引することで儲けをえようとするが，ほとんどの場合，結局のところお金を失うことになる．ここでは，いくつかの一般的な心理的バイアスについて簡単に説明し，それらが個人投資家の取引行動にどのような影響を与えるかを考察する．効率的な市場では，これらのバイアスは費用がかかるかもしれず，実現リターンの低下や富の減少を招く．

過剰取引と自信過剰

取引するには費用がかかる．たとえ手数料を支払わなくても，「スプレッド」と呼ばれる買値（ビッド）と売値（アスク）の差額を支払うことになる．割高株と割安株を見極めるのがいかに難しいかを考えれば，個人投資家は取引に保守的な方法を取るだろうと予想されるかもしれない．しかし，ディスカウントブローカーに口座をもつ個人投資家の取引行動に関する影響力のある研究において，バーバー教授とオディーン教授は，個人投資家は非常に活発に取引する傾向があり，分析期間の平均回転率は

機関投資家を含む全投資家の平均を 50 パーセント近く上回っていることをみつけた[37].

この取引行動を説明できるものは何であろうか？　心理学者は 1960 年代から，十分に情報をもっていない個人は自分の知識の精度を過大評価する傾向があることを知っていた．たとえば，スタンドに座っている多くのスポーツファンは，フィールド上でのコーチの意思決定を自信ありげに予測し，自分ならもっとうまくやれると信じている．金融の世界では，投資家が過剰な取引によって市場を勝つことができると思い込んでいることを**自信過剰仮説**（overconfidence hypothesis）と呼んでいる．バーバー教授とオディーン教授は，このような行動もまた個人投資家の意思決定を特徴づけているという仮説を立てた．つまり，スポーツファンのように，個人投資家は勝者も敗者も選べると信じているが，実際にはそうではない．この自信過剰が，過剰な取引を招くのである．

この自信過剰仮説が意味することは，投資家に真の能力がないと仮定すると，より多く取引する投資家はより高いリターンをえられないということになる．それどころ

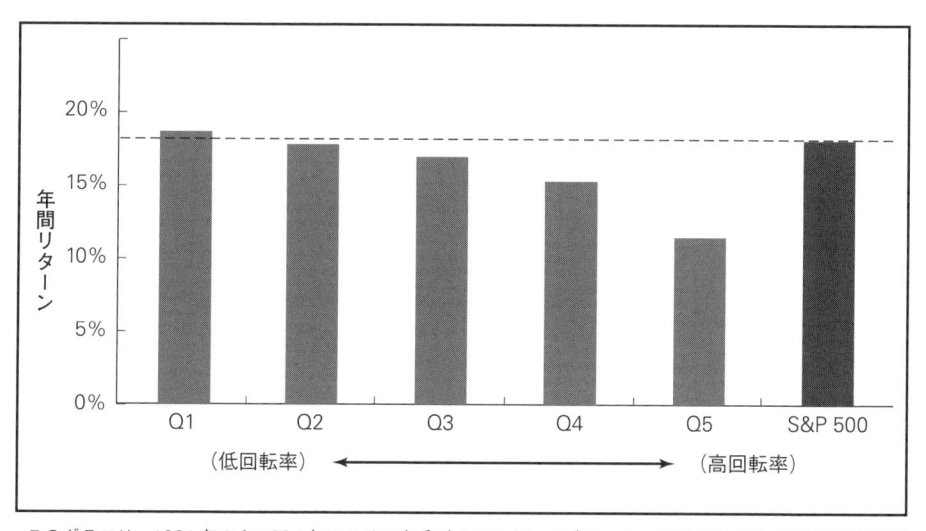

このグラフは，1991 年から 1997 年にかけて大手ディスカウントブローカーの個人投資家がえた平均年間リターン（手数料と取引費用控除後）を示している．投資家は平均年間回転率にもとづいて五分位に分類される．最も頻繁に取引していない（アクティブでない）投資家は，S&P500 よりもわずかに（ただし，有意ではない）良好なパフォーマンスを示したが，パフォーマンスは回転率とともに低下している．

図 9.7　個人投資家のリターンとポートフォリオの回転率

37　B. Barber and T. Odean, "Trading Is Hazardous to Your Wealth: The Common Stock Investment Performance of Individual Investors," *Journal of Finance* 55（2000）773-806.

か，（手数料とビッドアスクスプレッドの両方による）取引費用を考慮すると，彼らのパフォーマンスはさらに悪くなる．図9.7はまさにこの結果を示しており，多くの投資家の取引が投資パフォーマンスに対する合理的な評価にもとづいていないことを示している．

ルーザーへの固執とディスポジション効果

投資家は，購入時より値下がりした株式もち続け，一方，値上がりした株式を売る傾向がある．このような負け株（ルーザー）を保有し，勝ち株（ウイナー）を売却する傾向は，**ディスポジション（気質）効果**（disposition effect）と呼ばれる．研究者のシェフリン教授とスタットマン教授は，心理学者のカーネマン教授とトヴェルスキー教授の研究をもとに，この効果は投資家が損失の可能性に直面して，リスクを取ろうとする意欲を高めるために生じることを示唆している[38]．あるいは，損失を被ることで間違いを認めたくないという気持ちの表れかもしれない．

研究者は多くの研究でディスポジション効果を検証してきた．たとえば，1995年から1999年までの台湾株式市場におけるすべての取引を対象とした研究では，投資家全体が利益を実現する可能性は損失を実現する可能性の2倍であった．また，個人投資家の約85パーセントがこのバイアスの影響を受けていた[39]．一方，投資信託と外国人投資家には同じ傾向がみられず，他の研究では，より洗練された投資家はディスポジション効果の影響を受けにくいようであるということが示されている[40]．

ウイナーを売却し，ルーザーを保有するという投資家行動に関するこの傾向は，税制の観点からみると費用がかかる．キャピタルゲインは資産を売却したときにのみ課税されるので，含み益のある投資をそのまま保有し続けることで，課税対象となる利益を先送りすることが税務上最適である．つまり，納税を遅らせることは，その現在価値を減少させる．一方，投資家は，税金控除を早めるために，特に年末近くに含み損のある投資を売却することで，税金の損失を補うべきである．

もちろん，ルーザーを保有し続け，ウイナーを売却することは，もしルーザーが最終的に"反発し"，将来的にウイナーをアウトパフォームすると投資家が予想するならば，理にかなっているかもしれない．投資家は実際にこのような信念をもっているかもしれないが，それは正当化されるものではないようである．むしろ，投資家が保

38　H. Shefrin and M. Statman, "The Disposition to Sell Winners Too Early and Ride Losers Too Long: Theory and Evidence," *Journal of Finance* 40 (1985): 777-790; D. Kahneman and A. Tversky, "Prospect Theory: An Analysis of Decision under Risk," *Econometrica* 47 (1979): 263-291.

39　B. Barber, Y. T. Lee, Y. J. Liu, and T. Odean, "Is the Aggregate Investor Reluctant to Realize Losses? Evidence from Taiwan," *European Financial Management* 13 (2007): 423-447.

40　R. Dhar and N. Zhu, "Up Close and Personal: Investor Sophistication and the Disposition Effect," *Management Science* 52 (2006): 726-740.

有し続けるルーザーは，売却したウイナーを「アンダーパフォーム」する傾向がある．ある研究によると，ルーザーは，ウイナーを売却した後の1年間で3.4パーセント，ウイナーをアンダーパフォームした[41].

投資家の注意力，気分，経験

個人投資家は通常，フルタイムのトレーダーではない．そのため，投資判断に費やす時間や注意力は限られており，注目を集めるニュースやその他の出来事に影響される可能性がある．複数の研究によると，個人投資家は，最近ニュースに取り上げられたり，広告を出したり，きわめて売買高が高かったり，極端な（プラスまたはマイナスの）リターンを上げた株式を購入する可能性が高い[42].

投資行動は投資家の気分にも影響されるようである．たとえば，一般的に太陽の光は気分に良い影響を与える．いくつかの研究は，証券取引所のある場所が晴天の日には，株式リターンが高くなる傾向があることをみつけた．ニューヨーク市では，完全に晴れた日の市場リターンは約年24.8パーセントであるのに対し，完全に曇った日の市場リターンは約年8.7パーセントである[43].投資家の気分と株式リターンの関連性を示すさらなる証拠は，主要なスポーツイベントがリターンに与える影響からえられる．ある最近の研究では，ワールドカップの予選ステージでの敗退により，その負けた国の翌日の株式リターンが約0.50パーセント低下すると推定している．これはおそらく投資家の気分が落ち込んだことが原因だと思われる[44].

最後に，投資家は歴史的証拠のすべてを考慮するよりも，自分自身の経験を重視しすぎるようである．その結果，株式リターンの高い時代に育ち，その時代に生きた人々は，株式リターンの低い時代に育ち，その時代に生きた人々よりも株式投資をする可能性が高くなる[45].

なぜ投資家はこのような間違いを犯し続けるのであろうか？　たとえそのような誤解をしてしまったとしても，時間の経過とともに，これらの間違いには費用がかかる

41　T. Odean, "Are Investors Reluctant to Realize Their Losses?" *Journal of Finance* 53 (1998): 1775-1798.

42　G. Grullon, G. Kanatas, and J. Weston, "Advertising, Breadth of Ownership, and Liquidity," *Review of Financial Studies* 17 (2004): 439-461; M. Seasholes and G. Wu, "Predictable Behavior, Profits, and Attention," *Journal of Empirical Finance* 14 (2007): 590-610; B. Barber and T. Odean, "All That Glitters: The Effect of Attention and News on the Buying Behavior of Individual and Institutional Investors," *Review of Financial Studies* 21 (2008): 785-818.

43　1982年から1997年のデータにもとづく．D. Hirshleifer and T. Shumway, "Good Day Sunshine: Stock Returns and the Weather," *Journal of Finance* 58 (2003): 1009-1032.

44　A. Edmans, D. Garcia, and O. Norli, "Sports Sentiment and Stock Returns," *Journal of Finance* 62 (2007): 1967-1998.

45　U. Malmendier and S. Nagel, "Depression Babies: Do Macroeconomic Experiences Affect Risk-Taking?" *Quarterly Journal of Economics* 126 (2011): 373-416.

184

ことを学ぶことができるのではないか？　問題は，株式リターンが極めて不安定であり，そしてこの不安定さによってさまざまな取引戦略からのリターンのわずかな違いが覆い隠されてしてしまうことである．第 10 章ではまず，株式の平均リターンとそのボラティリティに関する歴史的証拠を考察することから始める．そこでは，リターンがいかに変動的であるか，また 1990 年代のように長期にわたって良好なリターンが続いた時期もあれば，2000 年代のように総リターンがマイナスになった時期もあったことを確認する．

第IV部

リスクとリターン

評価原理のつながり

評価原理を適用するには，意思決定における将来の費用と便益を割り引くことができなければならない．そのためには，将来の費用と便益を取り巻くリスク，すなわち不確実性を反映した割引率が必要となる．第IV部では，投資機会全体のリスクを測定・比較し，その知識を使って各投資機会の割引率，すなわち資本コストを求める方法を説明することが目的である．第10章では，投資家がリスクプレミアムを要求するのは，ポートフォリオを分散化しても費用をかけずに取り除くことができないリスクに対してのみである，という重要な洞察を紹介する．したがって，投資機会を比較する際には，分散不可能なリスクのみが重要となる．第11章では，この考え方を定量化し，ファイナンス論の中心的モデルである資本資産評価モデル（CAPM）へと導く．第12章では，ここまで学んだことを応用して，会社全体の資本コストを推計する．

第 10 章

資本市場のリスクとリターン

10.1 リスクとリターンの世界へ

　もしあなたの高祖父母が 1925 年に小型株ポートフォリオに 100 ドルだけ投資していたら，あなたの家族の資産は今日 500 万ドル近くになっていたかもしれない！　しかし，これから考察するように，そのような意思決定は，かなりのリスクを伴っていたであろうし，後から振り返ってみて初めて，それが利益をもたらしてくれるものであったと知る.

　最初に，リスクプレミアムが投資家の意思決定とリターンにどのような影響を与えるのかを説明することで，リスクとリターンについて考察する. あなたの高祖父母が 1925 年末にあなたに代わって 100 ドルを投資していたと仮定する. 彼らはブローカーに，その口座でえられた配当や利息を 2021 年末まで再投資するよう指示した. その 100 ドルを次のいずれかに投資していたら，どのように成長していたであろうか？

1. スタンダード & プアーズ 500（S&P500）：スタンダード & プアーズ社が構築したポートフォリオで，1957 年までは米国 90 社の株式，それ以降は米国 500 社の株式で構成される. 構成企業は，各業界の主力企業であり，米国株式市場で取引されている時価総額（株価×株主保有株式数）上位の大型企業である.
2. 小型株：四半期ごとに更新されるポートフォリオで，NYSE（ニューヨーク証券取引所）で取引されている時価総額下位 20 パーセントの米国株式である.
3. 世界ポートフォリオ：国際株式のポートフォリオで，構成企業は，北米，欧州，アジアの世界の主要な株式市場すべてで取引されている企業である.
4. 社債：満期約 20 年の AAA 格の米国長期社債のポートフォリオ[46].
5. 財務省短期証券：1 か月物米国財務省証券への投資（満期が来たら再投資する）.

46　ムーディーズ社の AAA 社債インデックスにもとづく.

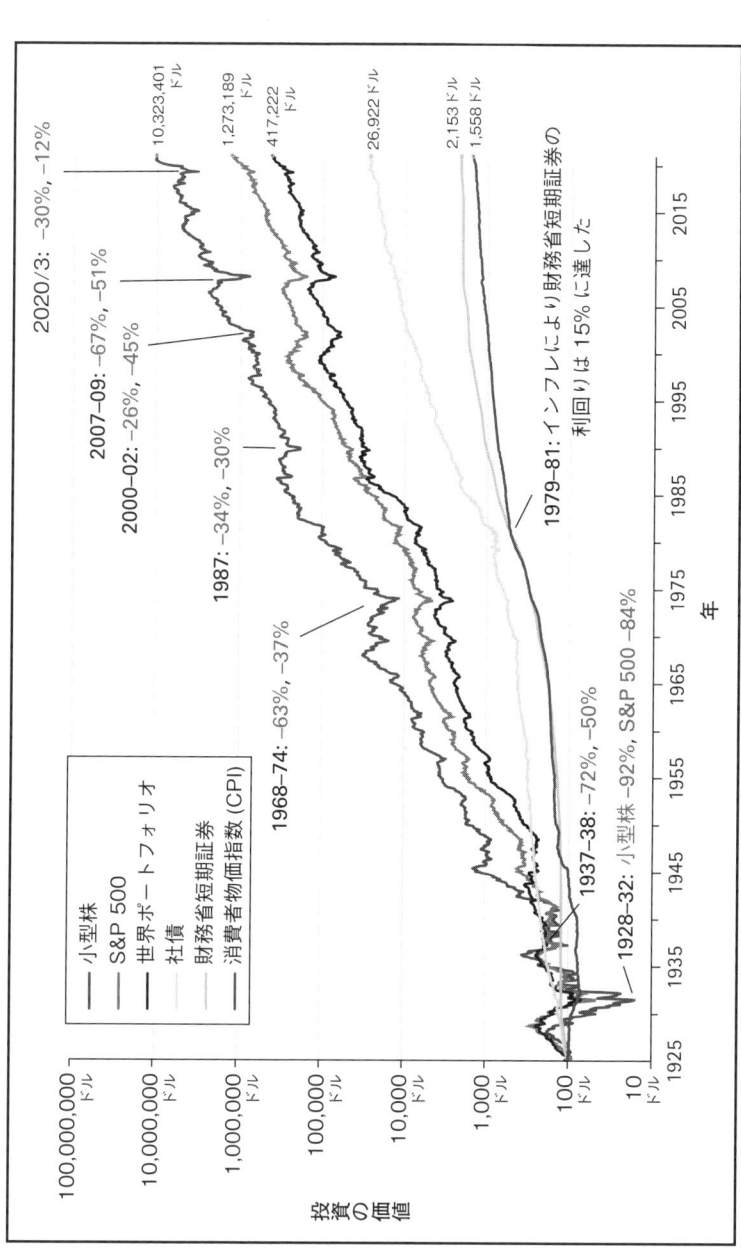

長期的にパフォーマンスが最も良かった投資は, 年ごとの変動も最も大きかったことに注意が必要である. 参考として消費者物価指数 (CPI) の変化を示している. 縦軸は, 特定の垂直距離が常に同じ変化率になるように設定されている (10 ドルから 100 ドルは 10 倍であり, 10,000 ドルから 100,000 ドルになるのとちょうど同じである).
出所: Gloval Fioncial Data と CRSP.

図 10.1　1925 年末に, 米国小型株, 大型株 (S&P500), 世界ポートフォリオ, 社債, 財務省短期証券に投資した 100 ドルの価値変化

　図10.1は，これら5つの異なる投資ポートフォリオそれぞれに対して，1925年末に100ドルを投資した場合の2021年末までの結果を表している．これは驚くべき結果である．もしあなたの高祖父母が小型株ポートフォリオに100ドルを投資していたなら，2021年末にはその投資額が1,030万ドルを超えていたであろう！　一方，もし彼らが財務省短期証券に投資していたなら，その投資額はわずか約2,150ドルにしかならなかったであろう．比較のために，図10.1の一番下の線で表された消費者物価指数（CPI）にもとづいて，同じ期間に物価がどのように変化したのかを考えてみる．1925年から2021年までの長期リターンは，米国の小型株が最も高く，次にS&P500の大型株，それ以降は，世界ポートフォリオの国際株，社債，最後に財務省短期証券と続く．すべての投資対象はCPIで測定したインフレ率より速いペースで成長した．

　図10.1にはもう1つの特徴がある．小型株ポートフォリオのパフォーマンスは長期的に最も良かったが，その一方でその価値は最も大きく変動した．たとえば，小型株への投資家は1930年代の大恐慌期に最大の損失を被った．これについて例として，1925年にあなたの高祖父母が，退職する15年後の1940年に向けて100ドルを小型株ポートフォリオに投じたと仮定する．その結果，退職時に手元に残ったのはわずか148ドルであったが，社債に投資していれば217ドルになっていた．さらに，15年の間には投資価値が16ドルまで下落したこともあった．しかし，もし彼らが財務省短期証券に投資していれば，大恐慌期に損失を被ることはなく，毎年，わずかではあるが安定した利益をえることができたであろう．実際，価値の増減の大きさで投資先を順位付けすると，最初の特徴でみた順位と同じである．つまり，小型株のリターンが最も変動が大きく，次にS&P500，それ以降は，世界ポートフォリオの国際株，社債，最後に財務省短期証券と続く．

　投資家は投資価値の変動を嫌うので，よりリスクの高い投資にはより高い期待リターンを求める．しかし，それ以上に重要なことは，不況時に，投資家は投資で損失を被ることによって問題が悪化することを好まないということである．事実，たとえあなたの高祖父母が1925年に実際に100ドルを小型株ポートフォリオに投資していたとしても，あなたがその収益を受け取っていた可能性は低い．それよりも，大恐慌期のどん底で，彼らは収入を補うための投資に方針を変えていたであろう．表10.1は，図10.1で示したいくつかの投資に対応する最初の10年間のリターンを示している．太字はマイナスリターン（つまり損失）である．注目すべきは，1929年から1931年にかけて，小型株で大幅なマイナスリターンが続いていることである．残念ながら，あなたの高祖父母の小型株ポートフォリオは，大恐慌期にはほとんど生活の足しにはならなかったであろう．1932年6月には，当初の100ドルの投資はわずか16ドルまで落ち込んだ．それから96年の今となっては，小型株ポートフォリオは素

晴らしい投資のようにみえるが，1932年当時は大失敗したと思ったであろう．おそらくこれが，あなたの高祖父母があなたのために実際に小型株に投資しなかった理由であろう．彼らの玄孫がいつか億万長者になるかもしれないという喜びは，他のことにお金が必要なまさにそのときに投資が破綻することの痛みを埋め合わせてはくれない．

表 10.1 1926年から1935年の小型株，S&P500，社債，財務省短期証券の実現リターン（単位はパーセント）				
年	小型株	S&P500	社債	財務省短期証券
1926	−6.70	11.14	6.24	3.19
1927	29.05	37.13	6.49	3.12
1928	44.02	43.31	3.42	3.82
1929	−50.29	−8.91	4.34	4.74
1930	−45.71	−25.26	6.29	2.35
1931	−49.57	−43.86	−2.16	1.02
1932	8.70	−8.86	11.96	0.81
1933	203.53	52.89	5.23	0.29
1934	35.65	−2.34	9.55	0.15
1935	63.20	47.21	6.85	0.17

出所：Global Financial Data と CRSP.

わたしたちは，投資家はリスクを好まないため，リスクを負うためにリスクプレミアムを要求するという一般原理を確立した．本章の目的は，投資家は大型株ポートフォリオを保有することである程度のリスクを排除できるため，すべてのリスクにリスクプレミアムが要求されるというわけではないことをさらに深く理解することである．そのためには，まずリスクとリターンを測定できるツールを開発する必要がある．

10.2 株式の過去のリスクとリターン

本節では，過去の株式市場のデータを使って，平均リターンとリスク，すなわちボラティリティの尺度を計算する方法について説明する．過去のリターンの分布は，投資家が将来える可能性のあるリターンを推定するのに役立つ．まず，過去のリターンの計算方法について説明する．

過去のリターンを計算する

まず，個別資産やポートフォリオの「実現リターン」から説明する．**実現リターン**

（realized return）とは，ある特定の時間間隔で発生する総リターンのことである．

個別株式投資の実現リターン　1か月前にある株式に10ドル投資したと仮定する．今日，その株式は0.50ドルの配当を支払い，あなたはそれを11ドルで売却した．あなたのリターンはどうなったか？　あなたのリターンは，配当金と価格の変化という2つの要因からえられるので，リターンは，10ドルの投資に対して配当金で0.50ドル，つまり0.50ドル/10ドル＝5パーセント，価格の上昇で1ドル，つまり1ドル/10ドル＝10パーセント，よって，合計リターンは15パーセントであった．

$$\text{リターン} = \frac{0.50\text{ドル}}{10\text{ドル}} + \frac{(11\text{ドル}-10\text{ドル})}{10\text{ドル}}$$
$$= 5\text{パーセント} + 10\text{パーセント} = 15\text{パーセント}$$

一般に，ある株式を時点 t において価格 P_t で購入したと仮定する．その株式が時点 $t+1$ で配当金 Div_{t+1} を支払い，その時点において株価 P_{t+1} でその株式を売却したならば，その株式のキャッシュフローの時間軸は次のようになる．

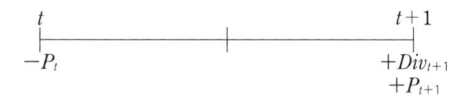

時点 t から時点 $t+1$ までの期間に株式へ投資したときの実現リターンは，

$$R_{t+1} = \frac{Div_{t+1}+P_{t+1}-P_t}{P_t} = \frac{Div_{t+1}}{P_t} + \frac{P_{t+1}-P_t}{P_t} \tag{10.1}$$
$$= \text{配当利回り} + \text{キャピタルゲイン利回り}$$

時点 t から時点 $t+1$ までの期間の実現リターンは，配当利回りと（期初価格に対する割合で表された）キャピタルゲインの合計であり，第6章で説明したように，これは「トータルリターン」とも呼ばれる．時点 t で投資した1ドルに対して，時点 $t+1$ に（$1+R_{t+1}$）ドルをえることになる．配当金を，その証券が支払うキャッシュフローに置き換えることで（たとえば，債券の場合，クーポンの支払いが配当金に置き換わる），同じようにして証券のトータルリターンを計算することができる．

　最初の配当日以降も株式を保有する場合，リターンを計算するために，その間に受け取った配当金をどのように投資するかを決める必要がある．単一の証券のリターンに焦点を当てるため，ここでは，「すべての配当は直ちに再投資され，同じ株式または証券の追加購入に使用される」と仮定する．株式の場合，（10.1）式を使って配当が支払われる間のリターンを計算し，各配当支払い間隔のリターンを複利計算するこ

とで，より長い期間にわたるリターンを計算することができる．ある株式が各四半期末に配当を支払い，各四半期の実現リターンを $R_1, \cdots, R_4$ とすると，この株式の 4 四半期のリターンは次のように示される．

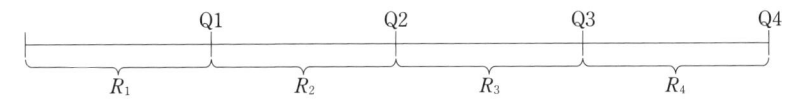

1 年間の実現リターン R_{annual} は，

$$1+R_{\text{annual}} = (1+R_1)(1+R_2)(1+R_3)(1+R_4) \tag{10.2}$$

例 10.1　実現リターンの複利計算

問題

　2004 年 11 月 1 日にマイクロソフト社の株式を購入し，1 年間保有し，2005 年 10 月 31 日に売却したと仮定する．1 年間の実現リターンはいくらだったか？

解答

考え方：マイクロソフト社の株式を保有することから生み出さるキャッシュフローを四半期ごとに分析する必要がある．キャッシュフローを手に入れるには，マイクロソフト社の株式購入日，売却日，配当金支払い日における株価データを調べる必要がある（株価と配当金のデータについてのオンライン上での情報源については，第 6 章を参照）．このデータから以下の表を作成し，キャッシュフローの時間軸に記入する．

日付	株価	配当金
2004 年 11 月 1 日	28.08	
2004 年 11 月 15 日	27.39	3.08
2005 年 2 月 15 日	25.93	0.08
2005 年 5 月 16 日	25.49	0.08
2005 年 8 月 15 日	27.13	0.08
2005 年 10 月 31 日	25.70	

次に，(10.1) 式を使って各日付間の実現リターンを計算する．そして，1 年間すべての期間のリターンを複利計算することにより，式 (10.2) 式と同様に 1 年間の実現リターンを求める．

実行：たとえば，2004 年 11 月 15 日から 2005 年 2 月 15 日までの実現リターンは次のようになる．

$$R_{t+1} = \frac{Div_{t+1}+P_{t+1}-P_t}{P_t} = \frac{0.08+(25.93-27.39)}{27.39} = -0.0504 \,(5.04 \text{パーセント})$$

　下の表は，各期間における実現リターンである．

日付	株価	配当金	リターン
2004 年 11 月 1 日	28.08		
2004 年 11 月 15 日	27.39	3.08	8.51 パーセント
2005 年 2 月 15 日	25.93	0.08	−5.04 パーセント
2005 年 5 月 16 日	25.49	0.08	−1.39 パーセント
2005 年 8 月 15 日	27.13	0.08	6.75 パーセント
2005 年 10 月 31 日	25.70		−5.27 パーセント

そして，複利計算によって 1 年間のリターンを求める．
　（10.2）式の方法を使うには，複利計算をするための投資が必要であることに注意が必要である．第 2 章と同様，複利計算を行うときは，1 ドルを投資した結果を計算するように 1 を加える．最初のリターンは 8.51 パーセントで，1＋0.0851，つまり 1.0851 となる．リターンがマイナスのときも同様である．たとえば，2 番目のリターンは−5.04 パーセントで，1＋（−0.0504），つまり 0.9496 となる．1 年間の実現リターンを計算するには，最初の 1 ドルを差し引き，リターンのみを残す．

$$1+R_{annual}=(1+R_1)(1+R_2)(1+R_3)(1+R_4)(1+R_5)$$
$$1+R_{annual}=(1.0851)(0.9496)(0.0861)(1.0675)(0.9473)=1.0275$$
$$R_{annual}=1.0275-1=0.0275(2.75 パーセント)$$

評価：この手順を繰り返すことで，マイクロソフト社の株式を保有する投資家の 1 年間の実現リターンを計算することができた．この計算結果から，リターンにはリスクがあることがわかる．マイクロソフト社の株式は 1 年間で上下に変動し，最終的にはわずかな上昇（2.75 パーセント）であった．

　2004 年 11 月 1 日にマイクロソフト社の株式に投資した人が，例 10.1 で計算したとおりの実現リターンを受け取ることを期待したとは考えにくい．どの年においても，わたしたちは実現したかもしれないすべてのリターンの中から実際の実現リターンを 1 つだけ観察する．しかし，実現リターンは長年にわたって観察することができる．実現リターンが特定の範囲に入った回数を数えることで，実現する可能性のあるリターンの分布をグラフ化することができる．このプロセスを表 10.1 のデータで説明する．
　図 10.2 は，表 10.1 の各米国投資対象の年次リターンをヒストグラムで表している．このヒストグラムでは，各棒の高さは，年次リターンが横軸に示された各範囲にあった年数を表している．注目すべきは，株式のリターンが財務省短期証券に比べていかに変動が大きいかということである．

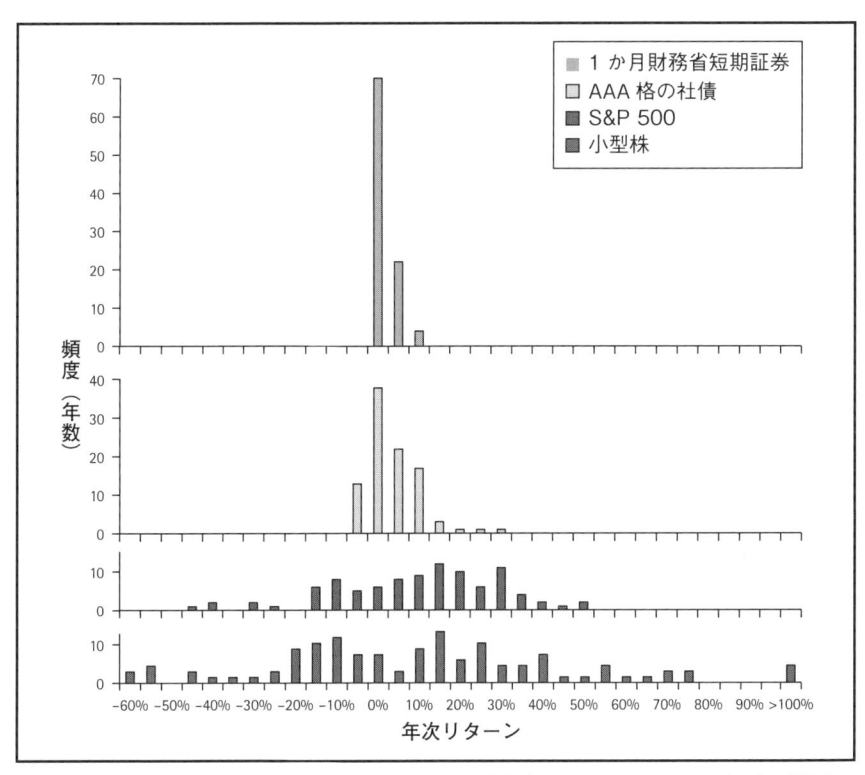

各棒の高さは，年次リターンがそれぞれの範囲にあった年数を表している．たとえば，財務省短期証券の
図の棒グラフは，1 か月物財務省短期証券の年次リターンが 0〜5 パーセントの範囲にあった年がおおよ
そ 70 パーセントであったことを示している．社債や財務省短期証券のリターンと比較して，株式のリター
ン（特に小型株）の変動性が大きいことに注意が必要である．

**図 10.2　1926 年から 2021 年の大型株（S&P500），小型株，社債，財務省短期証券の年
次リターンの分布**

平均年次リターン

　図 10.2 に描かれた各証券の実現する可能性のあるリターンの分布から，わたした
ちが知りたいのは，期待すべき年次リターンの推定値である．これは平均として表さ
れる．ある過去の期間における投資の**平均年次リターン**（average annual return）は，
単純に各年の実現リターンの平均である．すなわち，ある証券の t 年目の実現リター
ンを R_t とすると，1 年目から T 年目までの平均年次リターンは次のようになる．

証券の平均年次リターン

$$\overline{R}=\frac{1}{T}(R_1+R_2+\cdots+R_T) \qquad (10.3)$$

もし実現する可能性のあるリターンの分布が長期にわたって同じであると仮定すると，平均リターンは，ある年にわたしたちが期待すべきリターン（期待リターン）の推定値を提供する．この考え方はリターンに限ったことではない．たとえば，スターバックスの店長は，今日の来店客数を正確に知ることはできないが，過去の来店客数の平均を調べることで，スタッフの配置や仕入れに使用する予想を立てることができる．

（10.3）式を使って 2005 年から 2007 年の S&P500 の平均リターンを計算することができる．各年のリターンは次のとおりである（単位はパーセント）．

2005	2006	2007	2008	2009
4.9	15.8	5.5	-37.0	26.5

そして，平均リターンは次のようになる．

$$\frac{1}{5}(4.9+15.8+5.5-37+26.5)=3.1 \text{パーセント}$$

同期間の財務省短期証券の平均リターンは 2.0 パーセントであった．したがって，この期間，S&P500 を保有した投資家は，財務省短期証券に投資した投資家よりも平

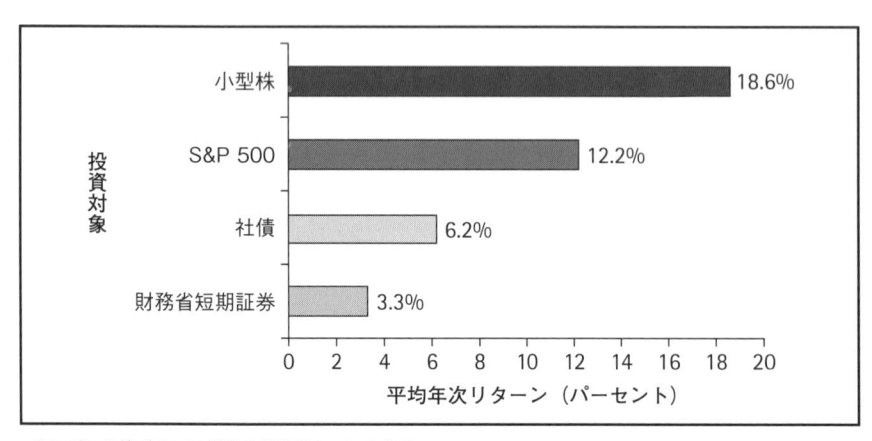

それぞれの棒グラフは投資の平均リターンを表す.

図 10.3　1926 年から 2021 年の小型株，大型株（S&P500），社債，財務省短期証券の平均年次リターン

均して 1.1 パーセント（＝3.1 パーセント－2.0 パーセント）多くの利益をえたことに
なる．この平均はわずか 5 年間のデータで計算されている．当然ながら，分布の真の
平均の推定値は，使用するデータが多いほど精度が高まる．図 10.3 は，1926 年から
2021 年までのさまざまな米国の投資対象の平均リターンを示している．

リターンの分散とボラティリティ

　図 10.2 をみると，投資先によってリターンのばらつきが大きく異なることがわか
る．小型株のリターン分布は最もばらつきが大きく，もしこれらの株式に投資してい
たなら，50 パーセント以上の損失を被る年もあれば，100 パーセント以上の利益を
える年もあったであろう！　S&P500 の大型株のリターンは，小型株のリターンより
はばらつきが小さいが，社債や財務省短期証券のリターンよりははるかにばらつきが
大きい．このようなばらつきの違いをチャートで確認することはできるが，それらを
正式に定量化する方法が必要である．リターンのばらつきを把握するために，実現リ
ターンの分布の「標準偏差」を計算する．**標準偏差**（standard deviation）は，実現リ
ターンの分布の「分散」の平方根である．**分散**（variance）は，リターンのばらつき
を測定するために，実現リターンと平均リターンの差をとり，それらの差を二乗する
ことによって求める．定義上，二乗する前の差の合計は必ずゼロになるので，差は二乗
する必要がある．そして，リターンを二乗するので，分散の単位は，"%²"つまり
パーセントの二乗になる．これは使い勝手が悪いので，平方根をとって標準偏差を求
めることで単位はパーセントになる．

　やや抽象的に聞こえるかもしれないが，標準偏差は単純に，過去のリターンが平均
と異なる傾向を示し，そしてそれぞれのリターンが平均からどれだけ離れているのか
を示している．したがって，標準偏差はわたしたちのリスクに対する直観を捉えてい
る．つまり，どれくらいの頻度で目標値を外し，それはどれくらいの大きさなのか？
正式には，以下の式で分散を計算する[47]．

実現リターンを使った分散の推定

$$Var\,(R) = \frac{1}{T-1}\Big[\big(R_1-\overline{R}\big)^2 + \big(R_2-\overline{R}\big)^2 + \cdots + \big(R_T-\overline{R}\big)^2\Big] \tag{10.4}$$

---

[47]　なぜここで T ではなく $T-1$ で割るのか不思議に思うかもしれない．その理由は，真の期待リター
　　ンからの乖離を計算しているのではなく，推定された平均リターン $\overline{R}$ からの乖離を計算しているか
　　らである．平均リターンは同じデータから計算されるので，自由度を失うことになる．標本平均が
　　手元にあれば，データのうち $T-1$ までわかれば，最後のデータは自動的に決まってしまう．した
　　がって，$T-1$ の自由度だけ分散を計算するために残る．

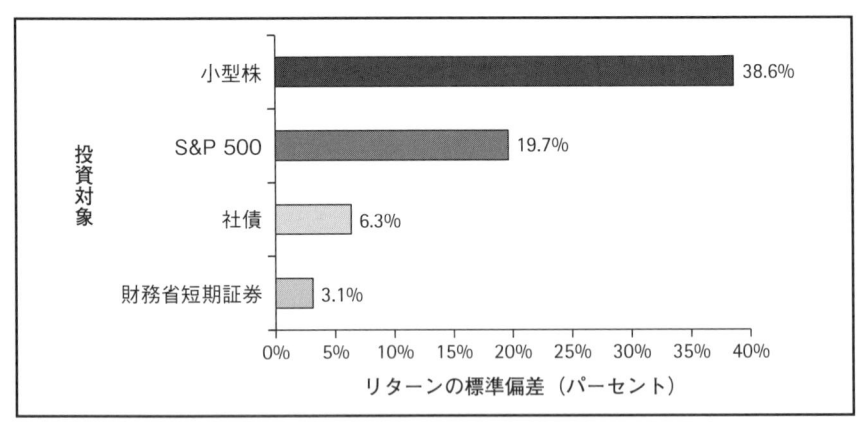

それぞれの棒グラフは投資リターンの標準偏差を表している.

図 10.4　1926 年から 2021 年の小型株，大型株（S&P500），社債，財務省短期証券のボラティリティ（標準偏差）

標準偏差（ここでは「ボラティリティ」と呼ぶ）は，分散の平方根である[48].

$$SD(R) = \sqrt{Var(R)} \tag{10.5}$$

　当初の目的は，統計学を復習し，図 10.2 で観察した分布のばらつきの違いを定量化できるようになることであった．そして，図 10.4 に示すように，米国の投資対象についてそれらリターンの標準偏差を使うことでその目的が達成された．

　図 10.4 の標準偏差を比較すると，予想どおり，過去のリターンは小型株が最も変動が大きく，次に大型株となっている．社債と財務省短期証券のリターンは株式よりもはるかに変動が小さく，財務省短期証券は最も変動の小さい投資対象である．

正規分布

　図 10.4 で計算した標準偏差は，単にリスクの高いものから低いものへと投資対象をランク付けするだけではなく，それ以外にも有用である．標準偏差は，図 10.5 に示す正規分布を説明する際にも重要な役割を果たす．正規分布は，平均と標準偏差によって完全に特徴付けられる左右対称の確率分布である．重要なことは，起こりうるすべての結果の約 3 分の 2 が平均値の上下 1 標準偏差の範囲内に入り，起こりうるすべての結果の約 95 パーセントが平均値の上下 2 標準偏差の範囲内に入るということ

48　(10.4) 式で使用したリターンが年次リターンでない場合，1 年あたりのリターンの個数かけて分散を年次換算するのが通例である．したがって，月次リターンを使用する場合は，分散を 12 倍し，標準偏差を $\sqrt{12}$ 倍する.

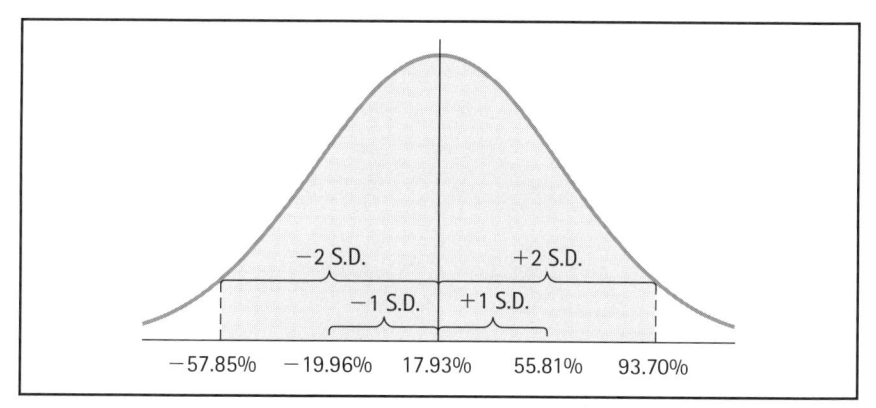

線の高さは，各リターンが発生する可能性を反映している．図 10.3 と図 10.4 のデータを使って，もし小型株のリターンが正規分布しているなら，起こりうるすべての結果の約 3 分の 2 が平均リターン 17.93 パーセント（図 10.3）の 1 標準偏差の範囲内に入り，約 95 パーセントが 2 標準偏差の範囲内に入るはずである．図 10.4 は，標準偏差が 37.89 パーセントであることを示しているので，起こりうるすべての結果の 95 パーセントは−57.85 パーセントから＋93.70 パーセント（分布の斜線部分）の間に入ることになる．

図 10.5　正規分布

である．図 10.5 は，小型株に関するこれらの結果を示している．

　約 95 パーセントの確率で，来年のリターンは平均から 2 標準偏差以内に入るので，95 パーセントの**予測区間**（prediction interval）は，［平均−2×標準偏差］から［平均＋2×標準偏差］までの範囲である，という．

$$平均 \pm (2 \times 標準偏差)$$

$$\bar{R} \pm (2 \times SD(R)) \tag{10.6}$$

表 10.2　過去リターンを扱うツールのまとめ

概念	定義	公式
実現リターン	ある特定の時間間隔でえたトータルリターン	$R_{t+1} = \dfrac{Div_{t+1} + P_{t+1} - P_t}{P_t}$
平均年次リターン	各年の実現リターンの平均	$\bar{R} = \dfrac{1}{T}(R_1 + R_2 + \cdots + R_T)$
リターンの分散	リターンの変動制の尺度	$Var(R) = \dfrac{1}{T-1}\left[(R_1 - \bar{R})^2 + (R_2 - \bar{R})^2 + \cdots + (R_T - \bar{R})^2\right]$
リターンの標準偏差（ボラティリティ）	分散の平方根（平均と同じ単位になる，つまり"パーセント"）	$SD(R) = \sqrt{Var(R)}$
95 パーセント予測区間	翌期のリターンが 95 パーセントの確率で入るリターンの範囲	$\bar{R} \pm 2 \times SD(R)$

表 10.2 は，本節で整理した中心概念と方程式をまとめたものである．過去のリターンの平均とボラティリティを計算することで，投資対象が過去にどのようなパフォーマンスだったのか，そして将来どのようなパフォーマンスなるのかを示す．もちろん，過去を使って将来を予測することは不確実性を伴う．次の節では，その不確実性について説明する．

10.3　リスクとリターンの過去のトレードオフ

あなたは，追加の報酬がなくても，意図的に追加のリスクを受け入れることを選ぶだろうか？　言い換えれば，より高いリスクの投資対象により高いリターンを生む可能性がないのなら，それらに進んで投資しますか？　これらの質問に対する答えは，どちらもおそらく"ノー"である．本節では，（価格ボラティリティで測定された）リスクと（リターンで測定された）報酬の間の歴史的なトレードオフを検証し，歴史的に投資家があなたと同じように行動したのかどうかを確認する．

多くの株式で構成されるポートフォリオのリターン

図 10.3 と図 10.4 では，さまざまなタイプの投資対象について，過去の平均リターンとボラティリティを示した．図 10.6 では，図 10.1 の世界ポートフォリオも含めこれらの図から，各タイプの投資対象の平均リターンとボラティリティをプロットしている．ここでは標準偏差で測定されたボラティリティが高い投資対象は，投資家により高い平均リターンをもたらしていることに注意が必要である．図 10.6 は，投資家がリスク回避的であるというわたしたちの見解と一致している．リスクの高い投資対象は，投資家が負っているリスクを補うために，より高い平均リターンを投資家に提供しなければならない．

個別株式のリターン

図 10.6 は，リスクプレミアムに関して，ボラティリティが高い投資対象ほどリスクプレミアムも高く，したがってリターンも高くなるはずである，という単純なモデルを示唆している．実際，図 10.6 の点線をみると，すべての投資対象はこの線上かその近くに位置するはずである，つまり，期待リターンはボラティリティに比例して上昇するはずであると結論づけたくなる．この結論は，これまでみてきた多くの株式で構成されるポートフォリオではほぼ正しいようにみえる．間違いないか？　個別株式にも当てはまるのか？

実際のところ，これらの質問に対する答えはいずれも"ノー"である．個別株式のボラティリティとリターンの間には明確な関係はない．図 10.7 は，個別株式のボラ

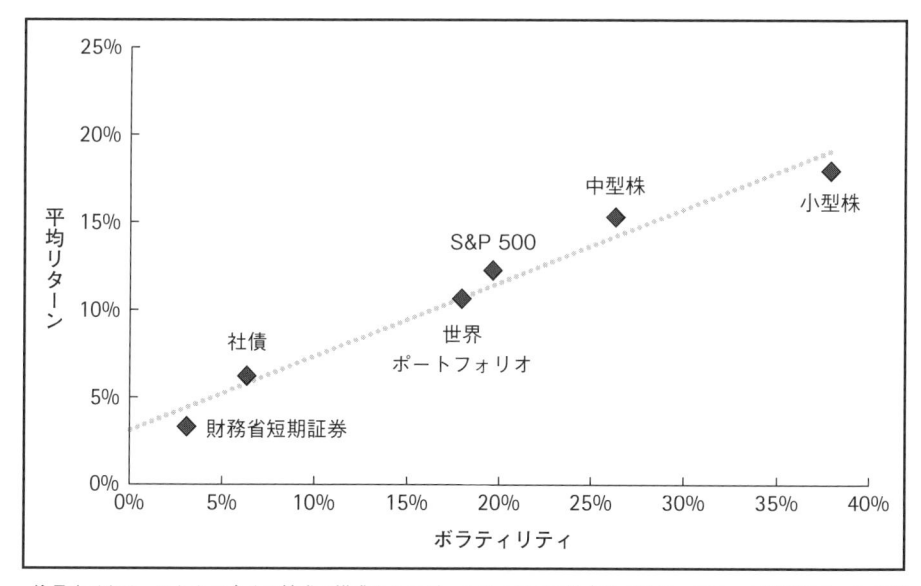

注目すべきは，これらの多くの株式で構成されるポートフォリオの過去のボラティリティと平均リターンの関係は全体的に増加傾向にあるということである．図 10.1 のポートフォリオに加え，米国株全体の中央値をわずかに上回る規模をもつ米国株の 10 パーセントで構成される中型株ポートフォリオも含まれている．（1926~2014 年のデータ）

図 10.6　1926 年から 2014 年までの大型ポートフォリオのリスクとリターンの過去のトレードオフ

ティリティとリターンを調べると，両者の間に明確な関係がみられないことを示している．各点は，米国で取引されている N 番目（N＝1, …, 500）に大きい株式（毎年更新）に投資したときのボラティリティと平均リターンを表している．個別株式のリスクとリターンの関係を明らかにするには，さらなる研究が必要であるが，以下のことがいえる．

1. 企業規模とリスクには関係があり，平均して大型株は小型株よりもボラティリティが低い．
2. 最大型の株式であっても，S&P500 のような大型株ポートフォリオよりもボラティリティが高い．
3. すべての個別株式は，図 10.6 のポートフォリオよりもリターンが低く，および /またはリスクが高い．

「このように，ボラティリティ（標準偏差）は，多くの株式で構成されるポート

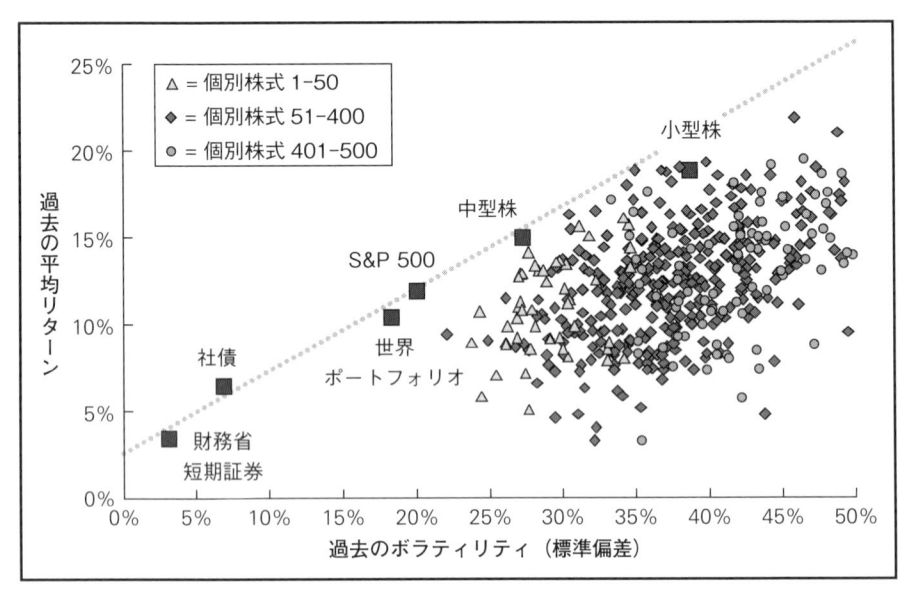

大型ポートフォリオの場合とは異なり，個別株のボラティリティと平均リターンの間には明確な関係はない．多くの株式で構成されるポートフォリオの場合よりも個別株のボラティリティは高く，平均リターンは低い．(1926-2014 年の年次データ)

図 10.7　500 個の個別株式の過去のボラティリティとリターン（年次規模別ランキング）

フォリオを評価する際のリスクの合理的な尺度であるようにみえるが，個別の証券のボラティリティは，その平均リターンの大きさを説明するものではない」．これをどう考えればよいのか？　なぜ投資家はボラティリティの高い株式に高いリターンを求めないのであろうか？　また，500 個の大型株からなるポートフォリオであるS&P500 が，500 ある株式のほとんどすべてを個別に保有するよりもはるかにリスクが低いのはなぜであろうか？　これらの疑問に答えるには，投資家にとってのリスクの測定方法についてより慎重に考える必要がある．

10.4　共通リスクと個別リスクの比較

本節では，個別証券のリスクが，類似の証券で構成されたポートフォリオのリスクと異なる理由を説明する．まず保険業界の例から始め，保険商品を提供する保険会社にとって，それら保険商品のポートフォリオがどのようなパフォーマンスとなるのかについて理解する．

例：盗難保険と地震保険の比較

保険会社が提供する盗難保険と地震保険という 2 種類の住宅保険を考えてみる．説明のために，サンフランシスコ地域のある住宅について，これら 2 つの危険事情（ハザード）のリスクがそれぞれ同程度であると仮定する．つまり，毎年，その住宅が強盗に遭う可能性は約 1 パーセントであり，地震によってその住宅が損害を受ける可能性も約 1 パーセントである．この場合，保険会社が 1 軒の住宅に対して保険金を支払う可能性は，2 種類の保険証券に対して同じである．ある保険会社が，サンフランシスコの住宅所有者向けにそれぞれのタイプの保険証券を 10 万件ずつ引き受けると仮定する．個々の保険証券のリスクは 2 つのタイプで類似していることはわかっているが，10 万件の保険証券のポートフォリオのリスクは類似しているか？

まず，盗難保険について考えてみる．どの家でも盗難に遭う可能性は 1 パーセントであるから，10 万戸のうち約 1 パーセントが盗難に遭うことになる．したがって，盗難保険金の支払い件数は年間約 1,000 件となる．実際の保険金支払い件数は毎年多少増減するかもしれないが，それほど大きな差はない．この場合，保険会社が 1,200 件の保険金支払いを負担するのに十分な金額を準備しているのであれば，ほぼ確実に盗難保険証券の債務を負担できるであろう．

ここで地震保険について考えてみる．地震が発生しない可能性は 99 パーセントである．すべての住宅が同じ市内にあるため，もし地震が発生すると，すべての住宅が影響を受ける可能性が高く，保険会社は保険金の支払いが 10 万件になると予想することができる．その結果，保険会社は保険金支払いが 0 件かもしくは 10 万件のどちらかになると予想することができる．保険金支払いが 10 万件になる可能性があるため，もし地震が発生すると，その債務を支払うには，引き受けた 10 万件の保険金支払いを負担するのに十分な現金を準備（またはその他の投資資産を保有）する必要がある．

したがって，地震保険と盗難保険は，まったく異なるリスク特性をもつポートフォリオとなる．地震保険の場合，保険金支払い率は非常にリスクが高く，ほとんどの場合 0 となるであろうが，保険会社が引き受けた証券すべてに保険金を支払わなければならない可能性が 1 パーセントある．つまり，地震保険のポートフォリオのリスクは，単一の保険のリスクと変わらないが，一方で，盗難保険については，ある年の保険金支払い件数はかなり予測可能であることがわかった．毎年のように，全証券の 1 パーセント，つまり 1,000 件に近い保険金支払いが発生する．盗難保険証券のポートフォリオにはほとんどリスクがない！ つまり，保険会社の支払額は時間について非常に安定しており，予測可能である．

リスクの種類

　個別の保険証券自体はよく似ているのに，なぜ保険証券のポートフォリオはこれほど違うのであろうか？　直観的に，両者の決定的な違いは，地震がすべての住宅に同時に影響を与えるため，リスクが住宅間で連動しているということである．つまりすべての住宅が損害を受けるか，あるいはすべての住宅が損害を受けないかのどちらかである．このように連動しているリスクを**共通リスク**（common risk）と呼ぶ．対照的に，異なる住宅での盗難は互いに関係がないと仮定した．つまり，ある住宅が強盗に遭ったとしても，別の住宅が強盗に遭う可能性には影響しない．盗難リスクのような**個別リスク**（independent risk）は，住宅間で連動しない．リスクが独立している場合，個々の住宅所有者の中には不運な人もいれば，幸運な人もいるが，全体としては保険金の支払い件数はいつも同じようなものである．多くの証券で構成されるポートフォリオによりリスクを平均化することを**分散化**（diversification）という[49]．表10.3 は，共通リスクと個別リスクについての議論をまとめたものである．

表10.3　リスクの種類についてのまとめ			
リスクの種類	定義	例	リスクは多くの証券で構成されたポートフォリオで分散されるか？
共通リスク	結果間で連動	地震	No
個別リスク	お互いに無関係	盗難	Yes

　分散投資の原理は，保険業界では日常的に使用されている．盗難保険に加え，多くの他形態の保険（生命保険，健康保険，自動車保険）は，多くの保険証券で構成されるポートフォリオであれば保険金の支払い件数を比較的予測しやすいという事実に依存している．地震保険の場合でも，保険会社はさまざまな地域で保険を販売したり，異なる種類の保険を組み合わせたりすることで，ある程度の分散化を図ることができる．分散化は，他の多くの場面でもリスクを低減するために使用されている．たとえば，多くのシステムは，障害の発生リスクを減らすために冗長性をもって設計されている．たとえば，企業はしばしば製造プロセスの非常に重要な部分に冗長性をもたせる．NASA の宇宙探査機には複数のアンテナが搭載され，また，自動車にはスペアタイヤが入っている．

　多くの場面で，リスクは共通リスクと個別リスクの間にある．たとえば，あなたは複数の大学に出願したとする．大学ごとに入学基準が異なり，求める学生像も異なるので，ある 1 つの大学に合格する（または不合格になる）可能性は，大学間で完全に

49　マーコウィッツ教授は，分散投資による便益を初めて公式化した．H. M. Markowitz, "Portfolio Se-lection," *Journal of Finance* 7（1）（1952）: 77-91.

連動しているわけではない．しかし，不合格のリスクも完全に独立しているわけではない．どの大学もあなたの高校の成績を調査するので，その合否判定は大学間で連動することになる．

10.5　株式ポートフォリオの分散化

　保険の例が示すように，ポートフォリオのリスクは，その中に含まれる個々の証券のリスクが個別リスクなのか共通リスクなのかによって決まる．個別リスクは多くの証券で構成されるポートフォリオの中で分散化されるが，共通リスクは分散化されない．わたしたちの目標は資本市場におけるリスクとリターンの関係を理解することなので，この違いが株式ポートフォリオのリスクにどのような影響を与えるのか考察する．

アンシステマティックリスクとシステマティックリスクの比較

　任意の期間において，株式を保有するリスクは，配当金と期末株価の合計が予想よりも高くなったり低くなったりすることである．これにより実現リターンはリスクをもつ．配当や株価，よってリターンが予想より高くなったり低くなったりする原因は何か？　通常，株価や配当金は 2 種類のニュースによって変動する．

1. 「会社または業界固有のニュース」：これは会社（または業界）自体に関する良いニュースや悪いニュースである．たとえば，ある企業が業界内で市場シェアをえることに成功したと発表するかもしれない．あるいは，住宅建設業界が不動産市場の低迷で損害を受けるかもしれない．
2. 「市場全体のニュース」：これは経済全体に影響するニュースであり，したがってすべての株式に影響する．たとえば，連邦準備制度理事会（FRB）が景気を刺激するために利子率の引き下げに踏み切ると発表するかもしれない．

　会社や業界固有のニュースに起因する株式リターンの変動は，個別リスクである．住宅間の盗難の例と同様，これらは株式間で無関係である．この種のリスクは**アンシステマティックリスク**（unsystematic risk）とも呼ばれる．
　一方，市場全体のニュースに起因する株式リターンの変動は，共通リスクである．地震と同様，すべての株式が同時に影響を受ける．この種のリスクは**システマティックリスク**（systematic risk）とも呼ばれる．
　多くの株式を組み合わせてポートフォリオを構築すれば，各株式のアンシステマティックリスクは平均化され，分散投資によって消える．良いニュースは一部の株式

に影響し，悪いニュースは他の株式に影響するが，全体として良いニュースや悪いニュースの量は比較的一定である．しかし，システマティックリスクはすべての企業，よってポートフォリオ全体に影響を与え，分散投資によって消えることはない．

　架空の例を考える．タイプ S の企業は，景気の良し悪しというシステマティックリスクの影響だけを受けると仮定する．好況になる可能性と不況になる可能性は半々である．もし好況になれば，タイプ S の株式リターンは 40 パーセント，そしてもし不況になれば，リターンは −20 パーセントとなる．これらの企業が直面するリスク（景気の良し悪し）はシステマティックリスクであるため，多くのタイプ S 株式で構成されたポートフォリオを保有してもリスクの分散化にはならない．ポートフォリオのリターンは個々のタイプ S 企業と同じであり，好況であれば 40 パーセント，不況であれば −20 パーセントとなる．

　次に，アンシステマティックリスクの影響だけを受ける異なる市場に属するタイプ U の企業を考える．各企業固有の要因にもとづき，それら株式リターンは，35 パーセントにも −25 パーセントにもなり，その可能性は等しい．これらのリスクは企業固有のものであるため，もし多くのタイプ U 株式で構成されたポートフォリオを保有すれば，リスクは分散化される．そして，約半数の株式リターンは 35 パーセント，残りの株式リターンは −25 パーセントとなる．ポートフォリオのリターンは，景気が良くても悪くても，0.5×（35 パーセント）＋0.5×＋（−25 パーセント）＝5 パーセントの平均リターンとなる．

　図 10.8 は，タイプ S の企業とタイプ U の企業について，標準偏差で測定されたボラティリティがポートフォリオに含まれる株式数とともに低下する様子を示している．タイプ S の企業はシステマティックリスクしか負わないので，地震保険のケースと同様，企業数が増えてもポートフォリオのボラティリティは変化しない．タイプ U の企業はアンシステマティックリスクしか負わないので，盗難保険のケースと同様，企業数が増えるにつれてリスクは分散化され，ボラティリティは低下する．図 10.8 から明らかなように，企業数が非常に多いと，タイプ U の企業のリスクは基本的に完全に消える．

　もちろん，実際の企業はタイプ S やタイプ U の企業とは似ていない．企業はシステマティックリスク（市場全体のリスク）とアンシステマティックリスクの両方から影響を受ける．図 10.8 は，典型的な企業のポートフォリオについて，その株式数によってボラティリティがどのように変化するかも示している．「企業が両方のリスクから影響を受けている場合，多くの企業をポートフォリオに組み入れると，分散投資によって排除されるのはアンシステマティックリスクだけである．したがって，すべての企業に影響を与えるシステマティックリスクのみが残る水準まで，ボラティリティは低下する」．

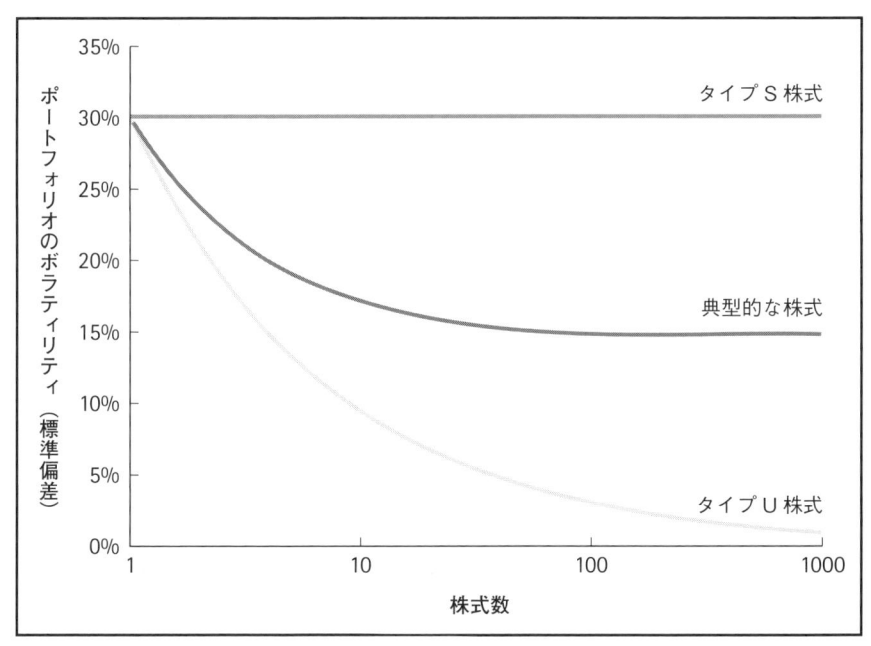

タイプ S の企業はシステマティックリスクしかもたないため，ポートフォリオのボラティリティは変化しない．タイプ U の企業は非システマティックリスクしかもたないが，このリスクは分散され，ポートフォリオ内の企業数が増えるにつれて取り除かれる．典型的な株式は両タイプのリスクが混在しているため，非システマティックリスクが分散されるにつれてポートフォリオのリスクは低下するが，システマティックリスクは残る．

図 10.8　タイプ S 株とタイプ U 株式で構成されるポートフォリオのボラティリティ

　この例は第 3 節で取り上げたパズルの 1 つを説明するものである．そこでは，S&P500 のボラティリティがどの個別株式のボラティリティよりもはるかに低いことを確認した．これでその理由が明らかになる．つまり，個別株式にはそれぞれアンシステマティックリスクが含まれており，多くの株式でポートフォリオを構築するとこれらリスクは分散化されるのである．したがって，ポートフォリオのボラティリティはポートフォリオに含まれる各株式よりも低くなる．図 10.9 はこの事実を示している．点線は，エクソン社（Exxon）とクロロックス社（Clorox）のポートフォリオのリターンの最大値と最小値を示している．ポートフォリオに含まれるこれら 2 つの株式リターンは，これら上下限とそれぞれ交差している．したがって，ポートフォリオのボラティリティは，ポートフォ リオに含まれる 2 つの株式のボラティリティよりも低くなる．

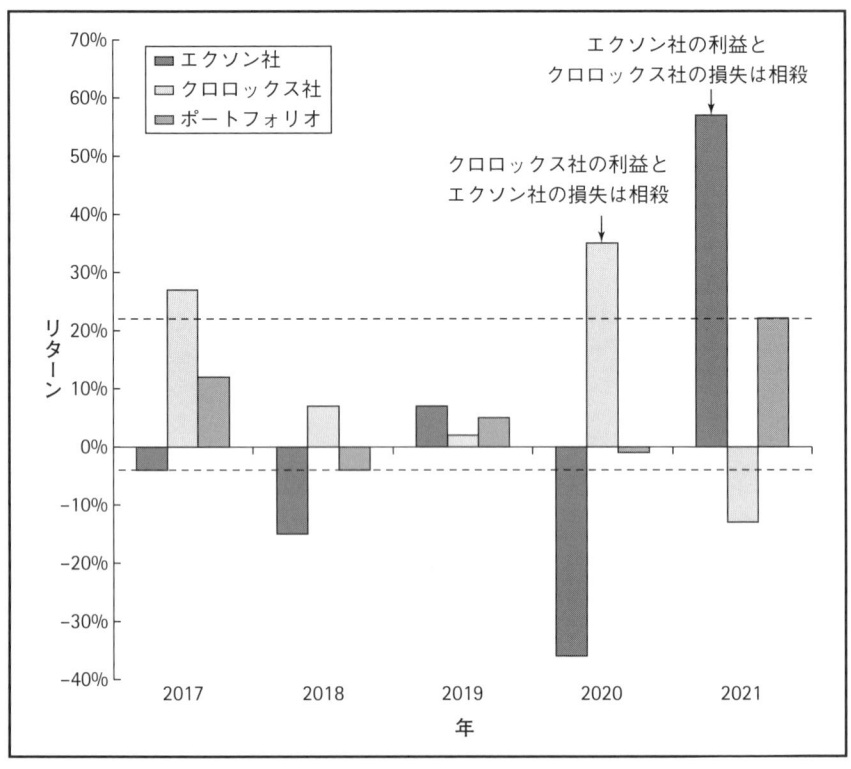

クロロックス社とエクソン社はそれぞれボラティリティが非常に高いが，それらの動きの一部は互いに相殺される．■の棒グラフで示されているように，両社が一緒にポートフォリオに含まれるなら，ポートフォリオの全体的な動きは，どちらかの個別株式の動きに比べて小さくなる．破線はポートフォリオの最大リターンと最小リターンを示しており，ポートフォリオの最小リターンはどちらか1つの株式の最小リターンよりも良いことに注意が必要である．

図10.9　分散投資がポートフォリオのボラティリティに与える影響

分散可能リスクとリスクプレミアム

　もしあなたが1つか2つの株式しか保有していないとしたらどうであろう？　つまり，あなたはアンシステマティックリスクにさらされるので，それに対するプレミアムを要求するのではないか？　もし分散可能なリスクを負うことを選択したあなたに市場が追加のリスクプレミアムで補償するなら，他の投資家は同じ株式を購入し，追加のプレミアムをえながら，一方でポートフォリオに組み入れて，アンシステマティックリスクを分散化し，消すことができる．そうすることで，投資家は追加のリスクを負うことなく，追加のプレミアムをえることができるのである！

　何もせずに何かをえるというこの機会は，第2章で説明したように裁定取引の機会

であるため，投資家にとっては非常に魅力的なものである．この状況を利用し，分散可能なアンシステマティックリスクに対してリスクプレミアムを支払う株式を購入する投資家が増えるにつれて，それらの企業の現在の株価は上昇し，期待リターンは低下する．つまり，現在の株価 P_t は，(10.1) 式のように株式のリターンを計算する際の分母であることを思い出す必要がある．この取引が終わるのは，分散可能なリスクに対するリスクプレミアムがゼロになったときだけである．投資家間の競争は，分散可能なリスクに対して追加のリターンがえられなくなるようにする．その結果，

> *株式のリスクプレミアムは，分散可能なアンシステマティックリスクの影響は受けない．*

　この議論は基本的に，評価原理の一物一価の法則を応用したものである．システマティックリスクのないタイプ U の企業から構成されるポートフォリオを想定する．図 10.8 に示すように，多くのタイプ U の企業で構成されるポートフォリオは，すべてのアンシステマティックリスクをすべて消し，追加のリスクは一切残らない．このようなポートフォリオにはリスクがないため，リスクプレミアムをえることはできず，代わりに無リスク利子率をえなければならない．この推論は，以下のより一般的な原理を示唆している．

> *分散可能なリスクに対するリスクプレミアムはゼロである．したがって，投資家はアンシステマティックリスクを保有しても補償されない．*

システマティックリスクの重要性

　投資家はポートフォリオを分散化することで，アンシステマティックリスクを"タダで"消すことができるため，リスクを負担することに対する報酬やリスクプレミアムを要求しない（また，それに値しない）．一方，分散投資によってシステマティックリスクが消えるわけではない．多くの株式で構成されるポートフォリオを保有していても，投資家は経済全体に影響する，すなわちすべての証券に影響するリスクにさらされる．株式を売却し，無リスク債券に投資することで，ポートフォリオのシステマティックリスクを減らすことはできるが，その代償として株式の高い期待リターンを放棄することになる．分散投資によってアンシステマティックリスクをタダで消すことはできるが，期待リターンを犠牲にすることでしかシステマティックリスクを消すことはできないので，投資家が保有するために要求するリスクプレミアムを決定するのは，証券のシステマティックリスクである．この事実は，表 10.4 にまとめられ，2 つ目の重要な原理を導く．

表10.4 システマティックリスクとアンシステマティックリスクの比較

	分散可能？	リスクプレミアムを要求？
システマティックリスク	No	Yes
アンシステマティックリスク	Yes	No

証券のリスクプレミアムは，そのシステマティックリスクによって決まり，分散可能リスクには依存しない．

　この原理は，株式のボラティリティは総リスク（すなわち，システマティックリスク＋アンシステマティックリスク）の尺度であり，投資家がえるリスクプレミアムを決するのには役に立たないことを意味する．たとえば，タイプSの企業とタイプUの企業をもう一度考える．図10.8に示すように，単一のタイプSまたはタイプUの企業のボラティリティ（標準偏差）は30パーセントである．しかし，表10.5が示すように，それらの株式は同じボラティリティをもつにもかかわらず，タイプSの企業の期待株式リターンは10パーセント，タイプUの企業の期待株式リターンは5パーセントである．

表10.5 無リスク利子率5パーセントのもとでのタイプSとタイプUの株式の期待リターン

	タイプS企業	タイプU企業
ボラティリティ（標準偏差）	30パーセント	30パーセント
無リスク利子率	5パーセント	5パーセント
リスクプレミアム	5パーセント	0パーセント
期待リターン	10パーセント	5パーセント

　期待リターンの違いは，各企業が負うリスクの種類の違いによるものである．タイプUの企業はリスクプレミアムを必要としないアンシステマティックリスクしか負わないため，タイプUの企業の期待リターン5パーセントは，無リスク利子率に等しくなる．タイプSの企業はシステマティックリスクしか負わない．投資家はこのリスクに対する補償を要求するため，タイプSの企業の期待リターン10パーセントは，無リスク利子率より5パーセント高いリスクプレミアムを投資家に提供する．

　以上より，第3節の2つ目のパズルを説明することができた．ボラティリティや標準偏差は，多くの証券で構成されたポートフォリオに対してはリスクの適切な尺度かもしれないが，個別証券に対しては適切ではない．

したがって，個別証券については，ボラティリティと平均リターンの間に関係

はない.

　その結果として，証券の期待リターンを推定するためには，証券のシステマティックリスクの尺度をみつける必要がある.

　本章の冒頭で，あなたの高祖父母の小型株投資は，大恐慌期に多額の損失を出し，悲惨な状況に陥っていた可能性があることを図 10.1 で示した. したがって，リスク回避的な投資家は，不況時にパフォーマンスが悪化する証券へ投資するのにプレミアムを要求するであろう. この考え方は，ここで定義したシステマティックリスクの概念と一致する. 不況や好況についての経済全体のリスクは，分散できないシステマティックリスクである. したがって，景気とともに動く資産にはシステマティックリスクが含まれているため，リスクプレミアムが必要となる. 第 11 章では，投資のシステマティックリスクを測定し，その測定された数値を使って期待リターンを計算する方法について説明する. そして，投資家が期待するリターンを資本コストとして適用する.

システマティックリスクとエクイティリスクプレミアム

11.1 ポートフォリオの期待リターン

第10章では，アンシステマティックリスクを減らすためにポートフォリオが果たす重要な役割について学んだ．財務管理者の立場で考えると，投資家が多くの証券から構成されるポートフォリオの一部としてあなたの会社の株式を保有していることに留意しなければならない．したがって，ポートフォリオはどのような仕組みになっているのか，また，投資家があなたの会社の株式や会社で実施するプロジェクトに期待するリターンに対する影響を理解することが重要である．

ポートフォリオのウェイト

まず，ポートフォリオのリターンと期待リターンを計算する．たとえば，1株200ドルのアップル社の株式を200株（合計40,000ドル）と，1株60ドルのコカコーラ社の株式を1,000株（合計60,000ドル）を保有するポートフォリオを考える．ポートフォリオの総価値は100,000ドルなので，アップル株がポートフォリオの40パーセント，コカコーラ株が60パーセントを占める．より一般的には，ポートフォリオを**ポートフォリオウェイト**（portfolio weight）で表すことができる．これは，ポートフォリオに含まれる個々の投資額がポートフォリオの総投資額に占める割合である．

$$w_i = \frac{投資 i の価値}{ポートフォリオの総価値} \tag{11.1}$$

これらポートフォリオウェイトを合計すると100パーセント（つまり，$w_1 + w_2 + \cdots + w_N = 100$パーセント）となり，ポートフォリオ内の個々の投資対象に資金を分配したことを表している．アップル株とコカコーラ株のポートフォリオのウェイトを確認する．

$$w_{Apple} = \frac{200 \times 200 \text{ドル}}{100,000 \text{ドル}} = 40 \text{パーセント}, \quad w_{Coca-Cola} = \frac{1,000 \times 60 \text{ドル}}{100,000 \text{ドル}} = 60 \text{パーセント}$$

ポートフォリオのリターン

ポートフォリオウェイトがわかれば，ポートフォリオのリターンを計算することができる．たとえば，アップル株とコカコーラ株のポートフォリオを考える．アップル株のリターンが 10 パーセント，コカコーラ株のリターンが 15 パーセントであるなら，ポートフォリオの 40 パーセントが 10 パーセントのリターン，60 パーセントが 15 パーセントのリターンをえるので，ポートフォリオ全体のリターンは，(0.40)(10 パーセント)＋(0.60)(15 パーセント)＝13 パーセントとなる．ポートフォリオのリターンは，投資対象のリターンの加重平均である．

> **ポートフォリオのリターン**（return of a portfolio）は，ポートフォリオに含まれる投資対象のリターンの加重平均である．加重とはポートフォリオウェイトのことである．

正式には，$w_1, \cdots, w_n$ をポートフォリオに含まれる n 個の投資対象のウェイト，$R_1, \cdots, R_n$ をこれらの投資対象のリターンとすると，ポートフォリオのリターンの公式は次のようになる．

$$R_p = w_1 R_1 + w_2 R_2 + \cdots + w_n R_n \tag{11.2}$$

ポートフォリオの期待リターン

第 10 章で示したように，証券の過去の平均リターンをその証券の期待リターンとして使うことができる．これらの期待リターンを使って，**ポートフォリオの期待リターン**（expected return of a portfolio）を計算することができる．これは，単純にポートフォリオウェイトを使って，投資対象の期待リターンを加重平均したものである．

$$E[R_p] = w_1 E[R_1] + w_2 E[R_2] + \cdots + w_n E[R_n] \tag{11.3}$$

まず，ポートフォリオはポートフォリオウェイトで表されると説明した．これらのウェイトは，ポートフォリオのリターンと期待リターンの両方を計算する際に使用される．表 11.1 は，これらの概念をまとめたものである．

表 11.1　ポートフォリオの概念の要約

用語	概念	式
ポートフォリオウェイト	ポートフォリオの相対的な投資額.	$w_i = \dfrac{投資\,i\,の価値}{ポートフォリオの総価値}$
ポートフォリオリターン	ポートフォリオからえられる総リターン. ポートフォリオ内のすべての証券のリターンとそのウェイトを考慮.	$R_p = w_1 R_1 + w_2 R_2 + \cdots + w_n R_n$
ポートフォリオの期待リターン	ポートフォリオからえられると期待されるリターン. ポートフォリオ内の証券の期待リターンとそのウェイトを考慮.	$E[R_p] = w_1 E[R_1] + w_2 E[R_2] + \cdots + w_n E[R_n]$

11.2　ポートフォリオのボラティリティ

　アップル社のような会社の投資家は，リターンだけでなくポートフォリオのリスクも気にする．アップル社株の投資家がリスクについてどのように考えているかを理解するには，ポートフォリオのリスクの計算方法を理解する必要がある．第 10 章で説明したように，ポートフォリオで株式を組み合わせると，分散化によってリスクの一部が消える．依然として残るリスクの量は，株式がどの程度共通リスクを共有しているかによって決まる．**ポートフォリオのボラティリティ**（volatility of a portfolio）は，ポートフォリオの標準偏差として測定される総リスクである．このセクションでは，2 つの株式がどの程度リスクを共有しているかを定量化し，ポートフォリオのボラティリティを求めるためのツールについて説明する．

リスクを分散化する

　まず，株式をポートフォリオに組み入れたとき，リスクがどのように変化するかを簡単な例で考察する．表 11.2 は，3 つの仮想株式の平均リターンとボラティリティを示したものである．3 つの株式は同じボラティリティと平均リターンをもつが，リターンの動きは異なっていることがわかる．航空関連の株式のパフォーマンスが好調であった年は石油関連の株式のパフォーマンスが不調で（2017-2018 年），航空関連の株式のパフォーマンスが不調であった年は石油関連の株式のパフォーマンスが好調であった（2020-2021 年）.

表11.2　3つの個別株式と2つの株式を組み合わせたポートフォリオのリターン（パーセント）

年	株式リターン			ポートフォリオリターン	
	NA ノースエア 社	WA ウェストエ ア社	TO テキサスオ イル社	(1) NAとWAに 半分ずつ	(2) WAとTOに 半分ずつ
2017	21	9	−2	15.0	3.5
2018	30	21	−5	25.5	8.0
2019	7	7	9	7.0	8.0
2020	−5	−2	21	−3.5	9.5
2021	−2	−5	30	−3.5	12.5
2022	9	30	7	19.5	18.5
平均リターン	10.0	10.0	10.0	10.0	10.0
ボラティリティ	13.4	13.4	13.4	12.1	6.1

　表11.2は，2つの株式ポートフォリオのリターンも示している．1つ目のポートフォリオは，ノースエア社株とウェストエア社株の2つの航空会社に等しく投資している．2つ目のポートフォリオは，ウェストエア社株とテキサスオイル社株に等しく投資している．表下の2行は，各株式と株式ポートフォリオの平均リターンとボラティリティを表示している．両ポートフォリオの平均リターン10パーセントは，(11.3) 式と一致し，株式の平均リターン10パーセントと等しいことがわかる．しかし，表11.1が示すように，両者のボラティリティ（標準偏差）は，ポートフォリオ1が12.1パーセント，ポートフォリオ2が5.1パーセントで，各個別株式のボラティリティ13.4パーセントとは大きく異なっている（図11.1も参照）．

　この例は，第10章で学んだ2つの重要なことを実証している．「第1に，株式をポートフォリオに組み入れることで，分散化によってリスクを減らすことができる」．株式は同じ動きをしないので，ポートフォリオの中でリスクの一部は平均化される．その結果，どちらのポートフォリオも個別株式よりもリスクが低くなる．

　「第2に，ポートフォリオの中で消えるリスクの量は，株式が共通リスクに直面し，一緒に動く程度に依存する」．2つの航空会社株は，同時に好調になったり，不況になったりする傾向があるため，航空会社株のポートフォリオのボラティリティは，個別株式のボラティリティよりわずかに低い程度である．一方，航空会社株と石油会社株は一緒に動くことはない．実際，両者は逆方向に動く傾向がある．その結果，より多くのリスクが相殺され，そのポートフォリオのリスクは大幅に低くなる．

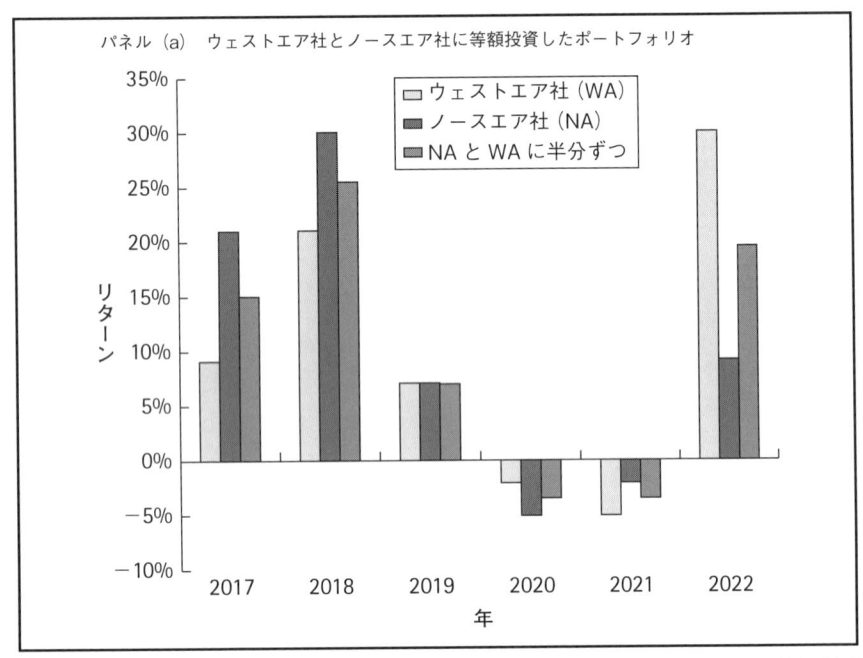

図は，表 11.1 のポートフォリオリターンをグラフ化したものである．パネル（a）では，航空会社の株式は同じ動きをするので，2 つの航空会社の株式で構成されるポートフォリオでは分散化があまり達成されない．パネル（b）では，航空会社の株式と石油会社の株式は互いに反対の動きをすることが多いので，ウェストエア社株とテキサスオイル社株のポートフォリオは，より大きな分散化を達成し，ポートフォリ

図 11.1　航空会社と石油会社のポートフォリオのボラティリティ

株式の共変動を測定する：相関

　表 11.1 は，ポートフォリオのリスクを理解するためには，構成株式のリスクだけではなく，もっと他のことも知る必要があることを強調している．つまり，各株式のリターンがどの程度連動するのかを知る必要がある．各株式の「相関」はこのような尺度であり，−1 から +1 の範囲をとる．

　図 11.2 が示すように，**相関**（correlation）はリターンがどの程度共通リスクを共有しているかを示すバロメーターである．相関が +1 に近いほど，共通リスクの結果としてリターンがより強く一緒に動く傾向がある．相関が 0 に等しい場合，リターンは無相関である．つまり，リターンは一緒に動く傾向も，反対に動く傾向もない．個別リスクは無相関である．最後に，相関が −1 に近いほど，リターンはより強く逆方向に動く傾向がある．

　株式リターンが互いに高い相関をもつのはどのようなときか？　株式リターンは，経済イベントの影響を同じように受けると，一緒に動く傾向があります．したがっ

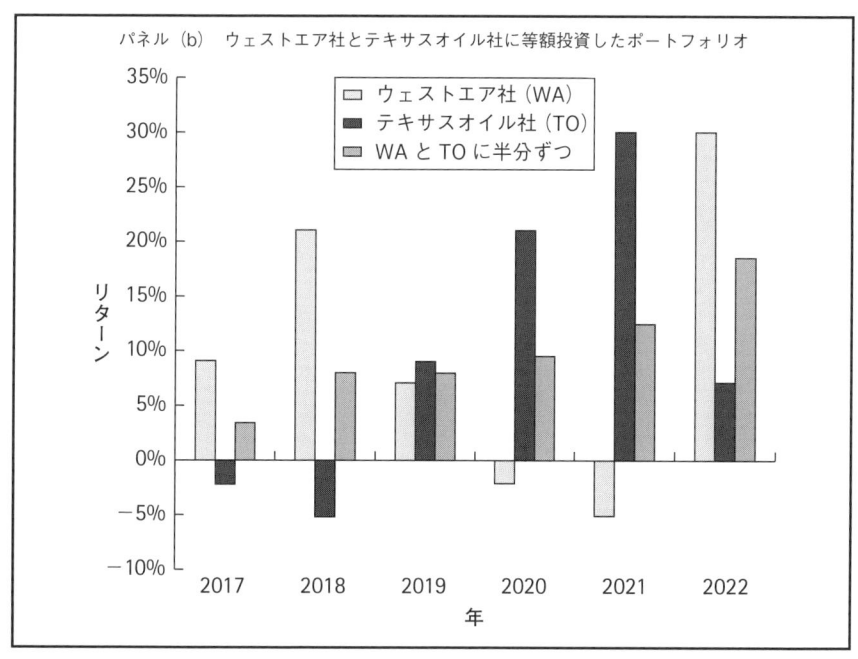

パネル（b）　ウェストエア社とテキサスオイル社に等額投資したポートフォリオ

オのボラティリティを低下させる．両株式とも平均リターンは 10 パーセントであるため，ポートフォリオリターンも 10 パーセントであるが，どちらの個別株式よりたるかに低いボラティリティでそのリターン達成している．

て，同じ業界の株式は，異なる業界の株式よりも高く相関したリターンになる傾向がある．この傾向は，表 11.3 に示されている．この表は，いくつかの一般的な株式について，個別株式のリターンのボラティリティ（標準偏差）とそれらの相関を示している．対角線上の ■ の網掛けの枠は，ある株式とそれ自身との相関を示している．つまり，相関は 1 にならなければならない（自分自身とは完全相関である）．この表は行を横方向に読むことも，列を縦方向に読むこともできるので，各相関は 2 回表示される．たとえば，ゼネラル・ミルズ株の行を横方向に読むと，ゼネラル・ミルズ株とケロッグ株（■ の網掛けの枠）の相関は 0.54 であり，ケロッグ株の行を横方向に読むと，ケロッグ株とゼネラル・ミルズ株の相関もわかる．ケロッグ株とゼネラル・ミルズ株の相関は表の中で最も高く，0.54 である．なぜなら，両社とも，人々がより多くの食品を買うと業績が好調になるからである．ゼネラル・ミルズ社とケロッグ社はライバル関係にあり，負の相関があると思われるかもしれないが，両社の売上高は，製品間の代替よりも，経済状況全体の影響を大きく受けている．しかし，どの相

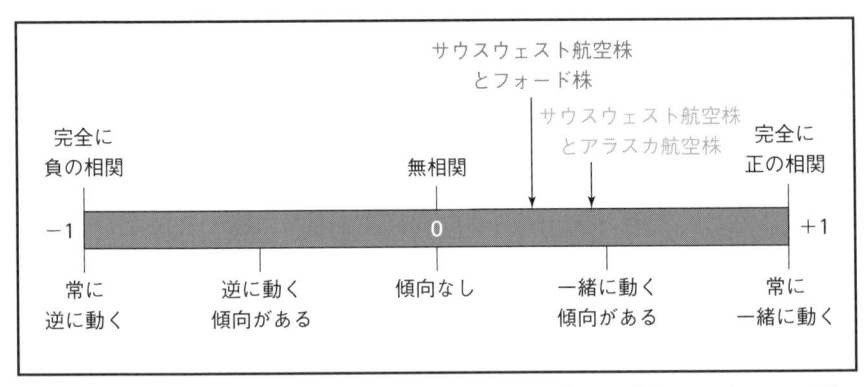

相関は，2つのリターンがお互いに関連してどのように動くかを測定する．相関は+1（リターンは常に一緒に動く）と−1（リターンは常に反対に動く）の間にある．証券の個別リスクは一緒に動く傾向がないので，相関はゼロである．サウスウェスト航空株とフォード株の相関とサウスウェスト航空株とアラスカ航空株の相関を連続したグラフ上に示されている．サウスウェスト航空株は，自動車製造会社よりも他の航空会社との相関が高いことに注意が必要である．相関のその他の例については表11.3を参照のこと．

図11.2　相関

関もマイナスにはなっておらず，株式が連動して動く一般的な傾向を示している．最も相関が低いのは，ゼネラル・ミルズ株とヒューレット・パッカード株で，0.04（の網掛けの枠）である．一般消費者向け食品会社とコンピューターハードウェア会社の間には，ごくわずかな正の関係があることを示している．図11.3は，ゼネラル・

表11.3　選択された株式の年次ボラティリティと相関の推定値（1997年1月〜2021年12月の月次リターンにもとづく）

ボラティリティ（標準偏差）（パーセント）	[1] 31	[2] 35	[3] 37	[4] 32	[5] 46	[6] 19	[7] 17
[1] マクロソフト社（Microsoft）	1.00	0.39	0.19	0.21	0.27	0.07	0.10
[2] ヒューレット・パッカード社（HP）	0.39	1.00	0.29	0.35	0.28	0.10	0.04
[3] アラスカ航空社（Alaska Air）	0.19	0.29	1.00	0.47	0.20	0.16	0.17
[4] サウスウエスト航空社（Southwest Airlines）	0.21	0.35	0.47	1.00	0.31	0.17	0.18
[5] フォードモーター社（Ford Motor）	0.27	0.28	0.20	0.31	1.00	0.19	0.09
[6] ケロッグ社（Kellogg）	0.07	0.10	0.16	0.17	0.19	1.00	0.54
[7] ゼネラル・ミルズ社（General Mills）	0.10	0.04	0.17	0.18	0.09	0.54	1.00

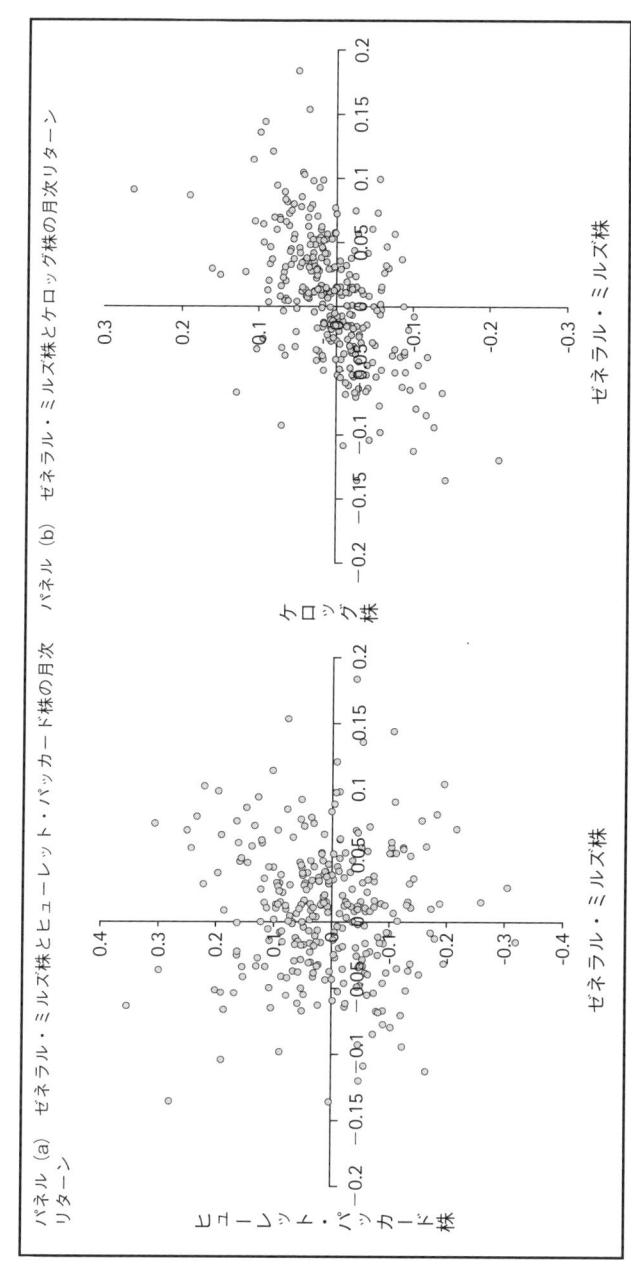

図 11.3　リターンの散布図

ゼネラル・ミルズ株とヒューレット・パッカード株の月次リターンのペアとゼネラル・ミルズ株とケロッグ株の月次リターンのペアのプロット。ゼネラル・ミルズ株とケロッグ株の間には明確な正の関係があり、一緒に上下に動く傾向があるのに対して、ゼネラル・ミルズ株とヒューレット・パッカード株の間にはほとんど関係がないことがわかる。

出所：Yahoo! Finance のデータをもとに筆者作成。

ミルズ株とヒューレット・パッカード株，そしてゼネラル・ミルズ株とケロッグ株の月次リターンの散布図である．ゼネラル・ミルズ株とケロッグ株のリターンの間には明確な正の関係があるが，ゼネラル・ミルズ株とヒューレット・パッカード株のプロットは，無関係なリターンの雲のようにみえる．

ポートフォリオの分散と標準偏差を計算する

　ここまでの説明で，ポートフォリオの分散を正式に計算するツールが揃った．2つの株式からなるポートフォリオの分散の公式は以下のとおりである．

$$Var(R_p) = \overbrace{w_1^2\,SD(R_1)^2}^{\text{株式1のリスクを説明する項}} + \overbrace{w_2^2\,SD(R_2)^2}^{\text{株式2のリスクを説明する項}} \\ + \overbrace{2w_1w_2Corr(R_1,\,R_2)SD(R_1)SD(R_2)}^{\text{2つの株式がどの程度一緒に変動するのか説明する項}} \tag{11.4}$$

　(11.4) 式のそれぞれの項は，ポートフォリオ全体の分散を決定する重要な要素，すなわち，株式1のリスク，株式2のリスク，および2つの株式がどの程度連動して動くかの調整（$Corr$（R_1, R_2）で与えられた相関）を説明する[50]．この式は，それぞれの株式への投資額がプラスの場合，株式が連動して動けば動くほど，そして相関が高ければ高いほど，ポートフォリオのボラティリティが大きくなることを示している．もし株式が+1の完全に正の相関をもつなら，ポートフォリオの分散は最大になる．実際は，株式を組み合わせてポートフォリオを構成すると，すべての株式がお互いに+1の完全に正の相関をもたない限り，ポートフォリオのリスクは個別株式の加重平均ボラティリティよりも低くなる（表11.1参照）．この事実をポートフォリオの期待リターンと対比してみる．ポートフォリオの期待リターンはその株式の加重平均期待リターンに等しいが，ポートフォリオのボラティリティは加重平均ボラティリティよりも小さくなる．その結果，分散化によってボラティリティをある程度消すことができることは明らかである．(11.4) 式は，第10章で紹介した分散化の概念を公式化したものである．次の例では，この式を使ってポートフォリオのボラティリティを計算する．

50　3つの株式からなるポートフォリオの分散の公式は次のようになる．

$$Var(R_p) = w_1^2SD(R_1)^2 + w_2^2SD(R_2)^2 + w_3^2SD(R_3)^2 + 2w_1w_2Corr(R_1,R_2)SD(R_1)SD(R_2) \\ + 2w_2w_3Corr(R_2,R_3)SD(R_2)SD(R_3) + 2w_1w_3Corr(R_1,R_3)SD(R_1)SD(R_3)$$

さらに，n 個の株式については，

$$\sum_{i=1}^{n}\sum_{j=1}^{n} w_i\,w_j\,Corr(R_i,R_j)SD(R_i)SD(R_j)$$

例 11.1　２つの株式からなるポートフォリオのボラティリティを計算する

問題

表 11.3 のデータを使って，マイクロソフト社の株式とヒューレット・パッカード社の株式に同額投資したポートフォリオのボラティリティ（標準偏差）はいくらか？　マイクロソフト社の株式とアラスカ航空社の株式に同額投資したポートフォリオの標準偏差はいくらか？

解答

考え方：

	ウェイト	ボラティリティ	マイクロソフト社の株式との相関
マイクロソフト社	0.50	0.31	1
ヒューレット・パッカード社	0.50	0.35	0.39
マイクロソフト社	0.50	0.31	1
アラスカ航空社	0.50	0.37	0.19

A. ポートフォリオウェイト，ボラティリティ，ポートフォリオ内の２つの株式の相関があれば，（11.4）式を使ってそれぞれのポートフォリオの分散を計算するために必要なすべての情報がえられる.

B. ポートフォリオの分散を計算した後，平方根をとってポートフォリオの標準偏差をえることができる.

実行：マイクロソフト社（MSFT）の株式とヒューレット・パッカード社（HPQ）の株式の場合，（11.4）式からポートフォリオの分散は次のようになる.

$$
\begin{aligned}
Var(R_p) &= w_{MFST}^2 SD(R_{MSFT})^2 + w_{HPQ}^2 SD(R_{HPQ})^2 \\
&\quad + 2\, w_{MSFT}\, w_{HPQ}\, Corr(R_{MSFT}, R_{HPQ}) SD(R_{MSFT}) SD(R_{HPQ}) \\
&= (0.5)^2(0.31)^2 + (0.5)^2(0.35)^2 + 2(0.5)(0.5)(0.39)(0.31)(0.35) \\
&= 0.0758
\end{aligned}
$$

これより，標準偏差は次のようになる.

$$
SD(R_p) = \sqrt{Var(R_p)} = \sqrt{0.0758} = 0.275\,(27.5 \text{パーセント})
$$

マイクロソフト社の株式とアラスカ航空社（ALK）の株式の場合，ポートフォリオの分散は次のようになる.

$$
\begin{aligned}
Var(R_p) &= w_{MFST}^2 SD(R_{MSFT})^2 + w_{ALK}^2 SD(R_{ALK})^2 \\
&\quad + 2\, w_{MSFT}\, w_{ALK}\, Corr(R_{MSFT}, R_{ALK}) SD(R_{MSFT}) SD(R_{ALK}) \\
&= (0.5)^2(0.31)^2 + (0.5)^2(0.37)^2 + 2(0.5)(0.5)(0.19)(0.31)(0.37) \\
&= 0.0691
\end{aligned}
$$

これより，標準偏差は次のようになる．

$$SD(R_p) = \sqrt{Var(R_p)} = \sqrt{0.0691} = 0.263 \,(26.3パーセント)$$

評価：ポートフォリオの分散を計算し，その後に標準偏差を計算するには，2つの株式の
ウェイト，標準偏差，相関が必要である．ここでは，マイクロソフト社の株式とヒュー
レット・パッカード社の株式からなるポートフォリオの標準偏差は27.5パーセント，マ
イクロソフト社の株式とアラスカ航空社の株式からなるポートフォリオの標準偏差は26.3
パーセントである．両ポートフォリオとも，ポートフォリオ内のどちらの個別株式よりも
ボラティリティが低いことに注意が必要である．マイクロソフト社の株式とアラスカ航空
社の株式からなるポートフォリオは，マイクロソフト社の株式とヒューレット・パッカー
ド社の株式からなるポートフォリオよりも実際にボラティリティが低い．アラスカ航空社
の株式はヒューレット・パッカード社の株式よりボラティリティが高いが，マイクロソフ
ト社の株式との相関が低いため，ポートフォリオの分散効果の便益が大きく，アラスカ航
空社の株式のボラティリティの高さを相殺している．

次の例では，ポートフォリオが期待リターンをあまり犠牲にすることなくどのよう
にリスクを減らすことができるのかを示す．

例 11.2　リターンを犠牲にすることなくリスクを減らす

問題

過去のデータにもとづくと，サウスウエスト航空社の株式の期待年間リターンは13
パーセント，ゼネラル・ミルズ社の株式の期待年間リターンは12パーセントである．サ
ウスウエスト航空社の株式のみを保有するなら，ポートフォリオの期待リターンとリスク
（標準偏差）はいくらになるか？　サウスウエスト航空社の株式とゼネラル・ミルズ社の
株式に均等に資金を配分するなら，あなたのポートフォリオの期待リターンとリスクはい
くらになるか？

解答

考え方：

A. 表11.3から，サウスウエスト航空社（LUV）の株式とゼネラル・ミルズ社（GIS）の
　株式の標準偏差とそれらの相関を入手することができる．

　　$SD(R_{LUV}) = 0.32, SD(R_{GIS}) = 0.17, Corr(R_{LUV}, R_{GIS}) = 0.18$

B. この情報と上の問題文からえた情報より，(11.3) 式を使ってポートフォリオの期待リ
　ターン，(11.4) 式を使ってポートフォリオの分散を計算することができる．

実行：サウスウェスト航空社の株式のみのポートフォリオの場合，資金の100パーセント
をサウスウエスト航空社の株式に投資しているので，ポートフォリオの期待リターンと標

準偏差は，単純にその株式の期待リターンと標準偏差である．

$$E[R_{LUV}] = 0.13, SD(R_{LUV}) = 0.32$$

しかし，ゼネラル・ミルズ社の株式に 50 パーセント，サウスウエスト航空社の株式に 50 パーセント投資した場合，期待リターンは次のようになる．

$$E[R_p] = w_{GIS} E[R_{GIS}] + w_{LUV} E[R_{LUV}] = 0.5(0.12) + 0.5(0.13) = 0.125$$

そして分散は次のようになる．

$$\begin{aligned}
Var(R_p) &= w_{GIS}^2 SD(R_{GIS})^2 + w_{LUV}^2 SD(R_{LUV})^2 \\
&\quad + 2\, w_{GIS}\, w_{LUV}\, Corr(R_{GIS}, R_{LUV}) SD(R_{GIS}) SD(R_{LUV}) \\
&= (0.5)^2 (0.17)^2 + (0.5)^2 (0.32)^2 + 2(0.5)(0.5)(0.18)(0.17)(0.32) \\
&= 0.0377
\end{aligned}$$

これより，標準偏差は次のようになる．

$$SD(R_p) = \sqrt{Var(R_p)} = \sqrt{0.0377} = 0.194$$

評価：期待リターンをわずかに減らすだけで，リスクを大幅に減らすことができる．これがポートフォリオの利点である．つまり，相関は低いが期待リターンが同程度の株式を選ぶことで，可能な限り低いリスクで望んだ期待リターンを達成することができる．

多くの株式で構成されるポートフォリオのボラティリティ

ポートフォリオに 2 つ以上の銘柄を組み入れることで，分散化の便益をさらに享受することができる．ポートフォリオに組み入れる株式数を増やすと，各株式の分散可能な企業固有リスクは，徐々に減っていく．ポートフォリオに含まれるすべての株式に共通するリスクだけがずっと残る．

図 11.4 は，ポートフォリオを構成する株式の数が異なる「等ウェイトポートフォリオ」のボラティリティをグラフにしたものである．**等ウェイトポートフォリオ**（equally weighted portfolio）では，それぞれの株式に同じ金額が投資される．ポートフォリオに含まれる株式の数が増えるにつれてボラティリティが低下していることがわかる．実際，多くの株式で構成されるポートフォリオにおいては，分散化によって，個別銘柄のボラティリティがほぼ半減する．分散投資の便益は，株式の数が少ないときに最も大きい．つまり，株式を 1 つから 2 つにした場合のボラティリティの減少は，100 個から 101 個にした場合の減少よりもはるかに大きい．しかし，どれだけポートフォリオに含まれる株式の数を増やしても，すべてのリスクを消すことはできない．つまり，システマティックリスクは残る．

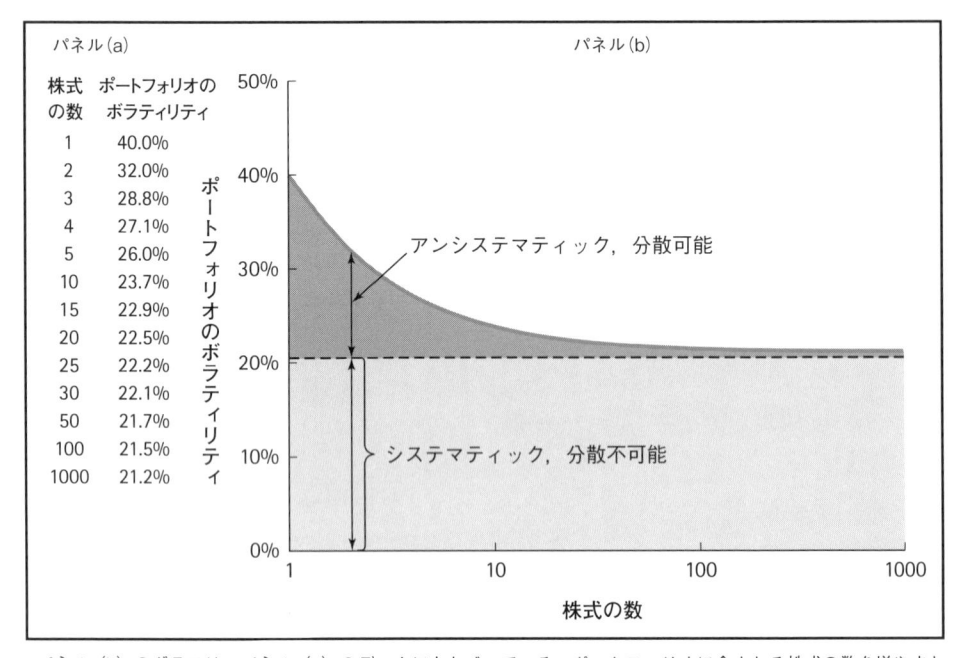

パネル (b) のグラフは，パネル (a) のデータにもとづいている．ポートフォリオに含まれる株式の数を増やすとボラティリティが低下することがわかる．しかし，どれだけポートフォリオに含まれる株式の数を増やしても，システマティックリスク（市場リスク）は残っている．また，ボラティリティの低下率が減少していることもわかる（株式を 1 つから 2 つにした場合のボラティリティの低下率は 8 パーセントであり，4 つから 5 つにした場合の低下率は 1.1 パーセントである）．グラフは，各株式のボラティリティが 40 パーセント，株式間の相関を 0.28 と仮定して作成しているが，これは米国の大型株にほぼ当てはまる．

図 11.4 等ウェイトポートフォリオのボラティリティとポートフォリオに含まれる株式の数

11.3 システマティックリスクを測定する

わたしたちの目標は，リスクが企業の投資家にどのような影響を与えるのかを理解することである．投資家がリスクをどのようにみているかを理解することで，リスクと要求リターンの関係を定量化し，現在価値を計算する際の割引率を算出することができる．第 10 章では，リターンに関係する唯一のリスクはシステマティックリスクであることを確認したが，標準偏差はアンシステマティックな要素を含む総リスクを測定するものである．したがって，わたしたちに必要なのは，投資機会のシステマティックリスクだけを測定する方法なのである．前節では，リスクに対する個別銘柄の感度を求めるための足掛かりとなる 2 つの重要な知見をえた．要約すると次のようになる．

1. 「分散化によって消される株式のリスク量は，ポートフォリオ内の他の銘柄との相関によって決まる」．たとえば，例 11.1 では，マイクロソフト社の株式は，ポートフォリオ内でヒューレット・パッカード社の株式と組み合わせるよりも，アラスカ航空社の株式と組み合わせた方がより多くのリスクが分散化されることを示した．

2. 「十分に多くの株式で構成されるポートフォリオを構成すれば，分散化によってアンシステマティックリスクをすべて消すことができるが，それでもシステマティックリスクは残る」．図 11.4 は，ポートフォリオに含まれる株式の数が増えるにつれて，少数の株式だけに影響するアンシステマティックな良いできごとと悪いできごとが相殺され，ポートフォリオのリスクの源泉は，システマティックなできごとだけになることを示している．

市場ポートフォリオの役割

　第 10 章で説明したように，投資家はリスクを減らすためにポートフォリオを分散化させるべきである．もし投資家がポートフォリオを最適に選択するのであれば，分散可能なリスクがなくなり，システマティックリスクだけが残るまでポートフォリオを選択するであろう．すべての投資家がこのように行動すると仮定する．

　すべての投資家がシステマティックリスクのみを含むポートフォリオを保有すると仮定する．

　この仮定の下，すべての投資家のポートフォリオを組み合わせてえられるポートフォリオを考えてみる．各投資家のポートフォリオにはシステマティックリスクしか含まれておらず，これはこの"集計された"ポートフォリオにおいても同様である．よって，すべての投資家が保有する集計されたポートフォリオは，完全に分散化された最適なポートフォリオということになりうる．さらに，このポートフォリオを特定することができる．つまり，すべての証券は誰かによって保有されているので，集計されたポートフォリオにはすべてのリスクのある証券の発行済株式が含まれている．このポートフォリオを**市場ポートフォリオ**（market portfolio）と呼ぶ．

　例として，世界には 2 つの会社しか存在せず，それぞれの発行済株式数は 1,000 株であると仮定する．

	発行済株式数	1 株あたり株価	時価総額
企業 A	1,000	40 ドル	40,000 ドル
企業 B	1,000	10 ドル	10,000 ドル

この単純な設定では，市場ポートフォリオはそれぞれ 1,000 株の株式で構成され，総額は 50,000 ドルである．したがって，株式 A のポートフォリオウェイトは 80 パーセント（40,000 ドル /50,000 ドル），株式 B のポートフォリオウェイトは 20 パーセント（10,000 ドル /50,000 ドル）となる．株式 A も株式 B もすべての株式を誰かが保有しているはずなので，すべての投資家のポートフォリオの合計は，この市場ポートフォリオに等しくなければならない．この例から，それぞれの株式のポートフォリオウェイトは，その株式の発行済株式の総市場価値，すなわち**時価総額**（market capitalization）に比例することに注意が必要である．

$$時価総額＝（発行済株式数）×（1 株あたり株価） \tag{11.5}$$

一般に，市場ポートフォリオは，市場内にあるすべてのリスク証券で構成され，ポートフォリオウェイトは時価総額に比例する．したがって，たとえばマイクロソフト社の時価総額が全証券の総時価総額の 3 パーセントであるなら，市場ポートフォリオのウェイトは 3 パーセントとなる．株式は時価総額（価値）に比例して保有されるため，市場ポートフォリオは**時価加重**（value weighted）であるという．

市場ポートフォリオにはシステマティックリスクだけが含まれているため，市場内の他の証券のシステマティックリスクの量を測定するために使用することができる．特に，市場ポートフォリオはシステマティックリスクによってのみ変動するので，市場ポートフォリオと相関しているリスクはすべてシステマティックリスクでなければならない．したがって，ある株式リターンの市場全体に対する感度を調べることで，その株式がもつシステマティックリスクの量を計算することができる．

市場ポートフォリオとしての株式市場指数

市場ポートフォリオを特定するのは簡単だが，実際に構築するのは別問題である．市場ポートフォリオにはすべてのリスク証券を含める必要があるため，米国だけでなく世界中のすべての株式，債券，不動産，商品などを含める必要がある．明らかに，あらゆる場所のすべてのリスク資産のリターンを収集し，更新することは不可能ではないかもしれないが，現実的ではない．実際には，**市場の代理変数**（market proxy），つまり，基礎となる観測不能な市場ポートフォリオにリターンが追従するはずのポートフォリオを使用する．最も一般的な代理ポートフォリオ「市場インデックス」であり，株式市場のパフォーマンスを表すために広く使用されている．**市場インデックス**（market index）は，特定の証券ポートフォリオの価値を報告するものである．以下に最も一般的なインデックスを列挙する．

ダウ工業株 30 種平均　米国で最もよく知られている株価指数は，ダウ工業株 30 種

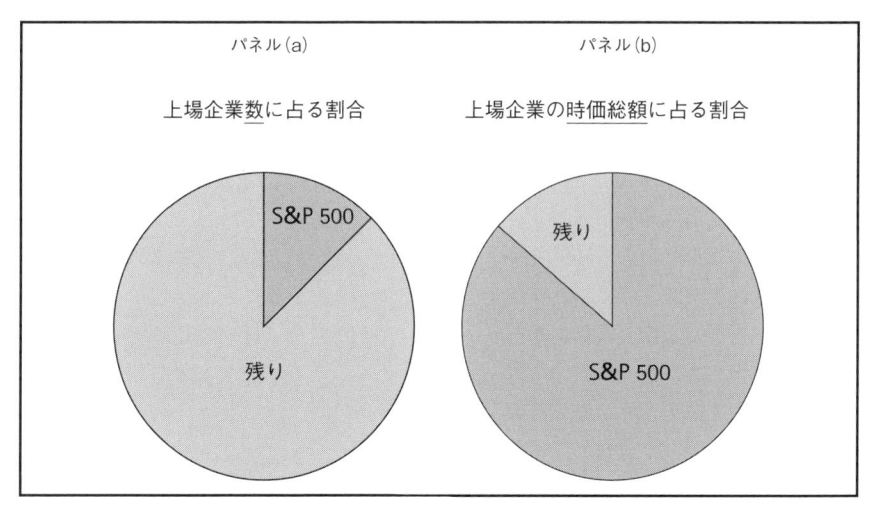

パネル（a）の円グラフは，S&P500 を構成する 500 社が米国の上場企業約 4,000 社に占める割合を示している．パネル（b）は，時価総額の観点からみた S&P500 の重要性を示している．これらの 500 社は，上場会社 4,000 社の総資本の 80 パーセント以上を占めている．

図 11.5　S&P500

平均（DJIA）であり，単に "ダウ" と呼ばれることもある．この指数は 30 の大型株のポートフォリオである．これらの株式は経済のさまざまな業界を代表するように選択されているが，明らかに市場全体を代表しているわけではない．市場全体を代表しているわけではないが，DJIA が広く引用され続けているのは，この指数が最も古い株式市場指数の 1 つだからである（最初に公表されたのは 1884 年）．

S&P500　米国株式市場全体をより適切に表すのが，S&P500 である．S&P500 は，米国の 500 の大型株で構成される時価加重ポートフォリオである[51]．S&P500 は，時価加重インデックスとして初めて（1923 年に）広く公表された指数であり，プロの投資家にとっては標準的なベンチマークとなっている．この指数は，米国株式市場全体のパフォーマンスを評価する際に最もよく引用される指数である．また，実際の "市場" を表すために使われる標準的なポートフォリオでもある．図 11.5 に示すように，S&P500 は 4,000 社を超える米国個別株式のうちたった 500 社を含むに過ぎないが，S&P500 には大型株が含まれるため，時価総額では米国株式市場の約 80 パーセ

51　S&P500 にどの株式が採用されるかを決める正確な式はない．スタンダード & プアーズ社は，定期的に構成株式の入れ替えを行っている（年平均で約 7〜8 銘柄）．企業規模は 1 つの基準であるが，スタンダード & プアーズ社は，経済のさまざまなセグメントを適切に代表し，各業界を先導する企業を選択することも試みている．

ントを占めている.

市場リスクとベータ

　市場ポートフォリオがシステマティックリスクの測定に適していることがわかったので，個別株式のリターンと市場ポートフォリオのリターンの関係を使って，その株式に存在するシステマティックリスクの量を測定することができる．直観的には，もしある株式のリターンが市場ポートフォリオのリターンに非常に敏感であるなら，その株式はシステマティックリスクに非常に敏感であるということになる．つまり，システマティックで市場全体に影響を与えるできごとは，その株式のリターンにも強く反映されるということである．一方，もしある株式のリターンが市場ポートフォリオのリターンと関係がないなら，その株式にはシステマティックリスクはほとんどないということになる．つまり，システマティックなできごとが起きても，そのできごとがその株式のリターンに強く反映されることはない．これらより，リターンが変動しやすく，市場リターンと高く相関する株式は，最もシステマティックリスクが高いという意味で最もリスクが高いということになる．

　具体的には，市場ポートフォリオに対する株式の感度を推定することで，株式のシステマティックリスクを測定することができる．この感度を**ベータ**（β；beta）と呼ぶ．

　　株式のベータ（β）とは，市場のリターンが1パーセント変化するごとに，
　　その株式のリターンが何パーセント変化するかを予想したものである.

　過去データにもとづくベータの推定値を提供するデータソースは数多くある．通常，これらのデータソースは，S&P500を市場ポートフォリオとして使い，2年〜5年間分の週次または月次リターンからベータを推定している．表11.4は，さまざまな業種の大型株のベータの推計値を示している[52]．

　後述するように，市場全体のポートフォリオのベータは1であるため，ベータ1はシステマティックリスクに対する平均的なエクスポージャーを表していると考えることができる．しかし，表が示すように，多くの業界や会社のベータは1よりもはるかに高かったり，低かったりする．業界によるベータの違いは，経済の一般的な健全性に対する各会社の利益の感度に関係している．たとえば，アドバンスト・マイクロ・

---

[52]　その他の会社のベータを調べる場合は，http://www.morningstar.com や http://finance.yahoo.com を参照のこと．ウェブサイトによってベータの推計に使用する時間軸が異なるため，各サイトが表示するベータが異なったり，あなたが計算したベータと異なったりする場合があることに注意が必要である．

Company	Ticker	Industry	Equity Beta
Hormel Foods	HRL	Packaged Foods	0.16
Clorox	CLX	Household Products	0.18
Campbell Soup	CPB	Packaged Foods	0.27
Wal-Mart Stores	WMT	Superstores	0.41
Newmont Mining	NEM	Gold	0.49
Merck	MRK	Pharmaceuticals	0.49
Consolidated Edison	ED	Utilities	0.52
Procter & Gamble	PG	Household Products	0.56
Johnson & Johnson	JNJ	Pharmaceuticals	0.60
Pfizer	PFE	Pharmaceuticals	0.67
Amgen	AMGN	Biotechnology	0.72
Pepsico	PEP	Soft Drinks	0.73
McDonald's	MCD	Restaurants	0.78
Coca-Cola	KO	Soft Drinks	0.83
Amazon.com	AMZN	Internet Retail	0.88
United Parcel Service	UPS	Air Freight and Logistics	0.91
Microsoft	MSFT	Systems Software	0.93
Alphabet	GOOGL	Internet Software and Services	1.00
Starbucks	SBUX	Restaurants	1.05
Netflix	NFLX	Internet Retail	1.09
eBay	EBAY	Internet Software and Services	1.10
Mastercard	MA	Data Processing	1.18
Apple	AAPL	Computer Hardware	1.20
Southwest Airlines	LUV	Airlines	1.25
Foot Locker	FL	Apparel Retail	1.30
Marriott International	MAR	Hotels and Resorts	1.39
General Motors	GM	Automobile Manufacturers	1.49
Advanced Micro Devices	AMD	Semiconductors	1.51
Prudential Financial	PRU	Insurance	1.53
NVIDIA	NVDA	Semiconductors	1.53
Brunswick	BC	Leisure Products	1.60
Macy's	M	Department Stores	1.61
Nordstrom	JWN	Department Stores	1.69
Tesla	TSLA	Automobile Manufacturers	1.70
Toll Brothers	TOL	Homebuilding	1.76
Alcoa	AA	Aluminum	1.89
Wynn Resorts Ltd.	WYNN	Casinos and Gaming	1.92
United Airlines	UAL	Airlines	1.97
Avis Budget Group	CAR	Car Rental	2.55

出所：Yahoo! Finance.

表 11.4　選択された個別株式のベータ

デバイセズ社（Advanced Micro Devices），テスラ社（Tesla），エイビス・バジェット・グループ社（Avis Budget Group）社はいずれもベータが高い（1.5 以上）．なぜなら，それら会社の製品に対する需要は通常，景気循環とともに変化するからである（景気循環株）．人々は，景気が良いときには新しいコンピューターや電気自動車，旅行に熱中するが，景気が悪くなるとこれらの購入を控える傾向がある．したがって，システマティックなできごとはこれらの企業に平均以上の影響を与え，システマティックリスクに対するエクスポージャーは平均より大きくなる．一方，シャンプーのような個人・家庭用商品の需要は，景気とはほとんど関係がない（この種の商品を提供する会社の株式は，しばしばディフェンシブ株と呼ばれる）．プロクター・アンド・ギャンブル社（Procter & Gamble）など，こうした種類の商品を生産する企業は，ベータが低い傾向がある（0.6 に近いかそれ以下）．また，同じ業界内であっても，各会社の具体的な戦略や重点政策によって，システマティックなできごとに対するエクスポージャーが異なるため，業界内でもベータ値にばらつきがあることに注意が必要である．

過去のリターンからベータを推定する

　証券のベータとは，市場ポートフォリオのリターンが 1 パーセント変化した場合に証券のリターンが何パーセント変化するのかを表す予測値である．つまり，ベータは，市場全体に影響を与えるリスクが，ある株式や投資において増幅または減衰する量を表している．表 11.4 で示したように，リターンが平均して市場と 1 対 1 で動く傾向がある証券は，ベータが 1 である．市場が動いたときにそれ以上に動く傾向がある証券はベータがより高く，あまり動かない証券はベータがより低い．

　たとえば，アップル社の株価を調べてみる．図 11.6 は 2017 年から 2021 年までのアップル社の月次リターンと S&P500 の月次リターンを示している．全体的な傾向として，市場が上昇したときにアップル株のリターンは大きなプラスとなり，市場が下落したときには大きなマイナスを示していることがわかる．確かに，アップル株は市場と同じ方向に動く傾向があるが，その動きはより大きい．これらは，アップル株のベータが 1 より大きいことを示唆している．

　図 11.7 に示すように，アップル株のリターンを S&P500 のリターンの関数としてプロットすることで，アップル株の市場に対する感度をより明確にみることができる．この図の各点は，図 11.6 のいずれかの月のアップル株と S&P500 のリターンを表している．たとえば，2020 年 9 月のアップル株のリターンは−6.0 パーセント，S&P500 のリターンは−3.7 パーセントであった．

　散布図から明らかなように，アップル株のリターンは市場リターンと正の相関をもっている．つまり，アップル株は市場が上昇したときに上昇する傾向があり，その

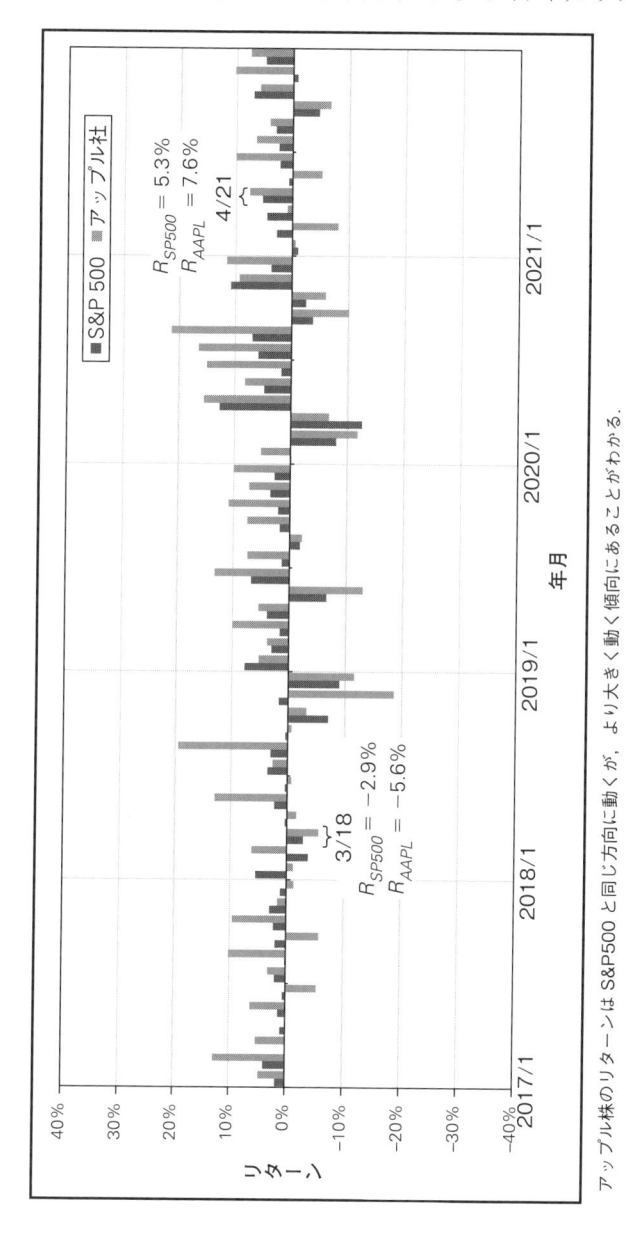

アップル株のリターンは S&P500 と同じ方向に動くが，より大きく動く傾向にあることがわかる．

図 11.6　2017 年から 2021 年のアップル社株と S&P500 の月次超過リターン

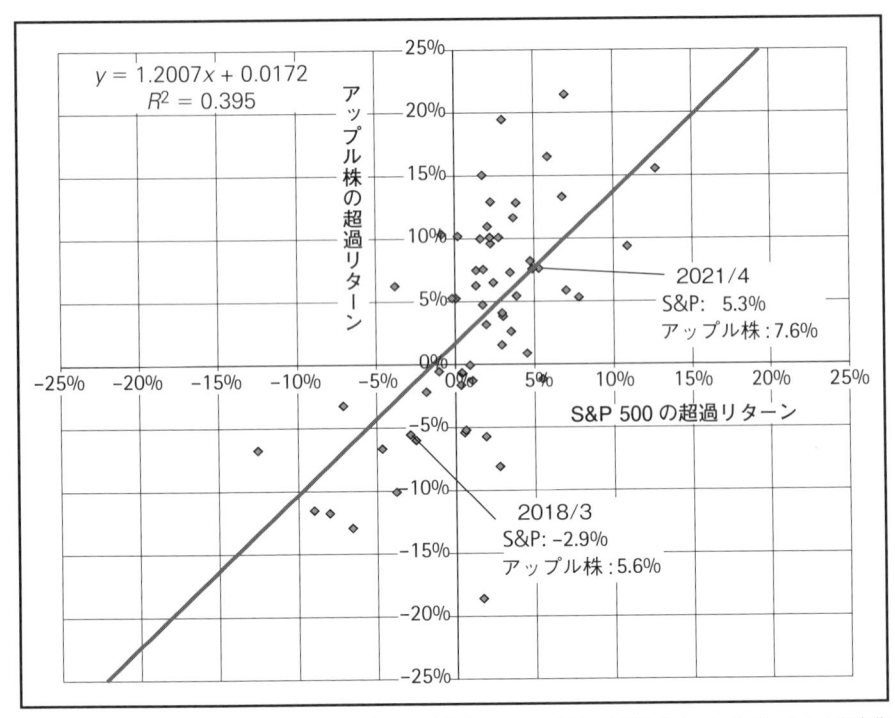

ベータはもっともうまく当てはまる直線の傾きに対応する．ベータは，市場のリターン1パーセントの変化に対するアップル株のリターンの予想変化を測定する．2020年11月のように，もっともうまく当てはまる直線からの乖離は，分散可能なアンシステマティックリスクに対応する．

図11.7　2017年から2021年のアップル株とS&P500の月次リターンの散布図

逆も同様である．実際には，線形回帰を使ってアップル株のリターンと市場リターン（両者とも無リスク利子率に対する超過リターンとして測定される）の関係を推定する．線形回帰分析は，株式と市場の間の過去の関係を表す最もうまく当てはまった直線を出力する．この直線の傾きがベータの推定値である．この傾きによって，市場リターンが1パーセント変化したときに，株式リターンが平均してどの程度変化するのかがわかる[53]．

　たとえば，図11.7では，最もうまく当てはまった直線は，市場リターンの1パーセントの変化がアップル株のリターンの約1.2パーセントの変化に対応することを示

53　投資対象のベータは公式に次のように定義される．

$$\beta_i = \frac{\overbrace{R_i \times Corr(R_i, R_M)}^{\text{投資対象 }i\text{ の市場と共通のボラティリティ}}}{SD(R_M)} = \frac{Covariance(R_i, R_M)}{var(R_M)}$$

している．つまり，アップル株のリターンは市場全体の動きの約 1.2 倍変動するため，2017 年 1 月から 2021 年 12 月までのデータを用いたアップル株のベータは約 1.2 となる．

　この結果を完全に理解するには，ベータが証券のシステマティックリスク（市場リスク）を測定することを思い出す必要がある．図 11.7 の最もうまく当てはまった直線は，証券のリターンのうち市場リスク要因で説明できる構成要素を捉えている．どの月においても，証券のリターンは最もうまく当てはまった直線より高くなったり低くなったりする．このような最もうまく当てはまった直線からの乖離は，市場全体とは関係のないリスクから生じる．たとえば，ある月にアップル社が魅力的な新製品を発表するかもしれないし，逆にサプライチェーンの問題で売上が落ち込んだことが明らかになるかもしれない．このようなアップル社固有のできごとにより，その月のアップル株のリターンは，市場全体に起きていたことにもとづいて予想されたものよりも，それぞれ高くなったり低くなったりする可能性がある．このリスクは分散可能なリスクであり，多くの株式で構成されるポートフォリオの中で平均化される．

　しかし，市場ポートフォリオのベータとは何か？　S&P500 のリターンを自分自身に対してプロットすることを想像すると，傾きが 1 の線が描かれ，その線からの乖離はない．したがって，市場ポートフォリオのベータは 1 である．無リスクの投資対象はどうであろうか？　無リスクなリターンは財務省証券からえられるリターンであり，事前に将来のリターンがわかっているため，ボラティリティはなく，市場との相関もない．したがって，無リスクの投資対象のベータは 0 である．

11.4　すべてをまとめて考える：資本資産評価モデル

　本章の目的の 1 つは，アップル社の株主資本コストを計算することである．これは，同等のリスクと期間をもつ投資に対して市場で提示される入手可能な最良の期待リターンである．したがって，資本コストを計算するためには，アップル社株のリスクと期待リターンの関係を知る必要がある．ここまでの 3 つの節では，この関係を測定する実用的な方法の基礎を築いた．本節では，これまでえたすべての結果をまとめて，あらゆる投資対象の期待リターンを求めるモデルを構築する．

リスクと期待リターンを関連づける CAPM

　これまで学んできたように，期待リターンを決定するのは共通するシステマティックリスクのみである．つまり，企業固有のリスクは分散可能であり，追加のリターンを保証するものではない．本章の冒頭で，直観的に，あらゆる投資対象の期待リター

ンは次の2つの要素からえられるはずであると述べた.

1. たとえお金を失うリスクがないとしても，インフレとお金の時間価値を補うために要求する基準となる無リスク利子率
2. 投資におけるシステマティックリスクの量によって変化するリスクプレミアム

　　超過リターン＝無リスク利子率
　　　　　　＋システマティックリスクに対するリスクプレミアム

　前節では，システマティックリスクの測定について説明した．ベータは，投資におけるシステマティックリスクの量を測る尺度である.

　　投資 i の期待リターン＝無リスク利子率＋βi×システマティックリスク1
　　単位あたりのリスクプレミアム（β単位あたり）

しかし，システマティックリスク1単位あたりのリスクプレミアムとは何か？　ここで，市場ポートフォリオは定義上，正確に1単位のシステマティックリスクをもっていることがわかっている（ベータは1）．したがって，システマティックリスク1単位あたりのリスクプレミアムの自然な推定値は，市場ポートフォリオの過去の平均超過リターンであり，**市場または株式リスクプレミアム**（market or equity risk premium）としても知られている．歴史的にみて，S&P500の平均超過リターンは，測定期間によって異なるが，米国財務省証券のリターン（無リスク利子率）に対して5パーセントから7パーセントである（リスクプレミアムと無リスク利子率の決定に関する問題については第13章で述べる）．このパズルの最後のピースがあれば，投資対象の期待リターンの式を書くことができる.

資本資産評価モデル

$$E[R_i] = r_f + \underbrace{\beta_i\,(E[R_{Mkt}] - r_f)}_{\text{証券 } i \text{ のリスクプレミアム}} \tag{11.6}$$

あらゆる投資対象の期待リターンを表すこの式は，**資本資産価格モデル**（CAPM；Capital Asset Pricing Model）である．言葉で簡単に表現すると，CAPMは，あらゆる投資対象に期待されるリターンは，無リスク利子率に，その投資対象のシステマティックリスクの量に比例するリスクプレミアムを加えたものに等しい，となる．具体的には，投資対象のリスクプレミアムは，市場リスクプレミアム（$E[R_{Mkt}] - r_f$）に，市場とのベータ（β_i）で測定される投資対象に存在するシステマティックリス

ク（市場リスク）の量を掛けたものに等しい．投資家は，少なくとも（11.6）式で与えられるリターンが期待できなければ，この証券に投資しないので，このリターンを投資の**要求リターン**（required return）とも呼ぶ．

CAPM は，ほとんどの大企業が資本コストを求めるために使用する主要な方法である．CFO を対象とした調査では，グレアム教授とハーベイ教授は 70 パーセント以上の CFO が CAPM を使っていることを明らかにし，ブルーナー教授，イーデス教授，ハリス教授，ヒギンズ教授は，大企業の標本の 85 パーセントが CAPM を使っていると報告している[54]．これはリスクとリターンの関係を示す最も重要なモデルとなり，この理論への貢献によりウィリアム・シャープ教授は 1990 年にノーベル経済学賞を受賞した．

例 11.3 株式の期待リターンを計算する

問題

無リスク利子率が 3 パーセント，市場リスクプレミアムが 6 パーセントであると仮定する．アップル社の株式のベータは 1.2 である．CAPM より，アップル社の株式の期待リターンはいくらか？

解答

考え方：(11.6) 式を使って，CAPM にしたがい期待リターンを計算することができる．この式では，市場リスクプレミアム，無リスク利子率，株式のベータが必要である．これらの入力情報はすべて揃っているので，準備は整っている．

実行：(11.6) 式を使うと，

$$E[R_{AAPL}] = r_f + \beta_{AAPL}(E[R_{Mkt}] - r_f)$$
$$= 3 パーセント + 1.2(6 パーセント) = 10.2 パーセント$$

評価：アップル社の株式のベータは 1.2 であるため，投資家はアップル社の株式のシステマティックリスクを補うために，同社株式への投資に無リスク利子率より 7.2 パーセント高いリスクプレミアムを要求する．その結果，総期待リターンは 10.2 パーセントとなる．

証券市場線

図 11.8 は，表 11.4 の株式について，期待リターンと総リスクおよびシステマティッ

54　J. Graham and C. Harvey, "The Theory and Practice of Corporate Finance: Evidence from the Field," *Journal of Financial Economics* 60 (2001): 187-243; R. Bruner, K. Eades, R. Harris, and R. Higgins, "Best Practices in Estimating the Cost of Capital: Survey and Synthesis," *Financial Practice and Education* 8 (1998): 13-28.

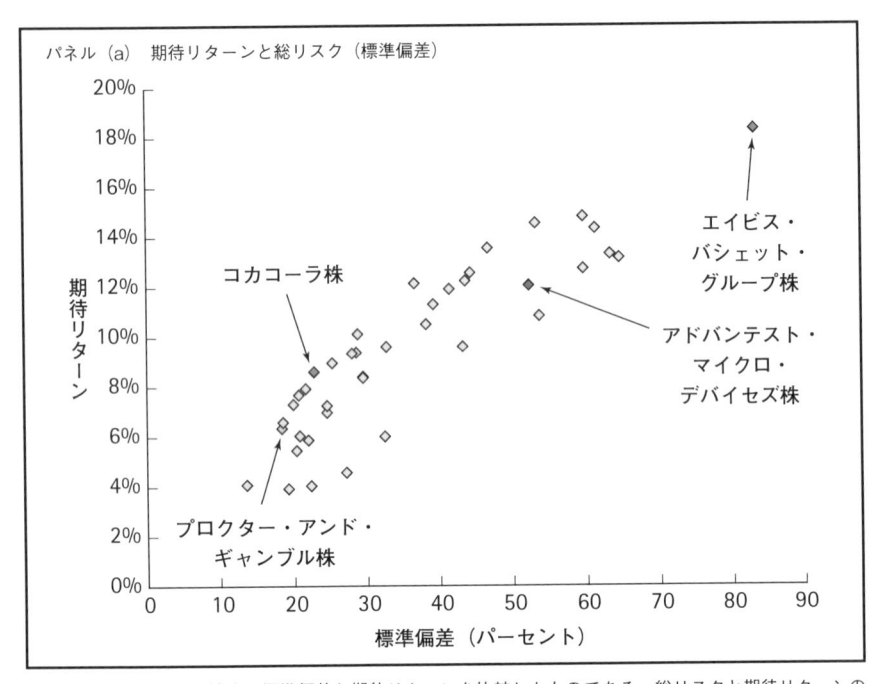

グラフは，表11.4の株式の標準偏差と期待リターンを比較したものである．総リスクと期待リターンの間には関係はない．一部の株式が図中に示されている．コカコーラ株の期待リターンを総リスク（ボラティリティ）で予測できなかったことは明らかである．

図11.8　期待リターン，ボラティリティ，ベータ

クリスク（ベータ）の関係をグラフ化したものである．すでに第10章で確認したが，パネル（a）のように，株式の標準偏差（総リスク）と期待リターンとの間には明確な関係がない．しかし，CAPMの（11.6）式は，株式のベータと期待リターンとの間に線形関係があることを示唆している．この線は，パネル（b）において，無リスクの投資（ベータがゼロ）と市場（ベータが1）を通る線としてグラフ化されており，**証券市場線**（**SML**；security market line）と呼ばれている．個別証券のリスクとリターンの関係は，パネル（a）のような総リスクではなく，パネル（b）のような市場リスクを測定する場合にのみ明らかになることがわかる．

　図11.8の証券市場線は，ベータがマイナスになる株式について問題提起している．大半の株式のベータはプラスであるが，株式によっては市場との相関がマイナスになる可能性がある．好況時よりも不況時において需要が高まる財やサービスを提供す企業は，これに当てはまる．

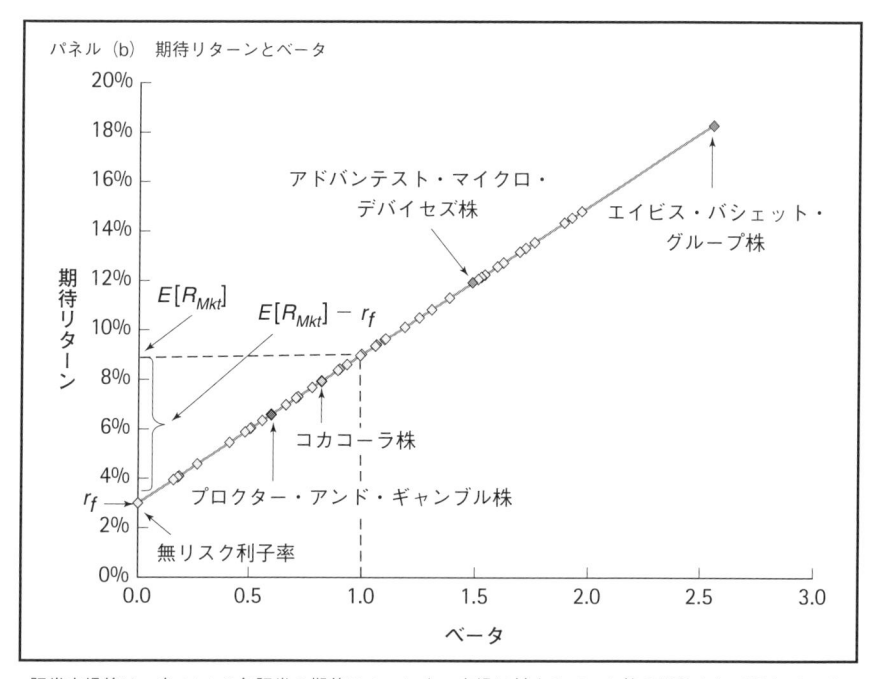

証券市場線は，表 11.4 の各証券の期待リターンを，市場に対するベータ値の関数として示している．
CAPM によると，すべての株式とポートフォリオ（市場ポートフォリオを含む）は，証券市場線上に位置
しなければならない．したがって，コカコーラ株の期待リターンは，そのシステマティックリスクを測定
するベータによって求めることができる．

CAPM とポートフォリオ

　証券市場線はすべての証券に適用されるので，ポートフォリオにも適用できる．た
とえば，市場ポートフォリオは SML 上にあり，CAPM によれば，他のポートフォリ
オ（投資信託など）も SML 上にある．したがって，ポートフォリオの期待リターン
はポートフォリオのベータに対応するはずである．各証券のウェイト w_i で重みづけ
られたポートフォリオのベータは次のように計算する．

$$\beta_P = w_1 \beta_1 + w_2 \beta_2 + \cdots + w_n \beta_n \tag{11.7}$$

つまり，「ポートフォリオのベータは，ポートフォリオに含まれる証券の時価加重平
均ベータである」．

CAPM のまとめ

　CAPM は，株式や企業内投資の期待リターンを推定するために広く使われている

強力なツールである．モデルとその利用法を要約すると次のようになる．

- 投資家は，負っている「システマティックリスク」の量に比例したリスクプレミアムを要求する．
- 投資対象の「システマティックリスク」は，市場のリターンに対する投資対象のリターンの感度である β で測定することができる．市場ポートフォリオのリターンが 1 パーセント変化するごとに，投資対象のリターンは市場と共通するリスクによって β パーセント変化すると予想される．
- 株式のベータを推定する最も一般的な方法は，その株式の過去のリターンを市場の過去のリターンに回帰することである．株式のベータは，市場のリターンと株式のリターンの関係を最もよく説明する直線の傾きである．
- CAPM によれば，以下の式を使って，あらゆる投資対象の期待リターン，つまり要求リターンを計算できる．

$$E[R_i] = r_f + \beta_i (E[R_{Mkt}] - r_f)$$

「証券市場線」とはこの式をグラフ化したものである．

全体像

　ここまで資本市場における投資家がリスクとリターンをどのようにトレードオフしているのかについて検討してきたが，CAPM はその集大成である．CAPM は，特定の量のシステマティックリスクに伴って発生するはずのリターンを定量化するための，強力で，広く利用されているツールを提供する．（例 11.3 において）アップル社の株主資本コストを推定するという目標はすでに達成した．アップル社の株式投資家は，投資に対して 10.2 パーセントのリターンを合理的に期待する（したがって要求する）べきであるというわたしたちの発見は，アップル社の経営陣にとって重要な情報の一部ではあるが，それは全体像ではない．株式投資家しかいない企業も一部にはあるが，ほとんどの企業には負債投資家もいる．第 12 章では，本章で学んだこと，そして第 5 章，第 6 章，第 9 章で債券と株式について学んだことを応用して，企業全体の資本コストを算出する．評価原理より，この資本コストを使って，企業の将来期待されるキャッシュフローを割り引いて企業価値を算出する．したがって，資本コストは，投資機会を分析する財務管理者の仕事に不可欠な情報であり，この企業全体の資本コストを知ることは，企業が投資家に価値創造を提供するために不可欠である．

第 12 章

資本コスト

12.1　加重平均資本コストの初見

　ほとんどの企業は，投資に必要な資金を調達するために，株式，負債，その他の証券を組み合わせて利用している．本節では，企業全体の資本コストを求める際にそれぞれの資金調達方法が果たす役割を検証する．まず，企業の貸借対照表の観点から，これらの資金調達方法を評価することから始める．

企業の資本構成

　企業の資金調達は，通常，負債と株主資本（株式）からなり，その企業の**資本**（capital）を表す．典型的な企業は，株主への株式売却（株主資本）と金融機関からの借入（負債）により，投資資金を調達する．再度，貸借対照表の最も基本的な形を図 12.1 に表す．貸借対照表の左側には企業の資産，右側には企業の資本が記載されている．

　発行済みとなっている負債，株式，その他の証券の相対的な割合は，企業の**資本構成**（capital structure）と呼ばれる．企業が外部の投資家から資金を調達するとき，どのタイプの証券を発行するかを選択しなければならない．最も一般的な選択は，株式のみによる資金調達と，負債と株式を組み合わせた資金調達である．図 12.2 は，テ

資産	資本
流動資産	負債
固定資産	優先株
	株主資本（株式）

この図は，参考のために非常に基本的な貸借対照表を示している．貸借対照表の両側は互いに等しくなければならない．つまり，資産＝負債＋株主資本（株式）である．右側は，資産の調達方法を表す．本章では，貸借対照表の右側にあるさまざまな形態の資金調達に対する要求リターンに焦点を当てる．

図 12.1　基本的な貸借対照表

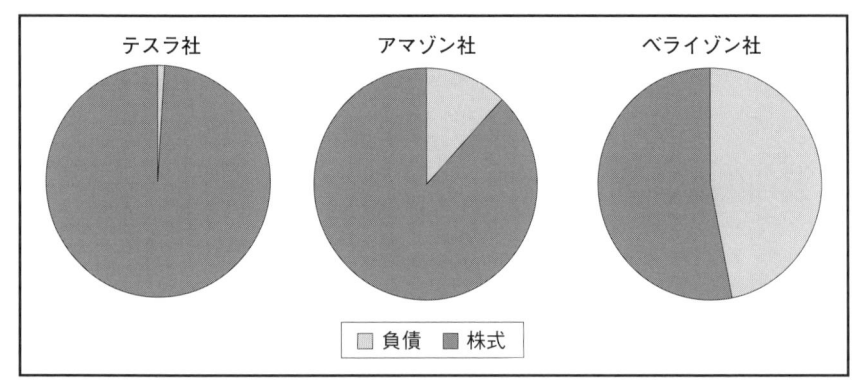

この図は，実在する3つの企業の資本構成を示している．まず，テスラ社は99パーセントを株式（■）で調達している．次に，アマゾン社は88パーセントを株式で調達している．最後に，ベライゾン・コミュニケーションズ社は53パーセントが株式で，残り47パーセントが負債（▢）で調達されている.

図12.2　3社の資本構成

スラ社（Tesla），アマゾン社（Amazon），ベライゾン・コミュニケーションズ社（Verizon Communications）の資本構成を示している．資本構成は企業によって大きく異なる.

機会費用と総資本コスト

　財務管理者は，企業全体の資本コストを求める際に，企業の資本構成の各構成要素を考慮する．以下の説明から"資本コスト"という用語の背後にある直観に留意する必要がある．投資家が会社の株式や債券を購入するとき，投資家はその資金を他の投資先に投資する機会を放棄している．それら代替投資からの期待リターンは，投資家にとって機会費用となる．したがって，投資家の投資資金を資本として企業に呼び込むためには，企業は潜在的な投資家に対して，同水準のリスクを想定した場合に他の投資先でえられると期待されるリターンと同等の期待リターンを提供しなければならない．このリターンを提供することが，会社が投資家から資本をえる代わりに負担する費用である.

加重平均と総資本コスト

　直観的には，企業全体の資本コストは，資本の異なる調達方法に対する費用を組合せたものでなければならない．実際，企業全体の資本コストは，株主資本コストと負債コストの加重平均として計算され，企業の**加重平均資本コスト**（WACC；weighted average cost of capital）として知られている.

　しかし，組み合わせる際のウェイトはどうすべきか？　あなたが会社のすべての株

式と負債を所有している状況を想定する．あなたのポートフォリオにはこれらだけしか含まれていないのであれば，あなたのポートフォリオのリターンはこの企業の総リターンとなるであろう．第 11 章で示したように，ポートフォリオのリターンとは，ポートフォリオに含まれる証券のリターンの加重平均である．この場合，あなたのポートフォリオのリターン，すなわち企業の総リターンは，あなたが企業の全株式を保有することからえるリターンと，あなたが全負債を保有することからえるリターンの加重平均となる．あなたはそれぞれをすべて保有しているので，あなたのポートフォリオウェイトは，会社が発行した負債と株式の相対的な金額に過ぎない．したがって，WACC で使用するウェイトは，企業の資本を構成する負債と資本の割合である．たとえば，企業が資本の 30 パーセントを負債，70 パーセントを株式で調達しているのであれば，WACC で使用するウェイトは，負債コスト 30 パーセント，株主資本コスト 70 パーセントとなる．

　この例は，企業の貸借対照表の右側をみてウェイトを決定することができることを示唆している．その想定は正しいが，重要な修正が 1 つある．つまり，比率を決定するには，貸借対照表に記載されている会計上の「簿価」ではなく，負債と資本の「市場価値（市価）」を使用しなければならない．簿価は過去の費用を反映したものであるが，市場価値は将来予想されるものであり，資産が将来生み出すと期待されるものである．企業の金融債権（株式，および保有しているのであれば負債）の保有者は，資産の簿価ではなく，市場価値にもとづいて企業を評価する．

　実際，**市場価値貸借対照表**（market-value balance sheet）について考えることは有用である．この表では，資産，負債，株主資本はすべて，簿価ではなく市場価値で記載される．もちろん，市場価値貸借対照表でも次のバランスはとれていなければならない．

$$株主資本の市場価値 ＋ 負債の市場価値 ＝ 資産の市場価値 \qquad (12.1)$$

(12.1) 式は，会社が発行するすべての金融債権（株式と負債）の市場価値の総額は，そのすべての資産の市場価値と等しくなければならないことを示している．この等式は，会社が発行する株式と負債が，それらの価値をそれらが請求する基礎資産からえるという点を強調するものである．企業の負債と株式のリスク，したがって要求リターンは，企業の資産のリスクによって決定される．このことは，企業の WACC を導く際に役に立つ．

加重平均資本コストの計算

　ここでは，市場価値ウェイトを使用する背景にある直観的な考え方と，資産のリスクとそれら資産に対する負債や株式の金融債権のリスクとの関係について説明する．

　まず，負債を発行しない企業，つまり，資産から生み出されるフリーキャッシュフローをすべて株主に支払う**レバレッジのない**（**アンレバードな**；unlevered）企業という単純なケースから説明する．資金調達の一部が負債によるものである企業のことを，**レバレッジのある**（レバード；levered）企業という．てこ（レバー）を使えば，比較的小さな力で重いものを持ち上げることができるのと同じように，負債によって資金を借りることで，株主は比較的少ない自己資金を投じるだけで，価値の高い資産を管理することができる．貸借対照表上の負債の相対的な金額を，企業の**レバレッジ**（leverage）と呼ぶ．

加重平均資本コスト：レバレッジのない企業　レバレッジのない，すなわち負債をもたない企業であるなら，その資産から生み出されるフリーキャッシュフローは，最終的にすべて株主に支払われる．株主へのフリーキャッシュフローは，資産からのフリーキャッシュフローと同じであるため，評価原理によると，企業の株式の市場価値，リスク，資本コストは，資産の対応する数量と等しいとされている．この関係を考慮すると，資本資産価格モデル（CAPM）を使って，企業の株主資本コストを推定することができる．そして，結果として得られる推定値が，会社全体の資本コストとなる．たとえば，モンスター・ビバレッジ社は負債を発行していないので，モンスター・ビバレッジ社の資産の資本コストは同社の株主資本コストと同じである．

加重平均資本コスト：レバレッジのある企業　しかし，会社に負債がある場合はどうなるか？　会社の資産全体の資本コストを求めるために，負債コストをどのように取り込むべきか？　市場価値貸借対照表がその答えを教えてくれる．(12.1) 式の等式をポートフォリオの観点から解釈することができる．すなわち，企業の株式と負債のポートフォリオを保有することで，資産を直接保有した場合と同じキャッシュフローをえることができる．ポートフォリオのリターンは，ポートフォリオに含まれる証券のリターンの加重平均に等しいため，この等式は，株式，負債，資産の必要リターン（コスト）の間に次の関係があることを意味する．

加重平均資本コスト（税引き前）

$$
\begin{aligned}
r_{wacc} &= \begin{pmatrix} \text{企業価値のうち} \\ \text{株式による} \\ \text{資金調達の割合} \end{pmatrix} \begin{pmatrix} \text{株主} \\ \text{資本} \\ \text{コスト} \end{pmatrix} + \begin{pmatrix} \text{企業価値のうち} \\ \text{負債による} \\ \text{資金調達の割合} \end{pmatrix} \begin{pmatrix} \text{負債} \\ \text{コスト} \end{pmatrix} \\
&= \begin{pmatrix} \text{資産の} \\ \text{資本コスト} \end{pmatrix}
\end{aligned}
\tag{12.2}
$$

これで，企業全体の資本コストは，株主資本コストと負債コストの加重平均でなければならないという直観が正当化された．(12.2) 式は，企業の株主資本コストと負債コストの加重平均を計算することで，会社の資産の資本コストを計算できることを示している．次節では，企業の株主資本コストと負債コストについて説明する．

12.2　企業の負債コストと株主資本コスト

第 1 節では，企業全体の資本コストを測定するためには，企業が利用する可能性のある資本調達別の資本コストを求めることから始める必要があることを明らかにした．ここでは，企業が負債コスト，優先株式資本コスト，普通株式資本コストをどのように測定するかについて説明する．具体的に，例として AT&T 社（ティッカーシンボル：T）を取り上げる．

負債コスト

まず，貸借対照表の右側の一番上にある，企業の負債コストから説明する．企業の負債コストとは，社債を購入する場合など，企業への新たな貸し手が要求するであろう期待リターンである．このリターンは，企業がすでに発行した負債のクーポンレートとは異なり，負債が発行された時点で企業が提示しなければならなかった利子率を反映している．

最終利回りと負債コスト　発行済みの負債は市場で取引されるため，その価格は，信用を取り巻く環境全体の変化と，その企業固有のリスクの変化の両方を反映して変動する．第 5 章で学んだように，企業の発行済みの負債の市場価格は，最終利回りを意味し，これは，もし負債の現在の購入者が，負債を満期まで保有し，約束されたすべての支払いを受けたならえるであろうリターンのことである．つまり，最終利回りを使うことで，企業の現在の負債コストを推定することができる．これは，投資家が企業の（新規発行あるいは発行済みの）負債を保有するために要求する利回りである[55]．

AT&T 社は，2027 年に償還期限を迎えるクーポンレート 2.30 パーセントの負債を保有しており，市場では額面 1,000 ドルあたり 938.81 ドルで価格づけられていると仮定する．この債券の市場価格は額面価格を下回っているため，この債券の投資家は

---

[55] 実際，最終利回りは，企業が負債を返済さなくなるリスクがあるため，企業が支払う最大限のお金にもとづいて計算されるものである．債券の期待リターンは，企業が財務的危機状況寸前の時期には，約束された満期利回りよりも大幅に低くなる可能性がある．しかし，このような時期以外では，AT&T 社のような投資適格債の利回りは，期待リターンの合理的な見積もりとなる．

2.30 パーセントのクーポンレートよりも高い利回りをえることができる. 実際, 残りの支払のタイミングにもとづいて計算すると, この価格は 3.65 パーセントの満期利回りを意味し, これは AT&T 社の現在の負債コストの推定値ということになる. 債券市場では, 価格とそれが暗示する最終利回りは常に一緒に表示されるため, 実際に最終利回りを自分で計算する必要はない[56].

税金と負債コスト　負債の場合, 債権者に支払われるリターンは企業にとっての費用と同じではない. どうしてそうなるのか? この違いは, 負債に支払われる利息が, EBIT とも呼ばれる利子税引前利益の 30 パーセントを上限として, 税控除可能な費用であることによる (2021 年以前は EBITDA の 30 パーセントが上限であり, 2018 年以前は課税所得総額のみが上限であった). 本章をとおして, すべての利息がこの限度額を下回ると仮定する. 企業が負債による資金調達を行う場合, 支払わなければならない利息の費用は, 税額控除による節税効果によってある程度相殺される. たとえば, 税率 25 パーセントの企業が 100,000 ドルを年 10 パーセントで借り入れると仮定すると, 年末の純費用は以下のように計算される.

		年末
支払利息	$r_D \times 100{,}000$ ドル =	10,000 ドル
節税効果	$-$税率$\times r_D \times 100{,}000$ ドル =	$-2{,}500$ ドル
実効税引後支払利息	$r_D \times (1-$税率$) \times 100{,}000$ ドル =	7,500 ドル

実効負債コスト (effective cost of the debt) とは, 税引き後の負債に対する企業の純利息費用であり, この例では, 10 パーセントの利息全額ではなく, 借入金額の 7,500 ドル ÷ 100,000 ドル = 7.50 パーセントに過ぎない. このように, 利息の税額控除は, 企業の負債による資金調達の実効費用を低下させる. より一般的には, 税額控除可能な利息があり, 法人税率を T_C とすると, 実効税引後借入利子率は次のようになる.

$$r_D(1-T_C) \tag{12.3}$$

ここまで負債コストを推定するのに, 社債を例として使用した. 中小企業の多くは, 社債市場を利用することができず, 代わりに銀行借入を利用している. このような場合, 通常, 企業は, 新規借入の利子率について銀行担当者と話し合うことで, 負債コストについて十分に把握している.

56　第 5 章では, ウェブサイトを使って, 社債の現在価格と最終利回りを調べる方法を紹介した (http://finra-rkets.morningstar.com/BondCenter/Default.jsp 参照).

優先株の株主資本コスト

　企業は優先株を発行して資本を調達することもできる．通常，優先株の株主には，固定された配当が約束されており，その配当は普通株の株主に支払われる配当よりも"優先して"（すなわち，その前に）支払われなければならない．

　優先配当金が既知で固定されているなら，第 6 章の（6.7）式を使って優先株式の資本コストを推定することができる．

$$r_E = \frac{Div_1}{P_0} + g$$

ここで，優先配当金は固定されているため，成長率 g＝0 である．したがって，

$$\text{優先株資本コスト} = \frac{\text{優先配当}}{\text{優先株の株価}} = \frac{Div_{pfd}}{P_{pfd}} \qquad (12.4)$$

たとえば，AT&T 社の優先株の価格が 21.53 ドル，年間配当金が 1.25 ドルであると仮定する．したがって，優先株の株主資本コストは 1.25÷21.53＝5.81 パーセントとなる．

普通株の株主資本コスト

　第 11 章で学んだように，会社は普通株式（株主資本）の費用を直接観察することはできず，代わりにそれを推定しなければならない．ここでは，そのための 2 つの主要な方法を紹介したうえで，それらを比較する．

資本資産評価モデル　最も一般的なアプローチは，第 11 章で説明した CAPM を使うことである．この方法を要約すると，次のようになる．

1. 企業の株式ベータを推定する．通常，S&P500 のような市場の代理変数の 60 か月間のリターンに対して，企業の 60 か月間のリターンを回帰する．
2. 無リスク利子率を決定する．通常，財務省証券の利回り（10 年満期が最も多い）を使用する．
3. 市場リスクプレミアムを推定する．通常，市場の代理変数の過去のリターンと過去の無リスク利子率を比較する．
4. CAPM を適用する．

　　　株主資本コスト＝無リスク利子率＋株式ベータ×市場リスクプレミアム

　たとえば，AT&T 社の株式ベータが 0.75，10 年物財務省中期証券の利回りが 3 パー

セントであり，そして，市場リスクプレミアムが6パーセントであると推定されたと仮定する．AT&T社の株主資本コストは3パーセント＋0.75×6パーセント＝7.5パーセントとなる．

一定配当成長モデル　企業の株主資本コストを推定するもう1つの方法は，第6章で紹介した一定配当成長モデル（CDGM）である．第6章の（6.7）式は以下のとおりである．

$$株主資本コスト＝\frac{1年後の配当}{現在の株価}＋配当の成長率＝\frac{Div_1}{P_E}＋g \tag{12.5}$$

したがって，株主資本コストを推定するには，現在の株価と1年後の期待配当，そして配当成長率の推定値が必要である．現在の株価はネットで簡単に入手できる．来年の配当金についても，妥当な推定値がえられるかもしれない．しかし，第6章で説明したように，将来の配当成長率を推定するのは非常に難しい．たとえば，AT&T社の最近の年間配当履歴は，1.96ドル（2017年），2.00ドル（2018年），2.04ドル（2019年），2.08ドル（2020年），2.08ドル（2021年）である．おそらく2022年の配当金も年2.08ドルになるか，あるいは例年どおり0.04ドル増の2.12ドルになると考えるのが妥当であるが，配当金の長期的な成長率はどうなるか？

過去の成長率を振り返るというよりはむしろ，将来をみるということで，株式アナリストが作成した推定値を使用するのが一般的な方法の1つである．第6章で説明したように，AT&T社が配当性向を一定に保てば，配当金の長期的成長は利益の長期的成長と等しくなる．2022年の初め，AT&T社の長期利益成長率の平均予測は3.66パーセントであった．したがって，1年後の予想配当金が2.12ドル，株価が24.56ドル，長期的な配当成長率が3.66パーセントであるとすると，（12.5）式を使ってCDGMはAT&T社の株主資本コストを以下のように推定する．

$$株主資本コスト＝\frac{Div_1}{P_E}＋g＝\frac{2.12ドル}{24.56ドル}＋0.0366＝0.123（＝12.3パーセント）$$

AT&T社の株主資本コストの2つの推定値（7.5パーセントと12.3パーセント）が一致しないのは，それぞれが異なる仮定にもとづいているからであり，驚くべきことではない．さらに，配当金の将来成長率の推定値が与えられたとしても，（12.5）式は，将来の配当成長率が一定であり続けると仮定している．この仮定は，ほとんどの企業に当てはまらない可能性がある．たとえば，AT&T社の配当金が2014年から2019年にかけて安定的に成長しているとしても，その配当成長率は2007年から2008年の金融危機以前ははるかに高く，COVID-19のパンデミック時に配当金は増

えなかった．さらに，AT&T 社は 2022 年 2 月下旬に，事業への投資を増やすために配当金をほぼ半減させ，投資家を驚かせた．また，多くの創業間もない成長中の企業は配当を支払っておらず，近い将来支払う予定もないことにも注意が必要である．

　企業の株価と将来キャッシュフローを関連づける任意のモデルを使うことで，株主資本コストを推定することができる．CDGM はそのようなモデルのうちの 1 つに過ぎない．たとえば，第 9 章の割引フリーキャッシュフローモデルを使って，会社の株主資本コストを求めることができる．

CAPM と CDGM の比較　CDGM の使用には困難を伴うので，CAPM は株主資本コストを推定するための最も一般的な方法である．表 12.1 は，これら 2 つの方法を比較したものである．

表 12.1　株主資本コストを推定する

	資本資産評価モデル	一定配当成長モデル
入力情報	・株式ベータ ・無リスク利子率 ・市場リスクプレミアム	・現在の株価 ・翌年の期待配当 ・将来の配当成長率
主な仮定	・推定されたベータは正しい ・市場リスクプレミアムは正確である ・CAPM は正しいモデルである	・配当の推定は正しい ・成長率は市場の期待と一致している ・将来の配当成長は一定である

12.3　加重平均資本コストの再考

　ここまで，AT&T 社のさまざまな資本調達方法に対する資本コストを推定したので，これで会社全体の WACC を計算する準備が整ったことになる．ウェイトは，企業価値に対する株主資本，優先株式，負債それぞれによる資金調達額の割合である．これらをそれぞれ $E\%$，$P\%$，$D\%$ と表す．それらの合計が 100 パーセントでなければならない（すなわち，すべての資金調達方法を考慮しなければならない）ことに注意が必要である．

WACC 公式

　公式には，株主資本，優先株式，負債それぞれの資本コストを r_E，r_{pfd}，r_D，そして法人税率を T_c とすると，WACC は次のようになる．

加重平均資本コスト

$$r_{wacc} = r_E E\% + r_{pfd} P\% + r_D (1 - T_c) D\% \tag{12.6}$$

優先株式をもたない会社であれば，WACC は次のように簡略化される．

$$r_{wacc} = r_E E\% + r_D (1 - T_c) D\% \tag{12.7}$$

たとえば，2022 年初めの AT&T 社の普通株式，優先株式，負債の時価総額は，それぞれ 173,169 百万ドル，3,349 百万ドル，153,969 百万ドルであった．したがって，その総価値は 173,169 百万ドル＋3,349 百万ドル＋153,969 百万ドル＝330,487 百万ドルである．すでに計算済みの普通株式（CAPM による推定），優先株式，負債，それぞれの資本コストを考慮すると，2022 年の AT&T 社の WACC は以下のようになる．

$$r_{wacc} = r_E E\% + r_{pfd} P\% + r_D (1 - T_c) D\%$$

$$r_{wacc} = 7.5\% \left(\frac{173,169}{333,487}\right) + 5.81\% \left(\frac{3,349}{330,487}\right) + 3.65\% (1 - 0.25) \left(\frac{153,969}{330,487}\right)$$

$$r_{wacc} = 5.3 パーセント$$

加重平均資本コストの実際

WACC は，企業の事業分野のリスクと利息の税効果によるレバレッジによって決まる．その結果，WACC は業界や企業によって大きく異なる．図 12.3 は，資本コストがどの程度変化するのかを示すために，実在するいくつかの企業の WACC を示したものである．いくつかの事業分野は，明らかに他の事業分野よりもリスクが高い．たとえば，ホーメル社のように食品加業界で事業を展開するのはかなり低リスクであるが，半導体会社であるエヌビディア社（NVIDIA）や電気自動車会社であるテスラ社（Tesla）ははるかに高いリスクである．

実践

ここで，財務管理者が実際に WACC を推定する際に生じるいくつかの問題について説明する．

純負債 WACC のウェイトを計算する際，負債を調整することが一般的になってきている．多くの実務家は現在，負債残高から現金残高を差し引いた**純負債**（net debt）を使用している．

$$純負債 = 負債 - 現金および無リスク証券 \tag{12.8}$$

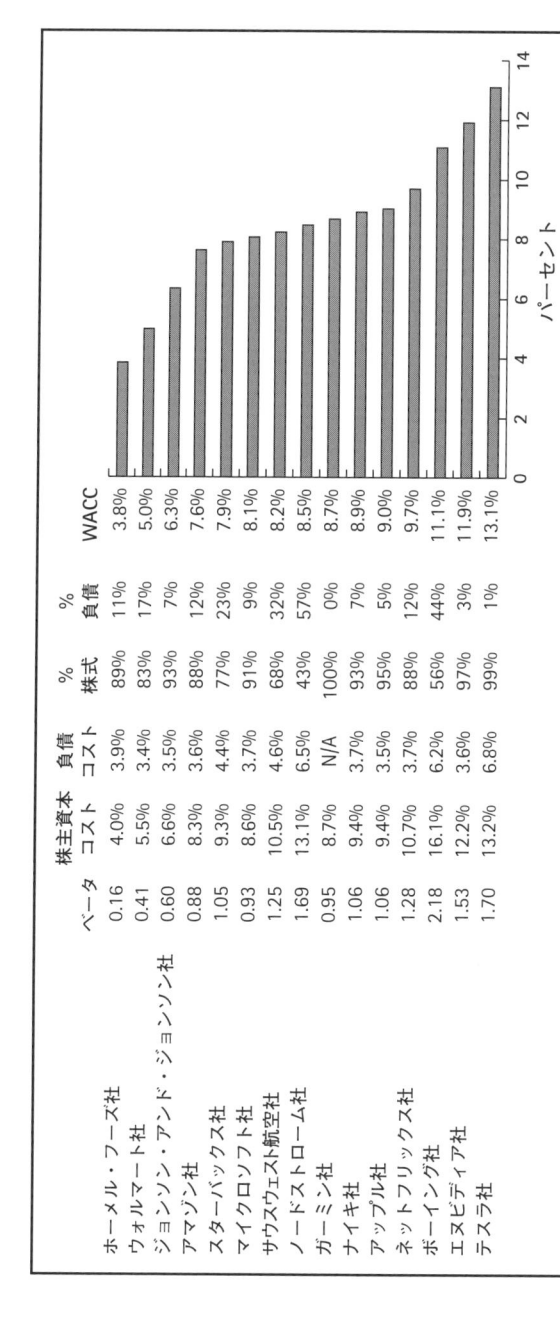

	ベータ	株主資本コスト	負債コスト	%株式	%負債	WACC
ホーメル・フーズ社	0.16	4.0%	3.9%	89%	11%	3.8%
ウォルマート社	0.41	5.5%	3.4%	83%	17%	5.0%
ジョンソン・アンド・ジョンソン社	0.60	6.6%	3.5%	93%	7%	6.3%
アマゾン社	0.88	8.3%	3.6%	88%	12%	7.6%
スターバックス社	1.05	9.3%	4.4%	77%	23%	7.9%
マイクロソフト社	0.93	8.6%	3.7%	91%	9%	8.1%
サウスウェスト航空社	1.25	10.5%	4.6%	68%	32%	8.2%
ノードストローム社	1.69	13.1%	6.5%	43%	57%	8.5%
ガーミン社	0.95	8.7%	N/A	100%	0%	8.7%
ナイキ社	1.06	9.4%	3.7%	93%	7%	8.9%
アップル社	1.06	9.4%	3.5%	95%	5%	9.0%
ネットフリックス社	1.28	10.7%	3.7%	88%	12%	9.7%
ボーイング社	2.18	16.1%	6.2%	56%	44%	11.1%
エヌビディア社	1.53	12.2%	3.6%	97%	3%	11.9%
テスラ社	1.70	13.2%	6.8%	99%	1%	13.1%

図12.3　実在する企業のWACC

株主資本コストは、各会社の株式ベータ、3パーセントの無リスク利子率、6パーセントの市場リスクプレミアムを使って計算される。負債コストは、負債の市場最終利回りにもとづいている。株主資本比率と負債比率は、会社の時価総額と貸借対照表から求められる。WACCは、25パーセントの税率で(12.7)式を使って計算され、棒グラフで図中に示されている。"N/A"は、負債コストが適用できないことを意味し、負債を持たない企業を指す。
出所：2022年に公開された情報に基づき筆者作成。

　なぜ負債から現金を引くのか？　企業の貸借対照表上の資産には，現金や無リスク証券の保有が含まれる．もし企業が現金を1ドル保有し，無リスクの負債を1ドル保有しているなら，現金からえられる利息は負債に支払われる利息と等しくなる．企業が現金も負債も保有していない場合と同じように，それぞれの資金源から生じるキャッシュフローは相殺される．実際，現金はマイナスの負債と等価であるとみなすことができる．貸借対照表上に大幅な超過現金があると，企業が実際に事業展開の過程において使用する資産のリスク（よって資本コスト）の評価が複雑になる可能性がある．したがって，現金保有とは別に企業の事業資産を評価しようとする場合，実務家は，しばしば純負債の観点から企業のレバレッジを測定し，企業の営業価値を使って企業の事業資産の市場価値を測定する．

　この方法より，WACC のウェイトは次のようになる．

$$\left(\frac{\text{株主資本（株式）の市場価値}}{\text{企業の営業価値}}\right) \text{と} \left(\frac{\text{純負債}}{\text{企業の営業価値}}\right)$$

多額の余剰現金を保有している企業にとっては，この調整は重要となる可能性がある．現金の水準が比較的低い企業にとっては，WACC の推定全般に大きな影響を与えることはないであろう．

無リスク利子率　CAPM を使って株主資本コストを推定するには，無リスク利子率が必要である．無リスク利子率には，通常，デフォルトリスクのない米国財務省証券の利回りを使用すると決められている．しかし，どの期間を選べばよいか？　CAPM では，企業の投資家の投資期間に対応する無リスク利子率を使うべきとされている．調査したところ，大企業や金融アナリストの大半は，無リスク利子率を決定するために長期債（10年から30年）の利回りを使用していると回答している[57]．

市場リスクプレミアム　CAPM を使うには，市場リスクプレミアムの推定も必要である．第10章で述べたように，市場リスクプレミアムを推定する1つの方法は，過去のデータを調べることである．「将来の」市場リスクプレミアムに関心があるため，使用するデータの量に関してトレードオフの関係に直面する．第10章で述べたように，期待リターンについてある程度正確な推定を行うには何年ものデータが必要である．しかし，非常に古いデータは，今日の市場リスクプレミアムに対する投資家の期待とはほとんど関連性がないかもしれない．

57　Robert Bruner, et al., "Best Practices in Estimating the Cost of Capital: Survey and Synthesis," *Financial Practice and Education* 8 (1998): 13-28.

　表 12.2 は，1 年物および 10 年物財務省証券利回りに対する S&P500 の超過リター
ンである．1926 年以降，S&P500 は 1 年物国債のレートを 7.7 パーセント上回る平均
リターンを生み出してきた．しかし，市場リスクプレミアムが時間の経過とともに低
下していることを示す証拠もある．1965 年以降，S&P500 の超過リターンは 1 年物財
務省証券利回りをわずか 5.0 パーセント上回っただけである．10 年物財務省証券利
回りとの比較では，S&P500 の平均超過リターンはわずか 3.9 パーセントであった
（10 年物財務省証券利回りが 1 年物財務省証券利回りよりも高い傾向にあることが主
な原因である）．

表 12.2　1 年物財務省短期証券および 10 年物財務省長期証券に対する S&P500 の過去の超過リターン

S&P500 超過リターンの対象	期間	
	1926-2015	1965-2015
1 年物財務省証券	7.7 パーセント	5.0 パーセント
10 年物財務省証券*	5.9 パーセント	3.9 パーセント

*保有期間 10 年の複利リターンの比較にもとづく．

　この減少をどのように説明することができるか？　1 つの説明としては，より多く
の投資家が株式市場に参加するようになり，分散化されたポートフォリオを構築する
費用が低下したため，投資家はよりリスクの低いポートフォリオを保有するように
なったことが挙げられる．その結果，リスクを負うことに対する見返りとして投資家
が要求するリターンが低下した．さらに，市場全体のボラティリティも時間の経過と
ともに低下した．一部の研究者は，市場の将来の期待リターンはこれらの過去の数字
よりもさらに低くなる可能性が高く，財務省短期証券に対して 3 パーセントから 5
パーセントの範囲になると考えている[58]．その結果，多くの財務管理者は現在，7 パー
セントではなく，5 パーセントに近い市場リスクプレミアムを使用している．

12.4　WACC を使ってプロジェクトを評価する

　プロジェクトの資本コストは，そのリスクに依存する．プロジェクトの市場リスク

58　I. Welch, "Views of Financial Economists on the Equity Premium and Other Issues," *Journal of Business* 73（2000）: 501-537（with 2009 update）, and J. Graham and C. Harvey, "The Equity Risk Premium in 2008: Evidence from the Global CFO Outlook Survey," SSRN 2008, "The Equity Risk Premium in 2008: Evidence from the Global CFO Outlook Survey," SSRN 2008, and Ivo Welch and Amit Goyal, "A Comprehensive Look at The Empirical Performance of Equity Premium Prediction," *Review of Financial Studies* 21（2008）: 1455-1508.

（システマティックリスク）が，企業の投資の平均的な市場リスクと同程度である場合，その資本コストは，企業のすべての証券からなるポートフォリオの資本コストと等しくなる．言い換えると，プロジェクトの資本コストは企業のWACCに等しい．(12.6) 式に示されているように，企業の税引後負債コストを使用することで，WACCには利子税控除の便益が含まれている．

　WACCには負債による節税効果が含まれているので，企業のレバレッジ政策を前提とすると，利子税控除の便益を含めた投資価値を計算することができる．これは，**投資のレバレッジのある（レバード）価値**（levered value）と呼ばれることもある．この計算を行うためには，WACCを使って企業の将来の増分フリーキャッシュフローを割り引く．これを **WACC法**（WACC method）と呼ぶ．具体的には，FCF_t を t 年末時点における投資の期待増分フリーキャッシュフローとすると，評価原理から，投資のレバレッジのある価値 V_0^l は次のようになる．

$$V_0^l = FCF_0 + \frac{FCF_1}{1+r_{wacc}} + \frac{FCF_2}{(1+r_{wacc})^2} + \frac{FCF_3}{(1+r_{wacc})^3} + \cdots \tag{12.9}$$

　WACCの方法を直観的に説明すると，企業のWACCとは，投資家（債権者と株主の両者）に企業が支払わなければならない税引き後基準での平均利回りを表すものである．したがって，プロジェクトからプラスのNPVをえるには，企業がもつプロジェクトの平均リスクと同じリスクをもつプロジェクトが少なくとも企業のWACCである期待リターンを生み出す必要がある．

主な前提条件

　資本予算計画における割引率としてWACCを使用することは一般的な慣行であるが，その根底にある前提条件を認識しておくことが重要である．ここでは，重要な前提条件を検討し，その後，実際に活用するという観点からこれらの前提条件をさらに詳しく検討する．

前提条件1：平均リスク　プロジェクトの市場リスクは，企業の投資の平均市場リスクと同程度であると仮定する．この場合，プロジェクトの資本コストを企業のリスクにもとづいて評価する．

前提条件2：一定の負債資本倍率　負債の市場価値と株式の市場価値の比率を一定に保つために，継続的にレバレッジを調整すると仮定する．この関係は，**負債資本倍率**（debt-equity ratio）と呼ばれる．この方針は，企業が新しいプロジェクトを採用する際に負う負債の額を決定する．また，企業の株主資本と負債のリスク，つまり

WACC は，レバレッジの変化によって変動しないことを意味する．

前提条件 3：限定的なレバレッジ効果　初めに，レバレッジが評価に与える主な影響は，利子税控除によるものと仮定する．その他の要因（財務的危機の可能性など）は，選択した負債水準においては重要ではない仮定する．

実践における前提条件　これらの前提条件は，多くのプロジェクトや企業にとって合理的である．前提条件 1 は，投資が単一産業に集中している企業の典型的なプロジェクトに当てはまる可能性が高い．この場合，プロジェクトと企業双方の市場リスクは，主に経済全体に対する産業の感度に依存する．前提条件 2 は，完全に成立する可能性は低いものの，企業が大きくなるにつれて負債水準を高める傾向があるという事実を反映している．負債資本倍率について明確な目標値を設定する企業もある．前提条件 3 について，負債水準がそれほど高くない企業にとって，利子税控除は資本予算計画の意思決定にとって最も重要な資本構成の効果である可能性が高い．したがって，前提条件 3 は分析を始めるに当たって妥当な出発点である．

　もちろん，これら 3 つの前提条件は，多くの状況において合理的な現実への接近かもしれないが，これらが当てはまらないプロジェクトや企業も確実に存在する．次節では，これら 3 つすべての前提条件のもとで WACC 法を適用する．その上で，プロジェクトが平均的なリスクをもつという前提条件 1 を緩和する．

WACC 法の適用：AT&T 社の施設の使用期限を延長する

　WACC 法をプロジェクトの評価に適用する．AT&T 社は，ある施設の寿命を 4 年間延長する投資を検討していると仮定する．このプロジェクトには，667 万ドルの初期費用と 2,400 万ドルの設備投資が必要である．設備は 4 年で老朽化するので，その期間にわたって定額法で減価償却される．しかし今後 4 年間，AT&T 社はこの設備から年間 6,000 万ドルの売上を見込んでいる．材料費は年間 2,500 万ドル，営業費用は年間 900 万ドルと予想される．最後に，AT&T 社はこのプロジェクトに必要な正味運転資本を見込んでおらず，法人税率は 25 パーセントである．

　この情報を使って，表 12.3 のスプレッドシートは，プロジェクトの期待フリーキャッシュフローを予測する．施設の寿命を延ばすプロジェクトの市場リスクは，AT&T 社の事業全体の市場リスクと同じであると仮定する．その結果，AT&T 社の WACC を使ってプロジェクトの NPV を計算することができる．

　WACC 法と第 3 節で計算した AT&T 社の WACC5.3 パーセントを使い，将来のフリーキャッシュフローの現在価値 V_0^L を計算することにより，負債からの利子税控除の現在価値を含むプロジェクトの価値を求めることができる．

表12.3　AT&T 社の設備プロジェクトからの期待フリーキャッシュフロー

1	年	0	1	2	3	4
2	増分利益予想（万ドル）					
3	売上高	—	6,000	6,000	60,00	6,000
4	売上原価	—	−2,500	−2,500	−2,500	−2,500
5	**売上総利益**	—	3,500	3,500	3,500	3,500
6	営業費用	−667	−900	−900	−900	−900
7	減価償却費	—	−600	−600	−600	−600
8	EBIT	−667	2,000	2,000	2,000	2,000
9	税率 25 パーセント	167	−500	−500	−500	−500
10	アンレバード純利益	−500	1,500	1,500	1,500	1,500
11	増分フリーキャッシュフロー					
12	（＋）減価償却費	—	600	600	600	600
13	（−）資本支出	−2,400	—	—	—	—
14	（−）増分 NWC	—	—	—	—	—
15	増分フリーキャッシュフロー	−2,900	2,100	2,100	2,100	2,100

$$V_0^L = \frac{2,100}{1.053} + \frac{2,100}{1.053^2} + \frac{2,100}{1.053^3} + \frac{2,100}{1.053^4} = 7,395(\text{万ドル})$$

施設の耐用年数を延長するための税引き後の初期費用はわずか2,900万ドルしかないため，このプロジェクトは良い着想といえる．このプロジェクトを実施すると，企業の NPV は 7,395 万ドル−2,900 万ドル＝4,495 万ドルとなる．

WACC 法のまとめ

要約すると，WACC を使った評価方法の主な手順は以下のとおりである．

1. 投資による増分フリーキャッシュフローを求める．
2. （12.6）式を使って加重平均資本コストを計算する．
3. WACC を使って投資の増分フリーキャッシュフローを割り引くことによって，レバレッジの税制上の便益を含めた投資の価値を計算する．

多くの企業において，財務担当者が2つ目の手順を実行し，企業の WACC を計算する．この WACC は，「企業の既存の投資と同等のリスクがあり，企業の負債資本倍率を変更しない」新規投資に対する会社全体の資本コストとして企業のあらゆる場所で使用することができる．このように WACC 法の使い方は，非常に単純で簡単である．その結果，この方法は，実践において資本予算計画を目的として最も一般的に使

用されている.

12.5 プロジェクトの資本コスト

　ここまでは，検討中のプロジェクトのリスクとレバレッジの両方が，企業全体の特性と一致すると仮定してきた．この仮定により，同様に，プロジェクトの資本コストが企業の資本コストと一致すると仮定することができた．

　現実には，特定のプロジェクトは，企業が行う平均的な投資とは異なることが多い．異なる事業分野で事業を展開し，複数の部門をもつ大企業である AT&T 社について再考する．AT&T 社の米国消費者向けブロードバンド部門におけるプロジェクトは，中南米部門や消費者向けモバイル部門におけるプロジェクトとは，市場リスクが異なる可能性が高い．プロジェクトは，プロジェクトを支えるレバレッジの大きさという点でも異なる．たとえば，不動産や資本設備の買収はレバレッジが高いことが多いが，知的財産への投資はそうではない．本節では，プロジェクトのリスクが企業全体のリスクと異なるとき，プロジェクトのキャッシュフローに対する資本コストをどのように計算するのかについて説明する．

新規買収に対する資本コスト

　まず，企業内の他部門のリスクとは異なる市場リスクをもつプロジェクトの資本コストをどのように計算するのかについて説明する．AT&T 社がストリーミング配信を強化したいと考えていると仮定する．そのために，その事業に特化しているネットフリックス社の買収を検討している．ネットフリックス社は，AT&T 社の事業範囲において，AT&T 社とは異なる市場リスクに直面している．AT&T 社は，ネットフリックス社の買収の可能性を評価するために，どのような資本コストを使うべきか？

　リスクが異なるので，AT&T 社の WACC はネットフリックス社を評価するのには適さない．代わりに，AT&T 社は，買収を評価する際に，ネットフリックス社のWACC を計算し，それを使用すべきである．図 12.3 より，税率 25 パーセントにもとづくと，ネットフリックス社の WACC について次のような情報がえられる．

	ベータ	株主資本コスト	負債コスト	%株式	%負債	WACC
ネットフリックス社	1.28	10.7 パーセント	3.7 パーセント	88 パーセント	12 パーセント	9.7 パーセント

AT&T 社がネットフリックス社を買収した後も，ネットフリックス社の負債と株主資本を同じ比率で調達し続けることが適切であると仮定すると，ネットフリックス社の

WACC を今回の買収のための資本コストとして使用することができる．したがって，AT&T 社は 9.7 パーセントの資本コストを使ってネットフリックス社の買収を評価することになる．

部門別資本コスト

ここでは，AT&T 社が別の決断をしたと仮定する．具体的には，AT&T 社はネットフリックス社を買収するのではなく，社内でオリジナルコンテンツのストリーミング部門に投資することを決めたとする．ストリーミング部門の資本コストはいくらでなければならないか？　もし AT&T 社がネットフリックス社と同じ比率の負債で自社のストリーミング部門に対して資金を調達する計画であるならば，AT&T 社はネットフリックス社の WACC を自社のストリーミング部門の WACC として使用することになるであろう．ストリーミングコンテンツがもつリスクと資金の 12 パーセントを負債により調達することを考慮すると，ネットフリックス社の WACC は適切な資本コストであるため，同じく資金の 12 パーセントを負債により調達する社内に設置されたストリーミング部門にとっても，適切な資本コストでなければならない．

ほとんどの場合，複数の部門をもつ企業は，プロジェクトを評価するために単一の全社的な WACC を使用すべきではない．より一般的には，AT&T 社によるネットフリックス社の分析と同様の分析を行う．多部門企業は，自社の部門と競合し，その単一事業に特化している会社を基準に自社の部門を評価する．図 12.3 と同様の分析を行うことで，多部門企業は，各部門の資本コストを推定するために，必要に応じて異なる資金調達について調整しながら，各部門の競合企業の WACC を推定することができる．

12.6　外部資本調達の費用が高い場合

これまでのところ，資本をえようとする際に考慮すべき重要な要素は税金以外にないと仮定してきた．とりわけ，このことは，資本調達取引に関連する追加費用なしに外部資本を調達できることを意味する．その結果，新たな外部資金で調達されたプロジェクトを，内部資金（内部留保）で調達されたプロジェクトと区別して扱う理由はない．

実際には，株式や債券を新規に発行するには多くの費用がかかる．これらの費用には，証券取引委員会への申請・登録費用や，投資銀行が請求する証券発行手数料が含まれる．ここでは，資本コストの観点から簡単に説明する．

これらの発行費用があるので，内部資金で調達することができるプロジェクトは，同じプロジェクトでも外部資金で調達されるプロジェクトよりも，全体として費用が

低くなる．よって1つの方法として，発行費用を反映するために，WACC の株主資本コストと負債コストを調整することが考えられるであろう．より適切で，はるかに直接的な方法は，発行費用をそのまま，つまりプロジェクトに必要な現金の流出として扱うことである．そうすることで，NPV 分析において，この追加費用をマイナスのキャッシュフローとして繁栄することができる．

　本章では，企業の資本コストとは何か，それはどのように求められるのか，そしてそれは資本予算計画と買収についての分析においてどのように使われるのかを学んだ．資本予算計画の役割は，企業がそのさまざまなタイプの資本コストを埋め合わせてくれる NPV がプロジェクトを特定することである．

索 引

【著者】

ジョナサン・バーク (Jonathan Berk)
　スタンフォード大学教授
ピーター・ディマーゾ (Peter DeMarzo)
　スタンフォード大学教授
ジャラード・ハーフォード (Jarrad Harford)
　ワシントンフォスター大学教授

【訳者】

徳永俊史 (とくなが・としふみ)
　武蔵大学経済学部教授

コーポレートファイナンス入門［原書 6 版］

令和 7 年 1 月 30 日　発　行

訳　者　　徳　永　俊　史

発行者　　池　田　和　博

発行所　　丸善出版株式会社
　　　　　〒101-0051　東京都千代田区神田神保町二丁目17番
　　　　　編集：電話(03)3512-3264／FAX(03)3512-3272
　　　　　営業：電話(03)3512-3256／FAX(03)3512-3270
　　　　　https://www.maruzen-publishing.co.jp

© Toshifumi Tokunaga, 2025

組版印刷・製本／藤原印刷株式会社

ISBN 978-4-621-31066-3　C 3034　　　　　　Printed in Japan